中国轮滑协会推荐培训用书

速度轮滑运动技术与训练

孙显墀　孙　一　蒙　猛　主编

人民体育出版社

图书在版编目（CIP）数据

速度轮滑运动技术与训练 / 孙显墀, 孙一, 蒙猛主编. -- 北京 : 人民体育出版社, 2015（2021.10重印）
中国轮滑协会推荐培训用书
ISBN 978-7-5009-4785-1

Ⅰ. ①速… Ⅱ. ①孙… ②孙… ③蒙… Ⅲ. ①滑轮滑冰—速度滑冰—运动技术②滑轮滑冰—速度滑冰—运动训练 Ⅳ. ①G862.8

中国版本图书馆CIP数据核字(2015)第027869号

*

人民体育出版社出版发行
三河兴达印务有限公司印刷
新　华　书　店　经　销

*

787×1092　16开本　16.5印张　363千字
2015年6月第1版　　2021年10月第6次印刷
印数：11,001—13,000册

*

ISBN 978-7-5009-4785-1
定价：55.00元

社址：北京市东城区体育馆路8号（天坛公园东门）
电话：67151482（发行部）　　邮编：100061
传真：67151483　　邮购：67118491
网址：www.sportspublish.cn

中国轮滑协会
Chinese Roller Skating Association
电话(Tel):0086-10-67147628;87182320 传真(Fax):0086-10-67133577
Email: crsa_cn@163.com crsa_cn@yahoo.com.cn Website: http://www.rollersports.cn
地址：中国·北京体育馆路9号 邮编：100763 Address:No.9, Tiyuguan Road, Beijing 100763, China.

中国轮滑协会关于同意速度轮滑运动技术与训练作为协会推荐培训用书的函

人民体育出版社：

我协会同意由孙显墀等人编著的《速度轮滑运动技术与训练》一书为中国轮滑协会推荐培训用书。

中国轮滑协会

2014年11月20日

图1　2005年作者孙显墀（右）、孙一（左）在苏州轮滑冬令营与国际轮滑联合会速度轮滑技术委员会主席罗伯特·马洛塔先生（中）相识

图2　孙显墀（左二）、孙一（左一）、历中山（右一）以调研组成员的身份参加了2009年世界速度轮滑锦标赛并与罗伯特先生（右二）再次相见

图3　2012年第11届全国速度轮滑公路锦标赛，蒙猛教授（右）担任裁判长工作

图4　2009年速度轮滑世锦赛中，孙一在国际轮滑联合会标志前留影

图5 孙显墀（右二）与国家体育总局社会体育指导中心业务一部副主任、中国轮滑协会秘书长黄强（左一）相识并留影，合影中还有原北京体育大学游泳教研室副主任、中国轮滑协会轮滑球委员会副主任付进学教授（右一）及中国轮滑协会苏州训练基地主任顾佰年（左二）

图6 2009年速度轮滑世锦赛比赛期间，孙显墀（中）与裁判长CIC副主席卡梅隆·帕尼亚瓜（右）及副裁判长刘雄弼（左）合影

图7 孙显墀（右）与浙江武警速度轮滑队总教练周旭明（左）合影

图8 孙显墀（左4）1999年在上海第18届亚洲速度轮滑锦标赛与裁判组成员合影

图9　2009年速度轮滑世锦赛比赛期间，孙显墀（右二）和孙一（左）与中国台湾队教练员合影

图10　2009年第24届全国速度轮滑锦标赛期间，孙显墀（中）与中国香港队教练员吴锦雄（左）和屈淑卿（右）合影

图11右　1957年，孙显墀代表中国首次参加速度滑冰世界锦标赛正在1500米的比赛中

图11左　2008年孙显墀在北京市大兴区绿林苑小区进行轮滑锻炼，多年来他一直以轮滑作为锻炼身体的手段

图12　孙一（左）在2002年全国第2届体育大会速度轮滑500米比赛夺冠后，接受其教练员孙显墀（右）的祝贺时，《绵阳日报》记者为其师徒拍照的合影

编 委 会

孙显墀简介

孙显墀1932年出生，山东省文登市人，1958年毕业于苏联莫斯科斯大林中央体育学院。曾任中国男子速滑队教练员、中国人民解放军“八一”速滑队总教练兼科研室主任、中华全国体育总会委员、中国滑冰协会速滑教练委员会主任、国家体委速滑技术代表、哈尔滨体育学院速滑专业客座教授，享受国务院颁发的政府特殊津贴，是我国速滑界荣获“体育运动荣誉奖章”的第一人。

孙显墀结缘并受益于双排四轮轱辘板鞋，在1953年的全国冰上运动大会速滑全能项目比赛中，首创了1500米全国纪录，是我国第一代速滑运动员中的佼佼者。

在担任中国男子速滑队教练员期间，孙显墀培养出了王金玉和罗致焕两名世界级的优秀运动员。在“八一”速滑队任教期间，他研制出了MS-502体育综合训练台、平面滑行板和固定自行车，填补了我国速滑训练器材的空白。同时培养出优秀运动员马太山，在1981年全国速滑冠军赛中夺得1500米冠军。

退休后，孙显墀自办速滑、轮滑业余训练班，在2000—2002年全国速度轮滑锦标赛中连续3年夺得团体总分冠军。在多年的从教历程中，他培养了大批优秀的速滑运动员及教练员。

生命不息，笔耕不止。如今，孙显墀已年逾80，但从未停止对速度滑冰、速度轮滑运动的关注和热爱，一直专注于速度滑冰、速度轮滑的理论研究。

孙一简介

孙一，女，1986 年出生于辽宁省沈阳市。北京体育大学运动训练与体能训练学士，香港教育学院体育教育与健康学硕士，速度轮滑国家级运动健将、国家级裁判员。现就职于香港保良局林文灿英文小学，任体育科科长、校行政组成员、副主任，同时参与中文课、轮滑课等日常教学工作，并于 2013—2014 年担任香港滚轴运动总会委员。

1996 年，10 岁的孙一开始接触速度滑冰、速度轮滑专业训练，师从我国著名速度滑冰教练员孙显墀。2002 年，年仅 16 岁的孙一代表辽宁省参加第 2 届全国体育大会，一举夺得速度轮滑 500 米冠军、300 米亚军。自此，她开始在国内轮滑界崭露头角。截至 2005 年，她先后获得 8 次速度轮滑全国冠军，并达到速度滑冰 5000 米，速度轮滑 300 米、500 米、1000 米国家级运动健将水平。

2004—2010 年，孙一先后就读于北京体育大学及香港教育学院，这期间她专注于速度滑冰、速度轮滑理论研究和实践教学。在《冰雪运动》和《体育学刊》等刊物上发表多篇文章。

蒙猛简介

蒙猛，1958 年出生，教授，硕士研究生导师，哈尔滨体育学院冬季奥林匹克学院院长，是享受国务院颁发的政府特殊津贴的专家，黑龙江省体育教育训练学（冰雪方向）重点学科后备带头人，黑龙江省模范教师，黑龙江省速度滑冰教学团队带头人、“黑龙江省工人先锋号”班组长，主要从事冰雪运动基础理论与训练方法的研究。

多年来他一直工作在教学、训练、科研第一线，承担本科生、研究生速度滑冰课程的教学、训练、科研及管理工作，由他研发的新型 KLAP 教学速滑冰刀，实现了 KLAP 冰刀新的技术在教学中的应用，属国内首创。在工作中，他注重教育理论、教育方法的改革与创新，先后编著的《冰上运动》《速度滑冰裁判法》《中国冬季运动史》和《中国体育教练员岗位培训教材——速度滑冰》等教材均属国家体育总局审定并推广的体育院校通用教材及教练员岗培教材。作为负责人，他承担的各级科研项目先后获省、部级成果奖励 8 项。

1986 年至今，多次担任全国速滑锦标赛、冠军赛、全运会及各类全国性比赛的裁判长，并先后 9 次担任速滑世界杯赛、大冬会副裁判长工作。2001 年被国家体育总局评为“1998—2001 年度国家级全国体育竞赛优秀裁判员”，2004 年被国家体育总局确定为高层次裁判人才培养对象，为我国速滑竞赛工作做出了突出贡献。

前 言

为适应我国速度轮滑运动蓬勃发展的需要，加强对速度轮滑运动的理论研究和促进运动技术水平的不断提高，我们在认真总结多年从事速度轮滑运动工作经验教训的基础上，本着“历史的经验值得注意”、“洋为中用”、博采众长、有所创新的原则编写了此书。

在编著此书的过程中，我们对曾在我国举行的两届速度轮滑世界锦标赛中进行了全面的调研，跟踪了我国速度轮滑运动发展变化的步伐。在此基础上，我们详细地查阅了国内外有关速度轮滑运动方面的书籍和资料，并认真学习、消化、吸收了国内外诸多同类运动项目和有关学科的先进理论、知识和科研成果。我们力图尽最大努力地把它做好，使其能充分综合速度轮滑运动理论与实践的最新发展情况，能深入浅出地揭示速度轮滑运动的特点及规律，并使其具有内容丰富、重点突出、文图并茂和实用性强的特点。

本书既可作为高等体育院校速度轮滑学科的专业参考教材，又可作为广大速度轮滑教练员和轮滑专项体育教师业务学习的参考资料，更可作为广大速度轮滑运动员、爱好者及有关方面人员的无师自通的手册。

我们在编写本书的过程中，得到了中国轮滑协会有关领导的鼓励和关注，以及玛浩（上海）商贸有限公司 X-tech / MPC 中国代表顾卫峰先生、解放军冰上训练基地刘洪波队长及其运动员、香港保良局林文灿英文小学的文诗咏校长、时玲云女士和许友成先生的帮助与支持，并承蒙刘雄弼、周旭明、贺军先生对本书进行审稿，在此一并表示衷心的感谢。希望本书能起到抛砖引玉的作用，更希望读者能从中找到自己所需要的知识和感悟到从事速度轮滑运动的乐趣。

书中如有不当之处，敬请各位专家和读者批评指正。

目 录

第一章 绪 论

第一节 轮滑运动的由来与分类

轮滑运动的由来，尤其是它的起源，可谓众说纷纭。历史学家在讲述这个问题时，有时带有一定程度的推理猜测性质。

轮滑运动又称为“滑旱冰”或“滚轴溜冰”，都与“冰”字有关，这就不难推理出轮滑是人类在生存活动中，从冬季的滑冰和滑雪活动逐渐演变而衍生出来的体育活动。

笔者于 1979 年 10 月赴挪威考察期间，参观了奥斯陆滑冰博物馆，从展览的实物中，较全面地了解了滑冰运动的起源（图 1–1）。

图 1–1 过去的冰上活动

早在 11—12 世纪，荷兰、英国、瑞士以及斯堪的纳维亚半岛等国家就有人将动物的大骨头棒子绑在脚上在冰面上滑走，有的将动物的腓骨绑在脚上，手持带尖的木棍，支撑冰面，推动自己向前滑动，速度之快，就像鸟儿在空中飞翔。尽管这些活动当时只是人们在冰天雪地里进行的一种游戏或在冰面上的一种代步之举，但却为滑冰运动的形成奠定了基础。轮滑运动是何时产生的呢？据资料记载，17 世纪初，在具有滑冰和滑雪悠久历史的荷兰，有一个滑冰爱好者，他想在夏季也能像冬季在冰上滑动那样，便颇具创意地将木线轴捆在板鞋的下面，靠木线轴滚动而向前滑动（图 1–2）。

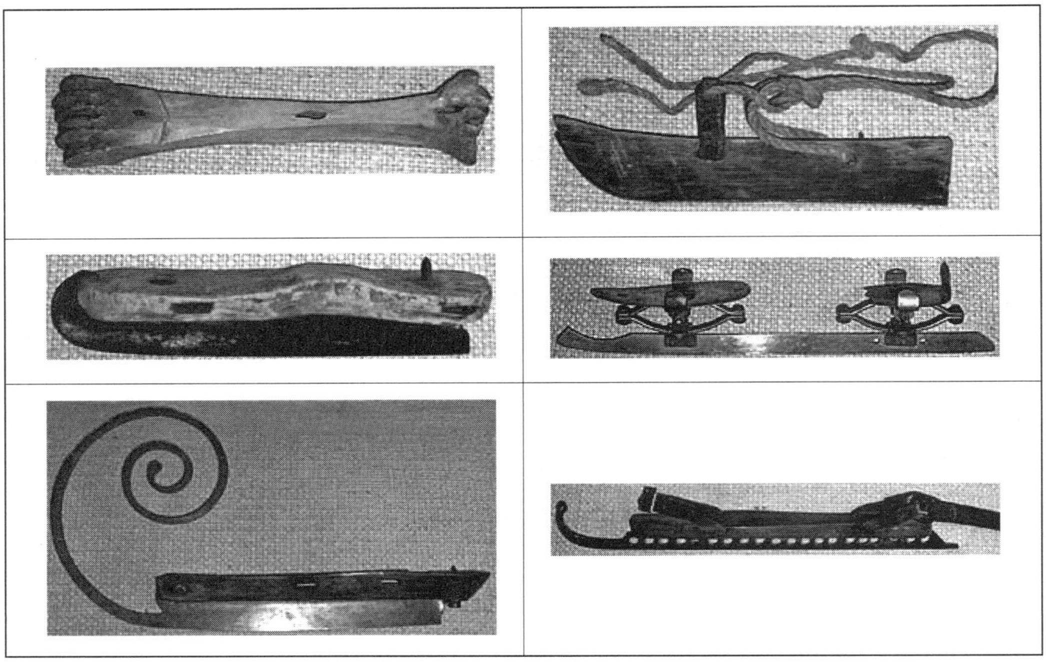

图 1–2　过去的冰刀

17 世纪中叶，比利时有位乐器制造者 J.J.Merlin（梅林），发明了一种能向前滑动的鞋子，鞋子下面装有一排很整齐的金属滚轴。传说，在王宫化装舞会上，他一边在木地板上缓慢地滑行，一边演奏着小提琴。因为他没有想到停止滑行，也不会停下来，最终，他撞向了一面大镜子才停了下来，引起一场虚惊。又据法国发明专利中记载，法国人培蒂伯德发明了第一双单排轮滑鞋，由两个大铁轮子固定在一块脚形铁板的鞋上（图 1–3），鞋的后跟用皮条绑在小腿和踝关节处，再用皮条把脚掌和滑轮铁板捆在一起，穿上这种铁轮板鞋就能滑行了。虽然穿这种轮鞋滑起来拐弯和急停都很难，而且有噪音，也不是很舒服，但是人们却非常喜欢享受滑起来的感觉，所以，这种铁轮板鞋流传得很快很广（图 1–4）。

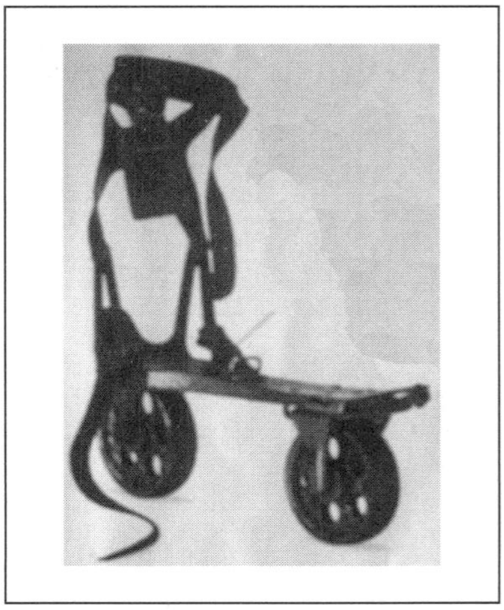

图 1–3　脚形铁板轮滑鞋

图 1–4 过去的休闲轮滑

18 世纪初，英国人罗伯特创造发明了双排四轮结构的轮滑鞋（图 1–5），对轮滑运动的发展起了很大的促进作用。18 世纪中叶，美国人詹姆斯·普利姆普顿发明了一种带有转动装置的双排四轮轮滑鞋，它可以转弯，也可以向前或向后滑行，从而带来了轮滑运动的一场革命，并促成了历史上最早的轮滑运动热潮。这种双排四轮结构的轮滑鞋可称为正宗的轮滑鞋（图 1–6）。

图 1–5

图 1–6 各种双排轮滑鞋

18 世纪末，美国人理查森和雷蒙德发明了滚珠轴承，这对改进滚轴溜冰运动的器材和滑行技术起了极大的推动作用。当理查森制造出使用轴承的双排四轮轮滑鞋时，轮滑运动很快从美国、英国和荷兰迅速传入欧美各国，之后流传到世界各地（图 1–7）。

图 1–7　18 世纪末人们穿着双排轮滑鞋进行各种活动

同期，詹姆斯·普利姆普顿在纽约建造了室内滚轴溜冰场。1890 年英国伦敦建造了水晶宫滚轴溜冰场（图 1–8），据说是木地板场面，滑起来很舒服。

图 1–8　过去的英国诺维奇溜冰场宣传海报

据资料记载，1924 年 4 月，德国、法国、英国和瑞士 4 个国家的 11 名代表相约在瑞士的蒙特勒市成立了世界上最早的“国际滚轴溜冰联合会”。随着这项运动在世界各大洲相继开展，各种轮滑比赛也多了起来，因发展的需要，最早的速度轮滑比赛规则于 1937 年问世。接着，于 1938 年在英国伦敦举行了第 1 届速度轮滑世界锦标赛。进入 21 世纪，轮滑运动得到空前的发展，已经形成了时尚的轮滑文化。统计表明，轮滑运动包括正式比赛项目及非正式项目可分为 9 大类 36 种（表 1–1）。

表 1-1 轮滑运动分类

项目名称	N	比赛形式及表现形式
1. 速度轮滑	1	速度轮滑场地赛
	2	速度轮滑公路赛
	3	速度轮滑马拉松赛
	4	多日超长距离越野速度轮滑比赛
	5	高速牵引速度轮滑
2. 花样轮滑（双排轮）	6	花样轮滑赛（图形、规定节目、自选节目）
	7	花样轮滑团体赛
	8	花样轮滑街舞表演
	9	花样轮滑特技表演
3. 轮滑球	10	轮滑球/陆地冰球赛（单排轮）
	11	双排轮滑球赛（双排轮）
	12	街头曲棍轮滑球游戏
	13	女子轮滑球表演赛
4. 自由式轮滑	14	速度过桩赛
	15	花式绕桩赛
	16	单排轮花样轮滑赛
	17	轮滑定向赛
	18	跳高赛
	19	轮舞表演
	20	速度刹停表演
5. 极限轮滑	21	U 形台极限轮滑赛
	22	街区极限轮滑赛
	23	WSX 世界轮滑障碍赛
	24	极限特技轮滑表演
	25	街头应变特技轮滑
	26	高空沿墙体下滑特技轮滑（系安全带）
6. 滑板	27	U 形台极限滑板赛
	28	街区极限滑板赛
	29	极限特技滑板表演
	30	街头应变特技滑板
	31	活力板（直排双轮、三轮侧蹬板）
7. 速降轮滑	32	公路速降
	33	滑道速降
8. 高山轮滑	34	高山轮滑赛（手持高山滑雪/轮滑杖）
9. 休闲轮滑	34	个人或集体刷街
	35	休闲健身轮滑活动
	36	带帆轮滑

第二节　国内外速度轮滑运动的发展概况

据资料介绍，1940 年 4 月 28 日，在意大利罗马举行的国际奥林匹克委员会会议上，正式承认了轮滑运动的国际联盟。从此，轮滑运动在世界各国得到了广泛的开展，尤其是在欧美各国更是风行。1952 年，国际滚轴溜冰联盟正式更名为国际轮滑联合会，其英文缩写是 FIRS。国际轮滑联合会由主席（西班牙人，奥利维拉斯）、6 位副主席（非洲、亚洲、欧洲、大洋洲、北美、中南美各 1 名）、4 个技术委员会（速度轮滑、花样轮滑、轮滑球、自由式极限轮滑）的主席和 1 名受雇但无表决权的秘书长组成。现任国际轮滑联合会速度轮滑技术委员会主席是意大利资深的轮滑运动专家罗伯特·马洛塔先生。国际轮滑联合会总部设在西班牙的巴塞罗那，速度轮滑技术委员会设在意大利的罗马。现今已有 120 个国家和地区成为国际轮滑联合会的会员，国际轮滑联合会的工作用语是英语、西班牙语和法语。

FIRS 举办的第 1 届世界速度轮滑锦标赛是于 1966 年 4 月在阿根廷的马德普拉塔市举行的，有德国、西班牙、意大利、英国、比利时、新西兰、日本、哥伦比亚、美国、巴西、阿根廷、乌拉圭共 12 个国家参加。

自 2005 年起，每年一度的世界速度轮滑锦标赛是越办越红火，其中有两届是在中国举行的（表 1–2）。

表 1–2　2005–2014 年举办的历届世界速度轮滑锦标赛

比赛日期	世锦赛比赛标志	举办地点
2005–08–24		中国·苏州
2006–09–01		韩国·安阳
2007–08–17		哥伦比亚·卡利
2008–09–04		西班牙·希洪
2009–09–16		中国·海宁
2010–10–22		哥伦比亚·瓜尔内

续表 1-2

比赛日期	世锦赛比赛标志	举办地点
2011-08-29	2011 Yeosu 2011 YEOSU WORLD ROLLER SPEED SKATING CHAMPIONSHIPS	韩国·丽水
2012-09-06	MONDIALI IN-LINE 2012 ASCOLI PICENO - S. BENEDETTO DEL TRONTO	意大利·阿斯科利皮切诺和圣贝内代托·德尔特龙托
2013-08-23		比利时·奥斯滕德
2014-11-05	ROSARIO2014	阿根廷·罗萨里奥

从 2005 年和 2009 年在我国举办的两届世界速度轮滑锦标赛的调研中可以看出，当今速度轮滑运动发展史是一部速度滑冰和速度轮滑相互促进、相互融合的历史。其中可圈可点的历史情节有以下几点。

一、速度轮滑运动的发展阶段

速度轮滑运动是速度滑冰运动衍生出来的运动项目，速度轮滑技术的发展大致经历了 4 个阶段。

（一）第一阶段

18—19 世纪，运动员使用双排四轮轮滑鞋，这时的滑跑姿势呈站立式或半蹲式（图 1-9），腿部技术动作是模仿速度滑冰的技术，可以说是比较典型的轮滑技术阶段。

图 1-9　18-19 世纪速度轮滑比赛中运动员的滑跑姿势

（二）第二阶段

20 世纪 90 年代初，是由双排四轮向单排五轮过渡的时期，运动员全面完整地模仿速度滑冰传统技术（图 1–10），滑跑姿势有所降低，特别是在弯道滑跑中，交叉压步动作幅度明显加大，在弯道滑跑技术动作结构中，几乎没有了自由滑进阶段。运动员对轮刃的利用更为灵活，速度也有明显提高，是速度滑冰技术应用于速度轮滑运动技术的发展阶段。

图 1–10　20 世纪速度轮滑比赛中运动员的滑跑姿势

（三）第三阶段

21 世纪初，速度轮滑运动员普遍使用直排五轮轮滑鞋，轮滑器材变革日新月异，为技术变革提供了有利条件，速度轮滑直道“双蹬技术”问世，起跑、冲刺和接力技术已趋于规范（图 1–11）。可以认为，这是速度轮滑与速度滑冰技术相互渗透融合发展变化最大的阶段。

图 1-11　2005 年苏州世界速度轮滑锦标赛公路赛

(四) 第四阶段

如今，速度轮滑运动员普遍使用大轮径（110 毫米）的直排四轮竞速轮滑鞋（图 1-12），不仅在弯道带坡的场地上比赛，而且也在平面弯道的场地上竞技。速度轮滑技术随着场地器材的革新，现已形成了独具魅力的速度轮滑技术，即融合速度滑冰、短道速度滑冰和传统速度轮滑特色技术的现代创新速度轮滑技术。

图 1-12　2009 年海宁世界速度轮滑锦标赛场地赛、公路赛

二、速度滑冰受益于轮滑的历史情节

在 20 世纪中叶，苏联国家速滑队总教练康·库德列夫柴夫（图 1–13），受轮滑的启示，在滑冰运动员训练器材改革中，创新制作出单排四轮轱辘旱冰刀，在国家队非冰期训练中投入使用，明显地促进了运动技术水平的提高，一跃成为世界冰坛的霸主（图 1–14）。之后，1958 年苏联专家叶·斯切潘年柯和阿·别列金来中国讲学期间，介绍了滑轱辘训练手段。同年 8 月，孙显墀从苏联莫斯科斯大林中央体育学院毕业回国，并于 1960 年担任中国国家速滑队男队主教练。这期间，黑龙江省体委在哈尔滨体育学院兴建了滑轱辘场（周长 250 米，水磨石场面，投资 18 万元人民币），黑龙江省齐齐哈尔市冰刀厂开发研制了直排四轮冰刀轱辘。从此，我国优秀速滑运动员在非冰期进行了前所未有的滑轱辘训练（图 1–15），国家队在训练方法和训练负荷等方面，都有创新性的突破，仅用了 3 年的时间，王金玉和罗致焕在 1962—1963 年都打破了速滑大全能的世界纪录，并创平原冰场男子速滑大全能的世界最佳成绩，王金玉荣获亚洲最佳速滑运动员奖杯，罗致焕夺得 1963 年世界速滑锦标赛 1500 米的世界冠军（图 1–16、图 1–17）。中国的速滑跻身于世界冰坛先进行列，引起世界各国的关注。之后，滑轱辘这个有效的训练手段被世界冰坛广泛采用。由于科技的介入，直排轱辘鞋出现了越来越多新的款式和品牌，世界冰坛受益于轮滑训练，使运动成绩得到空前的提高。

图 1–13　1957 年夏季，轱辘旱冰刀发明人苏联国家队教练员康·库德列夫柴夫以自行车牵引训练运动员（格里申）

图 1–14　左图中的立者（右）为孙显墀，他在观摩速滑 500 米世界纪录创造者格里申在进行滑轱辘弯道训练；右图为 1957 年秋季，格里申（前者）和苏联世界冠军科西契金（后者）在滑轱辘训练中

图 1–15　1962 年夏季，世界冠军罗致焕（滑在前者）和队员张可盛（滑在后者）在孙显墀教练员（立者）的带领下在哈尔滨体院进行滑轱辘训练

图 1–16　左图为 1963 年 2 月，罗致焕在日本轻井泽市举行的世界速度滑冰锦标赛上获得 1500 米比赛冠军；右图为罗致焕与教练员孙显墀

图 1–17　1963 年 2 月，国务院副总理兼国家体委主任贺龙元帅（前中）在北京四川饭店为中国体育代表团接风，祝贺罗致焕（前左 3）获得世界冠军

三、速度轮滑受益于直排轮的历史情况

20 世纪 90 年代初，世界轮滑界在普遍使用正宗的双排四轮轮滑鞋过程中，受世界冰坛在非冰期使用单排四轮轮滑鞋（图 1–18）进行训练获得空前提高的启示，1992 年，意大利速度轮滑运动员在威尼斯世界速度轮滑锦标赛上，率先改用了单排五轮竞速轮滑鞋参赛，一举获得绝对优势的战绩，为世界速度轮滑界告别正宗双排四轮竞速轮滑鞋，采用直排五轮竞速轮滑鞋开创了先河，自 1993 年至今还在延续着。这又一次促进了速度轮滑运动成绩的大提高。

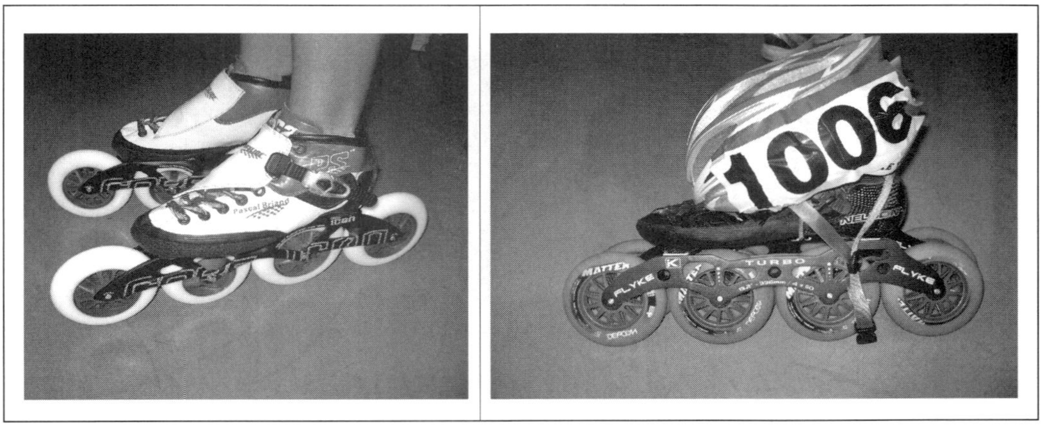

图 1–18

四、速度轮滑和速度滑冰两栖运动员创奇迹

速度轮滑高手美国的查德·海德里克（Chad Hedrick）多次获得世界速度轮滑锦标赛的冠军，他是速度轮滑直道双蹬技术的创始人。但是，他凭借自己高超的速度轮滑技术和通过轮滑练就的体能，选择了走速度轮滑和速度滑冰两栖运动员的发展道路，在 2006 年意大利都灵第 20 届冬季奥林匹克运动会速度滑冰 5000 米比赛中，战胜了所有速度滑冰高手，一举摘得金牌，开启了速度轮滑和速度滑冰两栖运动员创奇迹的历史篇章（图 1–19、图 1–20）。

图 1-19　查德是一个非常有天赋的速度轮滑运动员

图 1-20　查德获得了 2006 年意大利都灵第 20 届冬奥会速度滑冰 5000 米比赛的冠军，显示出他超凡的实力

现如今，速度轮滑技术风格发展中出现了新的变化。虽然以美国、意大利、哥伦比亚为代表的欧美速度轮滑技术风格仍不减其魅力（图 1-21），但是在 2009 年世锦赛中，以韩国和中国台湾省为代表的亚洲速度轮滑技术风格占了上风，形成两种风格争奇斗艳的壮观局面（图 1-22）。

图 1–21 美国著名运动员乔伊·曼提亚（右 2）在 2009 年世锦赛上，取得了“七冠王”的辉煌战绩

图 1–22 孙显墀与 2009 年海宁世界速度轮滑锦标赛中得奖的韩国、中国台湾省、哥伦比亚等国家和地区的队员合影

欧美诸国开展轮滑运动的历史较长，轮滑人口也多，涌现出实力较强的选手，而且后继有人，自然成为轮滑运动的发展中心。但亚洲速度轮滑崛起的势头明显，除韩国、中国台湾省实力较强而外，近几年中国速度轮滑运动员的技术也有明显的提高，并实现了在世锦赛上金牌“零”的突破（图 1–23）。

图 1–23　范楚倩（后中）、李丽莎（后左）于 2009 年苏州世界速度轮滑锦标赛中历史性地分别夺得了青年女子马拉松的冠、亚军。在颁奖仪式上，罗伯特先生（前左），国家体育总局社体中心主任、中国轮滑协会副主席林洁女士（前中），海宁国际轮滑运动中心董事长李卫娟女士（前右）与两名小将合影

在速度轮滑世锦赛中，随着各项比赛奖牌得主新面孔的增加，获奖的覆盖面也越来越大。世界速度轮滑运动呈现出的蓬勃景象，不仅仅表现在竞技赛事上，而且据有关资料统计，当今全球已有 1 亿多轮滑运动爱好者，他们是速度轮滑运动的基础，也是未来发展的后备力量。

五、我国速度轮滑运动的发展情况

亚洲轮滑联盟成立于 1978 年，并于 1985 年在中国香港举行了第一次亚洲轮滑联盟执委会会议，会上决定每两年举办一届亚洲轮滑锦标赛。自 1985 年在日本冈谷举行了第 1 届亚洲轮滑锦标赛至今，截至 2014 年已举办了 16 届，其中第 3 届、第 8 届、第 13 届和第 16 届分别在我国杭州、上海、海宁举行。

在我国，人们开始把速度轮滑运动作为竞技体育运动项目的时间较晚。确切地说，自十一届三中全会改革开放之后，轮滑运动先是以文化娱乐的面貌在中国沿海经济发达地区亮相，并迅速形成“滚轴溜冰”热潮，在全国各地如雨后春笋般地兴建了无数滚轴溜冰场馆，许多溜冰俱乐部应运而生。在广泛开展的情况下，涌现出一批技高一筹的轮滑爱好者。

1952 年 5 月我国首次在上海举办了“金雀杯”速度轮滑邀请赛，同年 10 月又在北京举办了“环球杯”旱冰邀请赛。在此基础上，1983 年 10 月在北京工人体育场举办了第 1 届全国轮滑锦标赛。

1985 年 8 月,长春第一汽车制造厂速度滑冰业余体校的学员代表国家参加了在美国举办的世界轮滑锦标赛。同年 10 月又由哈尔滨体育学院轮滑队代表国家参加了在日本冈谷举办的亚洲轮滑锦标赛，开启了中国轮滑健儿走向世界的大门。1987 年在韩国举办的第 2 届亚洲轮滑锦标赛上，我国运动员在花样轮滑和速度轮滑项目的比赛中，都获得奖牌。在这之后的数届亚洲轮滑锦标赛中，每每都有新的进步。

2009 年，我国第 24 届全国速度轮滑锦标赛，是近年来我国速度轮滑运动总体实力的大检阅。该届全国锦标赛各项比赛前三名的平均成绩都是历史上的最佳，这充分说明我国速度轮滑运动总体实力有所提高；而获奖的队伍数量也有明显增加，这又表明速度轮滑运动在我国发展的广泛度亦有提升。不仅在得奖的广度与深度上，而且在运动员比赛的技术上也有明显的提高。无论在起跑技术、滑跑姿势、直道技术、弯道技术和冲刺动作，还是在接力技术等方面，都涌现出很多有培养前途的后起之秀。在临场战术运用方面，没有故意犯规的现象，尤其是在长距离项目比赛中，战术意识有明显提高，运动员表现出较高的体育道德修养。

在该届锦标赛前，对苏州国家轮滑训练基地进行了装修，将平面场地改建成弯道带坡场地；在跑道内侧边沿增建了排水沟；在原围场栏杆的基础上，增加了不锈钢板的围场内墙面；在终点处的场外架建了空中伸缩终点灯，以备晚间比赛使用，并便于向场内终点裁判房送电，一举两得。可以说，现今的苏州国家轮滑训练基地的比赛场地条件（包括公路赛场地和马拉松赛场地），已达到了国际先进水平（图 1–24）。

图 1–24 苏州国家轮滑训练基地轮滑场

该届锦标赛所展示的轮滑器材与服饰充分表明我国广大轮滑爱好者的消费能力明显提高，几乎所有参赛运动员都脚穿外国品牌的竞速轮滑鞋，规格是 100 毫米或 110 毫米、84～86A 的四轮竞速轮滑鞋。各队的比赛服饰都非常精致，各种花色的连体比赛服和头盔等，真是别具风格（图 1–25）。除了比赛场内，赛场外也别有一番风情。来自国内外的轮滑器材厂家和代理商们，更是不遗余力地精心布置自己的展示帐篷。他们也希望借助于全国比赛的好时机，打开轮滑器材的销路，扩大自己品牌的声誉。

图 1–25　装备齐全的青少年速度轮滑运动员

当今，我国在速度轮滑界所具备的硬件和运动员使用的运动器材等方面，可以说完全与国际接轨了。而随着一批批裁判员的培训和考核的举办，我国速度轮滑裁判队伍也不断壮大，在以后的国际比赛中，必定出现越来越多的中国籍裁判员。

30 多年来，中国轮滑协会政绩显著，我国速度轮滑界的赛事与有关活动都非常活跃，其中北戴河、上海黄浦、苏州和海宁 4 个国家训练基地的问世，不仅形成了轮滑品牌，而且对我国速度轮滑运动的发展起到极大的促进作用。尤其是自 2005 年我国第一次承办世界速度轮滑锦标赛以来，我国承办大型国际赛事的脚步也逐步加快了，例如 2007 年苏州承办了国际轮滑联合会和 WIC 组织确立的积分最高、奖金最多的世界轮滑马拉松 A 级分站赛；2008 年在海宁国际轮滑运动中心举办了第 13 届亚洲轮滑锦标赛，随后海宁又在 2009 年承办了世界速度轮滑锦标赛（图 1–26）；广州番禺大学城承办了 2010 年第 16 届亚运会速度轮滑比赛，同年北戴河和海宁又举办了国际轮滑节；2012 年山东省海阳市举办了第 3 届亚洲沙滩运动会公路轮滑赛；2013 年的第 15 届亚洲轮滑锦标赛于合肥圆满落幕。

图 1–26　海宁国际轮滑中心

“海宁模式”在成功地举办了第 13 届亚洲轮滑锦标赛后，在 2009 年更以史无前例的世锦赛战绩（77 人次打破速度轮滑世界纪录），让海宁国际轮滑运动中心成为名副其实的“速度轮滑世界纪录工厂”。同时，我国的其他省市地区也积极地兴建专业的速度轮滑场地，为我国的速度轮滑事业奠定了坚实的基础设施（图 1–27 — 图 1–32）。

图 1–27　北戴河奥林匹克大道公园轮滑场

图 1–28　深圳西丽体育中心轮滑场

图 1–29　浙江嘉兴实验小学国际标准轮滑场

图 1–30　海口西海岸国际轮滑赛场

图 1–31 新疆克拉玛依速度轮滑标准场轮滑场

图 1–32 合肥滨湖新区轮滑场

2011 年中国轮滑协会首次召开的“全国轮滑工作会议”，创新性地提出“大轮滑”概念和推出代表国内轮滑最高水平的新型赛事——中国轮滑公开系列赛，本着“政府主导、企业运作、社会参与、大众受益、做成品牌、形成产业”的精神，把轮滑比赛逐步办成世界高水平的赛事。协会借助于欢庆中国轮滑运动开展 30 周年的契机，组建了轮滑城市联盟、轮滑校园联盟、轮滑企业联盟和轮滑俱乐部联盟。全国共有 30 多所中、小学获得中国轮滑运动特色校称号。

苏州、海宁、广州番禺大学城等一处又一处国际标准的速度轮滑场地的建成，一次又一次大型国际赛事和国际轮滑节的成功举办，一个又一个创新的概念和发展方案的提出与实施，使我国速度轮滑运动的发展走上了“高铁”的航道，向世界轮滑界展现出了中国的风采。中国轮滑协会领导下的中国速度轮滑界，一定能为世界速度轮滑运动的发展不断地做出创新性的贡献。

第二章 轮滑运动的入门教法 ——轻轻松松学轮滑的三步曲

你选择学轮滑说明眼力不错，只要你能充分利用业余时间，持之以恒地耐心学习轮滑基本技术，那么不仅能够不断提高运动技术水平，而且还能成为出色的轮滑爱好者，甚至成为优秀的轮滑运动员。

学习和做事，都不可能是一蹴而就，要遵循一定的规律。学习轮滑也不例外，要遵循入门教学的三步曲。

第一节 第一步：初学前的准备，解决三个感觉

一、对轮滑器材和服装的感觉

轮滑器材包括轮滑鞋，这是最重要的器材；其次是防护装备，包括头盔、护腕、护肘、护膝和运动服装。

建议初学者购买休闲型轮滑鞋，这种鞋的设计理念，是为了达到支撑稳定效果和穿着舒适，都有固定的外壳和内衬，用鞋带和固定在外壳上的扣子将鞋扣紧，右脚鞋通常装有一个后跟制动器，用于减速和停止（图 2–1）。

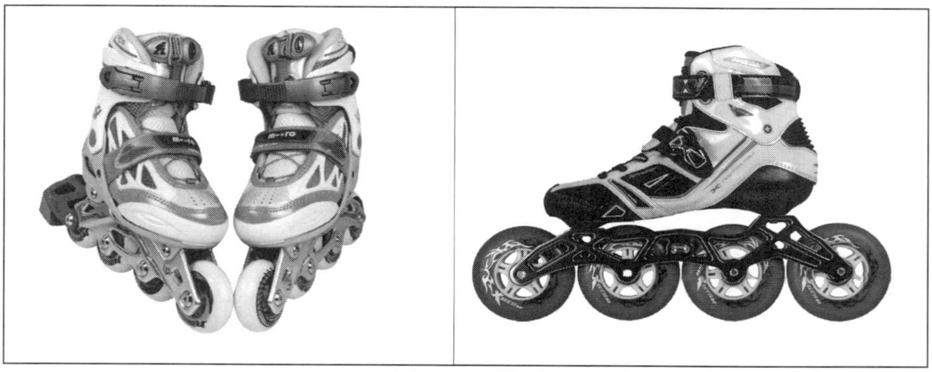

图 2–1 不同款式的休闲型轮滑鞋

选购轮滑鞋时，一定要试穿试滑，注意不要把踝关节部位的勒条勒得太紧，以免运动时受到限制。要把脚背中间的鞋带勒紧，使脚有牢固感；脚趾处的鞋带可以

松一点，避免产生肌肉痉挛。奉劝家长，千万不要给孩子买比实际需要大的轮滑鞋，以孩子穿着合脚、舒适为宜，孩子穿上轮滑鞋的脚感好，是保证学轮滑顺利入门的重要条件。

当然，也可以参考笔者办队的经验，一开始就选择单排速滑轱辘鞋（图 2–2），随着学员训练水平的提高和参加比赛的实际需要，逐步提升档次，直至选用单排四轮高档竞速轮滑鞋。这种鞋的鞋勒较矮，维持平衡的难度较大，对提高踝关节内、外侧控制平衡的能力是有益的，而这一点又是学轮滑所必须具备的基础能力。这种选择的结果，是开始学时难度大些，入门速度较慢。但是，学会后的再提高过程证明，可称为捷径的选择。

图 2–2　不同款式的单排四轮速滑轱辘鞋

必不可少的轮滑保护装备有以下四种。

(一）头盔

头盔（图 2–3）是护具中最重要的，大多数头盔里面都贴有泡沫塑料衬垫，并有两根可调的安全束带，用塑料插扣于颌下扣紧。头盔盖上的长孔眼有利于通风和摔倒时起保护头部的作用。选购头盔不可马虎，必须符合安全标准，一定要试戴，不仅要感到舒服，而且还要牢固，头感好，这样的头盔孩子才乐意戴。切记，无论何时何地都要戴着头盔学轮滑。

图 2–3　不同款式的头盔

（二）护腕

学轮滑跌倒时，手和腕是最容易受伤的部位，护腕（图 2-4）在手掌面上有个凸起部分，这个坚固的塑料插板可起到缓解撞击力的作用。护腕上的扣带要扣得紧些，但要以手感好为宜。任何时候都要有护腕伴着你学轮滑。

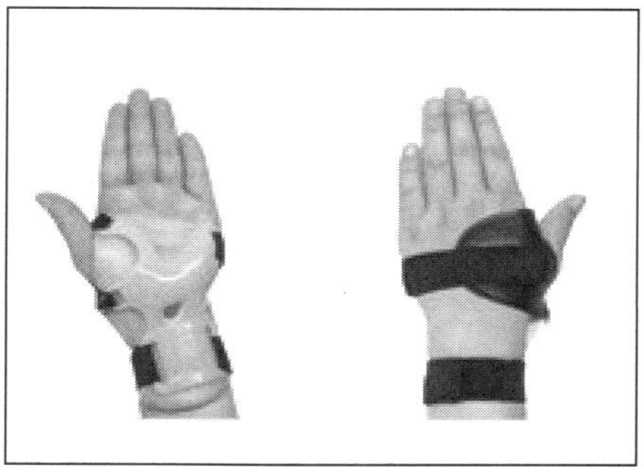

图 2-4 护腕

（三）护肘

肘部是跌倒时容易受伤的部位，带上有弹性的套筒式护肘或带护盖式的护肘（图 2-5），就会避免或减少肘部的伤害事故。护肘的松紧扣带要扣得适宜：太紧，滑行摆臂时受限制；太松，滑行摆臂时易脱位，所以带护肘的臂感就显得特别重要。带护肘时，要将护肘保护外壳有孔眼处朝下方，外壳起主要的防护作用。

图 2-5 护肘

（四）护膝

学轮滑为了减少皮肉之苦，一定要带护膝（图 2-6）。护膝有两种，即有弹性的套筒式和护盖式，两者的前面都有一个坚实的塑料外壳罩着，内部有一个纤维垫，此垫能承受摔倒时的冲击。塑料外壳不仅能起缓冲作用，而且对皮肤和服装也能起保护作用。带护膝的要求与带护肘相同，要有合腿、舒适、不移位和确保安全的腿感。

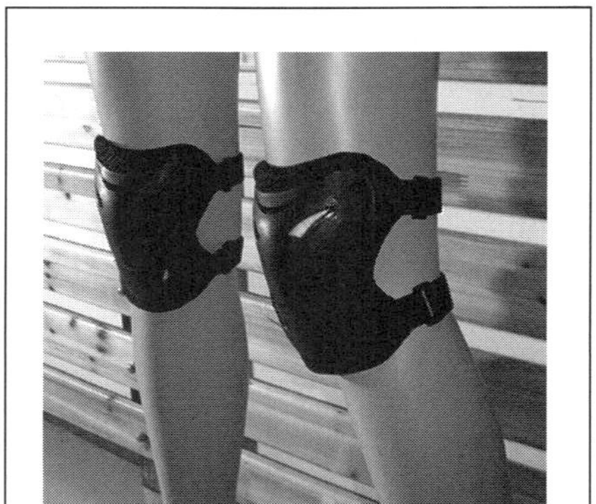

图 2-6 护膝

为了学轮滑顺利入门，选购舒适的运动服装（图 2-7）也是很必要的，要养成运动时就穿运动服装的良好习惯。

图 2-7　轮滑运动服装

二、对轮滑支撑与对地面的感觉

穿轮滑鞋与穿普通鞋相比，对地面的感觉是不一样的，穿上轮滑鞋因脚下是可以滚动的轮子，自然会因轮子前后滚动而产生不稳定感，加上是用支撑面积很小的轮子着地（尤其是直排轮滑鞋），维持左右平衡的难度自然加大。而稳定的支撑平衡感觉和能力是学轮滑技术动作的先决条件之一。因此，建议初学者先在草地上或在软地面上练习站立和站立走，找一找滑轮对地面的支撑感觉。而且要在不同硬度的场地上多挪步走走，这不仅有助于克服正常走步前后迈步（滑轮易滚动）的习惯，而且会迅速找到滑轮对地面的支撑感觉。多实践就会提高支撑平衡能力，获得平衡感（图 2–8）。

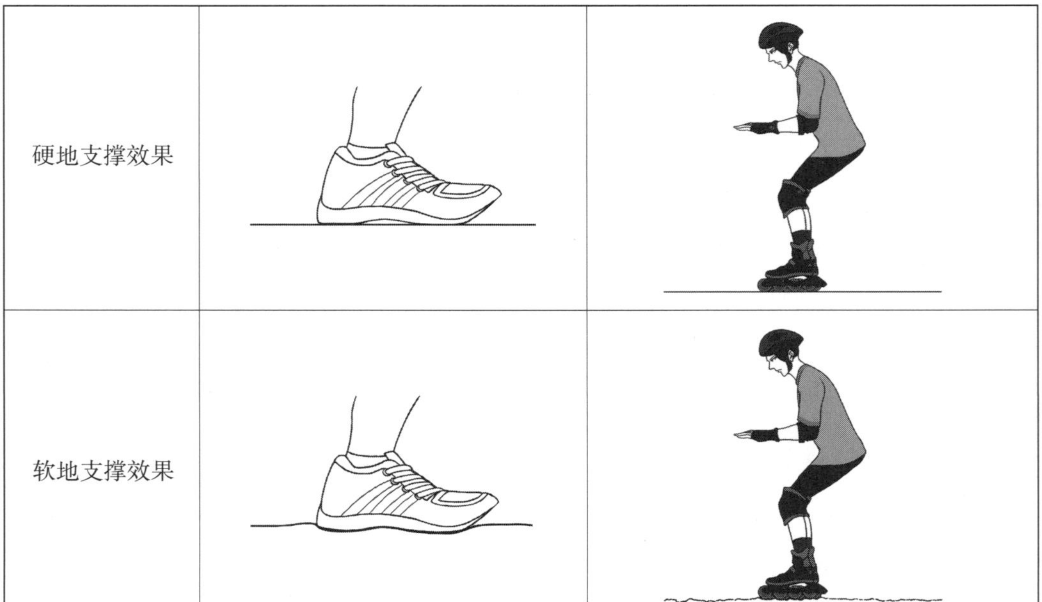

图 2–8　硬地、软地支撑效果

三、对滑轮滚动而产生“滑动”的感觉

轮滑又称为滑旱冰和滚轴溜冰，都是与冰有关，在冰面上是滑冰，对冰的感觉就是“滑”，而在地面上轮滑是借助于滚轴向前后方向滚动而产生位移，才有了“滑”的感受。所以，穿上轮滑鞋体会“滑动”的感觉就显得很必要。

首先，穿轮滑鞋站立，手扶物体，做原地双脚前后交替的移轮动作，这时你就会体验到轮子在脚下滚动而带来的“滑动”感觉。之后脱手完成这个练习时记住，双臂应配合两腿滑动步做协调的前后摆动动作，身体要挺直，抬头，目视前方（图 2–9）。开始时双腿的滑动动作幅度不宜过大。

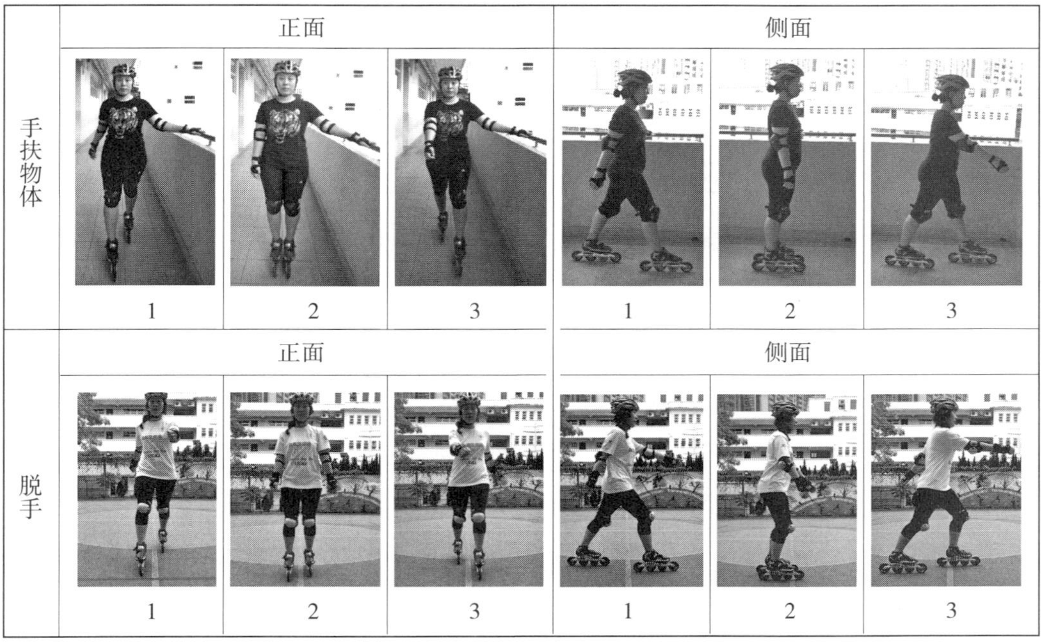

图 2–9　原地两脚交替前后滑动动作

其次，再做借助于伙伴的推动或牵拉的外力来体会“滑动”的感觉（图 2–10）。做法是穿轮滑鞋站立，微屈体，双臂自然前伸，抬头，目视前方。蹲好后，伙伴用双手向前推你的臀部使你向前滑行。要逐步加大推的力度。由于推动的作用，你脚下的轮子就会顺势向前滚动起来，这时你就会有像在冰面上向前滑进一样的滑动感觉。这个练习的主要注意点是，你要随着同伴推动力度的加大，适时地注意双小腿尽量向前倾斜，使身体重心很自然地跟进，不然，非常容易形成重心偏后，双轮向前滚动并向前脱滑。但是，借助于牵拉外力完成练习时，却要求练习者尽量将身体重心往后坐，以维持“滑动”起来的平衡。

<table>
<tr>
<td>被推后
惯性
滑行</td>
<td>
2</td>
<td>
1</td>
</tr>
<tr>
<td>被牵拉
后惯性
滑行</td>
<td colspan="2"></td>
</tr>
</table>

图 2–10　被推后、被牵拉后惯性滑行

还可以借助于顺风条件或坡度小的下坡路面进行“滑动”的练习（图 2–11）。

图 2–11　下坡惯性滑行

当你能借助于惯性继续向前“滑动”一定的距离时，你对“滑动”的感觉就更深了。能身轻如燕地“滑动”起来，就是轮滑运动的魅力之处，奇妙的“滑动”感觉会焕发出你对轮滑运动的激情，会使你对轮滑产生更大的兴趣。一切成功都是从兴趣开始的，只有感觉到的东西，你才会体会得更深刻。

学轮滑前的准备，除上述内容而外，还要强调的是，初学者如果能事先进行一些准备性的体育活动，会提高学轮滑入门教学的效果，尤其是多做些与轮滑教学有关的体能练习和模仿性技术动作练习效果会更好。

譬如，做有氧代谢的长跑练心肺功能、做各种跳跃动作练腿部力量和协调性，如侧向越障碍爆发跳动作、手持哑铃蹲跳动作；做各种腹腰肌练习、团身抱膝走、屈腿走、原地或行进间摆臂高抬腿、台阶单腿蹲起配合双摆臂和另一腿高抬触胸、各种橡皮筋牵引动作、简单的轮滑分解诱导动作和模仿性动作等练习（图 2-12）。

侧向越障碍爆发跳	
手持哑铃蹲跳	  
橡皮筋牵引向左倾斜支撑动作	

橡皮筋牵引向前收拉腿动作	
橡皮筋牵引双摆臂动作	
橡皮筋牵引阻力蹲起动作	 
橡皮筋牵引股后肌群收拉动作	

图 2-12

第二节 第二步：初学入门不难，越学兴趣越浓

穿上轮滑鞋，佩戴好头盔和护具，选择好场地，首先要学习各种站立的方法。

一、在草地和软地面上的站立

双脚取 V 字（两脚跟要靠紧）或 T 字形站立（图 2–13），双脚的轮子尽量立直站稳，双腿微弯曲，抬头，目视前方，双臂放松微屈前伸或扶物维持平衡。切忌低头只去注视轮滑鞋。

V 字形站立	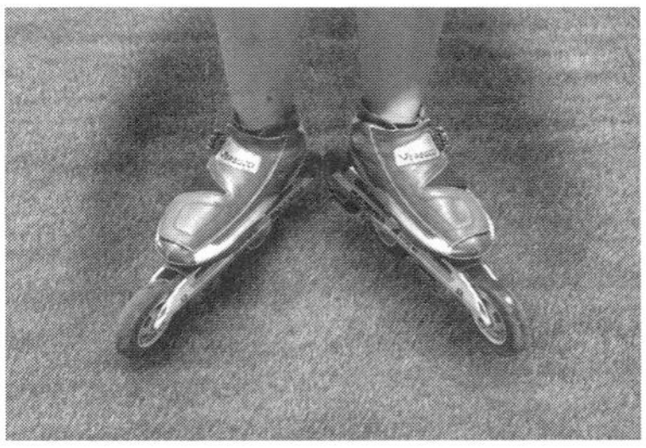	
T 字形站立		

图 2–13

二、在硬地面上的站立

从双腿并拢、双脚平行地坐在凳子上的姿势开始，上体挺直，双臂微屈放松前

伸，上体随着腿部站起而稍向前倾，但不要弯腰，保持身体重心投影点位于双脚的中部，头抬起，目视前方。反复做站起和坐下的练习。双腿也可以开立同肩宽，双脚也可以采用不同的站形（V 字形、T 字形）。

初学者有时是坐在地上穿轮滑鞋和佩戴头盔、护具，这时站起来的方法是，从分腿坐在地上的姿势开始，首先将弯曲的双腿收并，然后在向右（左）侧转体的同时，双臂在右（左）侧扶地，就变成了双手扶地、双膝跪地姿势，此时将身体重心移到双膝上，然后，左（右）膝上抬做前弓箭步动作，与此同时，左（右）手抬离地面扶在左膝上，呈右（左）膝单跪姿势，最后是左（右）腿用力向上伸展，右（左）腿膝盖离地，双手分别扶压双膝，上体挺直而立，目视前方（图 2–14）。站立时，双脚同样可以选择不同的站形。

图 2–14

在此基础上，再进行以下各种动作的练习。

三、使用不同轮刃的站立

滑轮直立于地面是正轮刃支撑；双轮鞋同时向左（右）侧倾斜立于地面是对应轮刃支撑；双轮鞋均向内倾斜立于地面是内轮刃支撑；双轮鞋同时向外倾斜立于地面是外轮刃支撑（图 2–15）。

在完成周期性轮滑技术中，向前或向后的惯性滑行，就是用轮子的正轮刃支撑着地滚动完成的；在滑进中完成蹬地动作是用内轮刃完成的；在直道滑跑中，做“双蹬技术”或传统技术中的下轮着地动作时，是用外轮刃完成的；做转弯动作时，同侧脚也是用外轮刃支撑着地完成的；滑跑弯道的交叉压步基本姿态，是双轮的对应轮刃支撑着地。这就不难看出，学会使用不同轮刃的站立是属于轮滑基本功的动作。

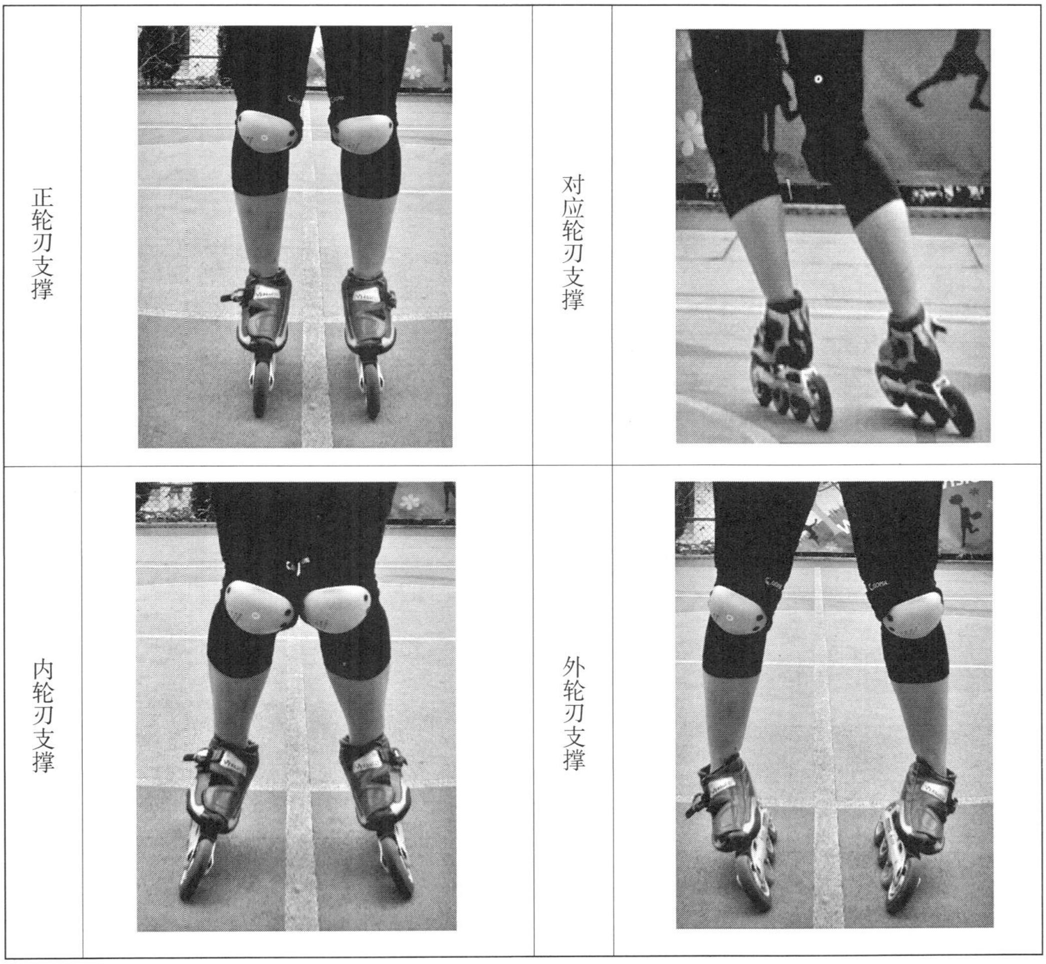

图 2–15

四、选择不同脚位的站立

（一）V 字形站立

双脚取 V 字形站立（图 2–16），当向前迈出一步时，是以内轮刃支撑向前移动，双脚交替向前迈步，每一步都有瞬间静止站立的状态。切不可操之过急。

图 2-16　V 字形站立

（二）A 字形站立

双脚开立宽于肩，双脚尖所示方向的延长线相合（图 2-17），用双脚的内轮刃支撑着地，有利于保持平衡。做向后滑的动作时，就要用这种站立姿势启动。

图 2-17　A 字形站立

（三）剪式站立

两脚间距 15 厘米左右，提起一只脚前落到另一脚的前方，形成前后脚状态（图 2-18），并使前脚的后轮能位于后脚的前轮旁。做滑行、急停和向后滑时都可以采用这种站立姿势。

在进行系列站立方法的教学练习中，不时地采用系紧和松开鞋带两种方式进行练习，有助于学员提高踝关节向左右两侧控制平衡的能力。手扶物体在台阶上做内八字、正面和外八字脚形的提踵练习效果非常好。

图 2–18　剪式站立

五、原地单腿支撑平衡动作

从基本站立姿势开始，双臂前伸（或叉腰），屈膝抬起一腿，双手抱膝（图 2–19），另一腿支撑站立，上体挺直，目视前方。看自己单腿支撑维持平衡能站多长时间。

图 2–19　原地单腿支撑平衡动作

六、原地移动身体重心动作

两脚开立同肩宽，身体重心位于两脚之间，双脚稍用内轮刃支撑，然后将身体向右侧移动至整个身体重心完全以右腿或以右脚的正轮刃支撑（图 2–20）。再向左侧移动，也要达到同样的程度。完成这个动作的关键，是无论向右还是向左，都要做到将身体重心移动到位。

向右		向左	

2	1	1	2

图 2–20　原地移动身体重心动作

七、原地平抬轮滑鞋踏步动作

从基本站立姿势开始，两臂自然前伸，做双腿交替的原地踏步，同时将身体重心移到支撑腿上，另一腿屈膝上抬（图 2–21）然后再落脚着地，身体重心随之移动，两脚交替练习。

正面		侧面	

准备	开始	准备	开始

图 2–21　原地平抬轮滑鞋踏步动作

八、原地蹲起动作

从基本站立姿势开始，身体重心位于两脚之间，做下蹲和再起立的动作（图 2-22）。蹲曲程度可灵活掌握，要始终注意保持上体挺直和完成动作的平稳性。

图 2-22　原地蹲起动作

九、原地两脚交替前后滑动动作

从基本站立姿势开始，两脚平行，呈正轮刃支撑状态，身体重心适中，一脚向前的同时，另一脚向后，使双脚下的轮子来回地滚动，形成有两脚交替前后“滑动”感觉的动作（见图 2-9）。在完成动作的过程中，双臂随腿部前后滑动自然协调地摆动，两脚在滑动中要始终保持前后的平衡关系。前后的滑动步幅要适中，身体重心始终保持在两脚中间。

十、向体侧和向前做高抬腿移步动作

从基本站立姿势开始，高抬右腿（右脚轮平抬起离地）向右跨出一小步（图 2-23），下落着地后与左脚距离呈肩宽，双脚均用正轮刃支撑，然后将身体重心完全移向右腿，接着以同样的要领高抬起左腿，再向右腿靠拢着地，呈开始姿势。这个动作可以向同一侧连续完成，也可以高抬左腿，换方向向左做。同样的动作可以向前做，向前移步时，身体重心一定要跟进，前移距离以一步为宜，移步要慢而稳。

图 2-23　向体侧做高抬腿移步动作

上述几个动作练习，都强调平抬轮滑鞋离地的动作要领，意在让学员克服在走或跑时向后蹬地用力的习惯，培养学轮滑所要求的向侧方用力完成蹬地动作的习惯。

在学会上述动作的基础上，就可以进行有“滑动”的动作教学了。首先，做向前外八字走（图 2-24），连续走几步后，就会产生惯性力，然后停止走动，并迅速将双腿并拢，呈双脚平行、正轮刃支撑，借助于惯性向前滑进，当降速后再做连续的外八字走，这样反复走变成惯性滑，又走又滑地练下去，就会体会到“滑动”的感觉了。

图 2-24　体会“滑动”感觉动作练习

十一、直道滑行动作

初学者学习直道滑行的动作如下：

（一）直道单腿蹬地后双蹲惯性滑动作

从基本站立姿势开始，双脚呈八字形蹲曲，双臂放松屈肘于体前，抬头，目视前方。左肩转向左轮鞋所指方向，右脚用内轮刃向侧后方蹬地。与此同时，身体重心移到向前滑行的左腿上，右腿完成蹬地动作后迅速收回，并以膝领先与左腿并拢，两脚平行呈蹲曲姿势，借助于惯性向前滑行。接着左脚用内轮刃向侧后方蹬地，按上述动作要领继续做下去。这个动作可以用以下三种方式进行练习：

1. **单腿蹬地连续完成动作**（图 2-25）

图 2–25

2. **双腿交替蹬地完成动作（图 2-26）**

图 2-26

3. **单腿蹬地或双腿交替蹬地，协调配合双摆臂动作**

具体要领是借助于惯性滑行时双腿并拢，双臂于体侧自然下垂，在右（左）腿用内轮刃蹬地过程中，右（左）臂前摆，左（右）臂后摆，随着收回右（左）腿与左（右）腿并拢，双臂还原位（图 2-27）。

图 2-27

（二）直道双腿交替蹬地，单、双腿交替滑行动作

从基本蹲曲姿势开始，双脚呈外八字形，肩与左轮所指方向相同，右腿内轮刃用力蹬地。与此同时，身体重心移至左腿，在右腿收回过程中，左腿支撑向前滑行，当双腿并拢时就变成借助于惯性的双蹲滑行。接着左腿用力蹬地，按动作要领继续完成动作。双腿交替蹬地，向前滑行时却是两个截然不同的支撑，先是单腿支撑滑行，尔后是双腿支撑惯性滑行。完成这个动作时一腿蹬地的力度越大，另一单支撑腿的滑行越明显，双腿支撑惯性滑行的距离越长，体现“滑动”的特点也越明显。建议初学者多练这个动作，要用不同的蹬地力度、不同的动作频率和不同的方式全方位地体验“滑动”所带来的乐趣（动作同图 2–27）。

练习时，可在上述动作“（二）”的基础上，适当延长单腿支撑滑行时间，缩短双腿支撑滑行的距离。除不断地加大蹬地动作的力度外，还可借助于牵拉的外力、顺风练习和在下坡路面上练习的条件，进一步提高“滑动”的效果。

（三）葫芦步滑法

葫芦步滑法分为向前滑葫芦和向后滑葫芦两种：

1. 向前滑葫芦

从基本微蹲曲姿势开始，双脚跟并拢站立，脚尖呈外八字形（图 2–28），双膝微

图 2–28　向前滑葫芦

屈并用双脚内轮刃支撑向外推出，使两腿宽开向前滑进，保持身体重心位于两脚之间。然后，双腿以膝领先向内并腿达到两膝紧贴，与此同时，双脚向内收拢，呈明显的内八字形直至双脚平行并拢，接着双脚尖向外分开又呈外八字形。这样反复做下去，在地面上留下的滑行轨迹就是一串葫芦形。

2. **向后滑葫芦**

从基本蹲曲姿势开始，双脚跟分开，脚尖相触，双脚呈内八字形（图 2-29）。双膝微屈，双脚用内轮刃支撑向外推出，并使两腿宽开，向后滑行。保持身体重心位于两脚之间，边滑边向内收双轮的尾部，由内八字滑变为外八字向后滑。当双脚跟相接，双膝也紧跟其后而并拢时，双脚跟再分开，继续按上述动作要领滑下去，就滑出一串向后滑的葫芦形。

图 2-29　向后滑葫芦

(四) 横向移动重心动作

首先，在原地做横向移动重心动作。其动作要领是，从基本站立姿势开始，将两腿分开比肩宽站好，将身体重心移向一侧腿，达到身体直立于支撑脚上与地面垂直的状态，支撑脚是正轮刃着地或稍偏外轮刃支撑。然后，再横向将身体重心移向另一侧，要求重心到位为止，这样向左向右反复移动重心。随着熟练程度的提高，可以加宽两脚之间的距离，并可以适当下蹲，以上体稍前倾的体态完成动作（图 2–30）。

图 2–30　原地横向移动重心动作

在原地移动重心的基础上可以练习在滑进中完成横向移动重心。其动作要领是，从滑进基本姿势开始，双脚距离稍宽于肩，身体重心位于两脚之间，双轮平行偏内轮刃或正轮刃支撑。在滑进中，将身体重心完全侧移到右（左）腿上，要达到鼻尖、膝盖、脚尖在一条垂直线上（三点一线）。无论向哪侧移动，都不要有起伏现象，并要保持肩和臀部同步到位，都要达到三点一线的程度（图 2–31 之 1）。千万注意，在移动过程中，双脚轮鞋不要离开地面，向右横向移动时，是左脚用内轮刃蹬地推送身体向右移动；向左横向移动时，是右脚用内轮刃蹬地推送身体向左移动（图 2–31 之 6）。

图 2–31　滑进中移动重心动作

（五）蹬动与滑步相协调的动作

从基本蹲曲姿势开始，右腿做蹬地动作，左腿支撑向前滑进，这是在右腿蹬地过程中将身体重心推送到左腿的结果，在左腿借助于惯性并维持着平衡向前滑进中，右腿完成蹬地动作后就抬离地面，然后，再落下着地并与左脚尽量靠近呈双腿支撑向前滑进。当双腿能连贯交替自如地完成蹬地动作与滑进相协调的滑步时，你就掌握了第二步滑直道的教学内容。

十二、弯道滑行

初学者学习弯道滑行动作的方法如下：

（一）转弯动作

转弯动作是在滑行中改变运动方向的有效方法，也是学习弯道滑行动作的基础动作。学员沿圆周的形状来进行弯道动作的练习，可事半功倍。

1. 走滑步转弯动作

在走滑步过程中的转弯动作，其要领是每迈走一步或迈滑走一步，每脚着地时脚尖都要指向要转弯的方向，着地的部位也要有意识地稍倾向于转弯的一侧。由于不断地偏离原运动方向而逐步走滑出转弯的弧线形，因此整个身体都要随着每步的落脚着地而自然地转体，只有全身动作协调配合，才能把弯转得顺畅。

在走滑步转弯动作的基础上，双脚呈内八字（A 字形），若想向右转弯，则由头部带领整个上体转向右侧（图 2–32）；若向左转弯，则头部和上体都向左侧扭转，以利完成转弯动作。

向右转弯

1 2 3 4 5

图 2–32　走滑步转弯动作

2. 惯性转弯动作

在向前滑进中，首先将双脚平行靠近，向右转时，立即将右脚前送，形成左脚在后、身体重心由适中而跟着右腿前移并向右倾斜的体态，这时双脚以向右的对应轮刃支撑，借助于惯性完成向右转弯（图 2–33①）。若向左转弯，则前送左脚，向左倾斜完成（图 2–33②）。

图 2–33　惯性转弯动作

（二）站立向左交叉压步走

从双腿正轮刃支撑站立姿势开始，首先将身体重心移压于左腿之上，接着左脚向外倒踝，然后将右膝向着左肩方向抬离地面（图 2–34），当右脚越过左脚后，用正刃支撑靠左脚外侧着地，并承接身体重心，呈右腿在前左腿在后的交叉压步站立姿势。然后，左腿以膝领先抬离地面，再在右脚内侧着地，身体重心位于两脚之间，双脚均呈正轮刃相平行的支撑站立姿势。按上述要领连续向左完成交叉压步走。为了提高单腿支撑平衡能力，可以要求学员逐步地以右膝领先向着左肩尽量高提再落下着地。这个动作要确保每一步落脚都踩在弯道圆弧的切线上，即脚尖的方向与切线方向一致。另外，要注意身体重心的移动和交接一定要准确到位。

1 2 3 4 5 6

图 2–34 站立向左交叉压步走

（三）站立向左连续交叉压步走

在动作“（二）”的基础上沿圆周完成。其动作要点是，右腿的向左交叉压步和左腿的向左还原动作要尽量连贯，产生了向左移动的惯性后，身体要自然地向左倾斜。此时双腿的支撑轮刃是右脚的内轮刃、左脚的外轮刃（图 2–35）。

1 2 3 4 5 6

图 2–35 站立向左连续交叉压步走

（四）右腿连续单次蹬地动作

从基本蹲曲姿势开始，右腿向右后方蹬出，然后收回呈双腿并拢向左倾倒，连续完成动作就形成了向左沿圆周滑进的状态。随着滑进速度的提高，右腿的蹬地方向要逐渐减少向后的程度变成向正右侧方蹬地。身体重心处理的方式是，右腿做向右侧方蹬地动作的始终都承担着体重，此时左腿是浮着于地面。在右腿结束蹬地动作瞬间，身体重心移压在左腿上，与此同时，右腿轮不离地面以向内的前轮指向做以膝领先向左腿靠拢的还原动作。在双腿并拢的瞬间，身体重心由左腿转移到右腿上。如此双脚轮均不抬离地面地沿圆周连续完成动作（图 2–36）。

1 右腿单蹬　　2 双腿并拢向左倾倒

图 2–36　右腿连续单次蹬地动作

（五）右腿连续两次蹬地后左腿单腿向左倾倒动作

在动作“（四）”的基础上，右腿沿圆周完成连续两次蹬地动作后（简称右腿两次蹬地）收回时，用前轮指向左脚前轮，并模拟右腿交叉过左腿的动作。此时，左腿呈单腿向左倾倒支撑状态。学员应尽量保持左腿的支撑状态，直至左腿无法保持平衡，再还原成双腿并拢向左倾倒的初始姿势（图 2–37）。

1 右腿一次蹬地　　2 右腿二次蹬地　　3 左腿单腿向左倾倒　　4 双腿并拢向左倾倒

图 2–37　右腿连续两次蹬地后左腿单腿向左倾倒动作

（六）右腿两次蹬地后左腿向右蹬地动作

在动作“（五）”的基础上，右腿收回指向左脚前轮时承接体重，下轮落在左腿左侧。此时，左腿迅速完成向右侧方的蹬地动作，双腿呈鲜明的交叉压步姿势。然后，收回左腿呈双腿并拢向左倾倒的初始姿势（图 2–38）。

1 右腿一次蹬地　　2 右腿二次蹬地　　3 左腿向右侧蹬地

图 2–38　右腿两次蹬地后左腿向右蹬地动作

（七）弯道连续交叉压步动作

从半蹲曲姿势开始，沿圆周向左连续做交叉压步动作。其动作要点是，右腿向右侧蹬地后抬离地面，以膝领先向左肩方向提拉，同时左腿做向右侧的蹬地动作。在右腿提拉和左腿蹬地过程中，自然形成右腿在前左腿在后的交叉压步状态。然后，右腿蹬地的同时左腿开始收回，并再次呈现两腿分开的状态。上述动作，循环完成。在滑进中完成动作时，要自然地使身体向左侧倾斜，右腿始终是以内轮刃支撑，左腿始终是以外轮刃支撑，并要严格控制双脚不出现倒踝现象。随着动作熟练程度和空间感觉的提高，应逐步降低蹲曲姿势。学员会逐渐体验到当右腿交叉过左腿时左腿自然地做出向右蹬地的肌肉感觉（图 2–39）。

1　　2　　3　　4

5 6 7 8

图 2–39　弯道连续交叉压步动作

(八) 向左交叉压步的控制动作

学会了弯道交叉压步动作后，为了进一步提升滑弯道时腿部的支撑能力，可以做双腿呈交叉压步的控制动作。其动作要点是，在滑进中双腿形成交叉压步后，保持这个姿势，顺惯性向左前方滑进片刻，左腿要充分蹬伸直，并以全轮刃着地。在片刻控制过程中，应使左腿尽量前移，甚至可以达到左膝触碰到在前方的右小腿肚子的程度。在此基础上，再以左膝领先收回呈双膝紧贴，但左脚背紧贴右脚跟外侧，呈右腿支撑滑进的状态，保持这个姿势顺惯性向左前方滑进，并控制片刻（图 2–40）。

1 2 3

图 2–40　向左交叉压步的控制动作

当学员基本上初步掌握了上述滑弯道的教学动作时，就完整地走完了入门教学的第二步。

第三节　第三步：强身健体有道，安全非常重要

生命在于运动，健康拥抱未来。学轮滑是锻炼身体的需要，为了确保安全地学轮滑，除佩戴头盔和护具而外，初学者还必须学会停止的方法。

一、轮滑鞋制动器停止法

在休闲型轮滑鞋的脚跟部位有一个制动器（一般在右脚），用它来减速或停止是最简单易行的有效方法。首先按个人习惯把后跟制动器调装在有力腿的轮鞋上。使用的方法，是在慢速向前滑进中，将装有后跟制动器的脚向前移，另一脚呈后位，当抬起制动器脚的脚尖时，会产生制动器接触地面的摩擦感觉。与此同时，双臂前伸保持平衡、抬头、目视前方、上体略向前倾，使身体重心投影点落在制动器上（图 2–41）。在制动器发挥制动作用时，加大腰部的弯曲程度，臀部要向后坐，并给制动器以较大的控制。切不可突然急停，要随着滑进的速度逐渐地对制动器施加压力，从而逐渐减速至停止。如果在快速滑进中需要用此停止法，则要将制动器同侧的手臂迅速摆向身后并稍向制动器一侧扭转身体，以增加制动的扭压力，从而达到急停的目的。

图 2–41 制动器停止法

二、T 字形停止法

在滑进中将双臂前伸，目视前方，做双鞋轮呈 T 字形动作。用前脚支撑向前滑进，再拖拽后脚轮用内轮刃压磨地面达到减速或停止的目的。在制动过程中，要将身体重心保持在向前滑进的腿上，后脚尖外展，并用内轮刃压磨地面而制动。如需尽快停下来，前脚要保持用正轮刃或偏外轮刃支撑，而后脚则要朝着前脚的后跟部用力紧靠并迅速形成 T 字形脚位（图 2–42）。采用此法停止，后鞋用内轮刃向地面施加的压力越大急停得越快，这也是另一种被初学者广泛采用的停止法。

图 2–42　T 字形停止法

三、旋转停止法

在滑进中将双臂自然前伸，目视前方，若向右做旋转停止，左脚应保持向前滑动，然后右腿以膝盖领先做外展动作。此时，可稍提起右脚脚跟，并用右脚脚跟的轮子向左脚脚跟的轮子靠拢，双腿几乎处于一个平面，似“螃蟹腿”。右脚亦可全轮着地，进而两只脚呈共同移动旋转的状态，直至身体不再继续向前移动。在此过程中，双臂会由前伸变为侧伸，身体重心稍向前倾（图 2–43）。这种停止法较难掌握，须多加练习。建议学员学会向右和向左两个方向的旋转停止法，以便遇到障碍或危险情况时及时应变，确保自身的安全。

图 2–43　旋转停止法

四、A 字形点地停止法

在滑进中上体微微团身，身体稍后坐，双臂自然弯曲前抬以维持平衡。双脚均以内轮刃呈 A 字形在体前点地，左右脚交替点地，身体重心越靠后，轮子的落点越靠前，减速和停止的效果越好（图 2–44）。

图 2–44　A 字形点地停止法

五、向前跪趴式摔倒法

学轮滑摔倒是常事，多数是因为失去平衡和鞋轮失控造成的。初学者学会合理的摔倒是非常重要的。合理摔倒的要领是，当你感到要摔倒时，要尽可能向前摔。首先身体要向前倾，手臂要放松，并迅速弯腰屈膝（将身体团起来）。在摔的过程中，因降低了身体重心，膝盖会先接触地面（图 2–45）。当摔倒趴地时，应尽量控制倒地后的冲击力先落在护膝上，然后是护肘上，最后是护腕。当护腕最后接触地面时，手指要向上伸开，避免戳伤关节。摔倒后，要用护膝、护肘和护腕支撑身体，顺势向前趴或至身体平伸于地面。这时一定要抬头，避免面部受伤。切忌用双手直接接触地面，以免造成手臂骨折。

图 2–45　向前跪趴式摔倒法

六、安全的站立方法

需要忠告初学者，当你感到要跌倒时，不要紧张害怕，一定要放松些，你越放松就越不会受伤。一定要信任自己佩戴的头盔和护具，镇静地面对摔倒，这样你所受的皮肉之苦会减到最低程度。

由于摔倒的情况各异，所以要想站起来，首先要先由不同的姿势呈双膝跪地状态，然后变成单腿跪地姿势，最后双手扶住双膝站立起来（见图 2–14）。切记，重新启动向前滑进之前，一定要有稳定平衡的感觉，这样才能避免再摔倒而顺利地进入下一次的滑行。

为使学员不断提高学习兴趣，增强穿轮滑鞋的一般性活动能力，应经常结合教学内容组织些活动性游戏，使教学不仅带有趣味性，而且可以培养学员的集体主义精神，提高完成所学动作的熟练程度和使学员个性飞扬增强竞争意识。

在上述一系列教学过程中，学员会自然显露才华和不足。轮滑运动的种类丰富多彩，应根据自己的特点和兴趣来选择轮滑运动中的不同项目。家长一定要尊重孩子的兴趣和选择，千万不要越俎代庖，要正确引导孩子，并为孩子在学习之余从事培养特长的体育锻炼提供必要的物质保障。

第三章 速度轮滑滑跑技术、教法与风格

第一节 速度轮滑滑跑技术的运动解剖生理特点与术语

速度轮滑教练员和运动员必须对速度轮滑滑跑技术的运动解剖生理特点有一定的认识和理解，才能在技术教学和训练中达到知其然和知其所以然的程度。在实践中，关于速度轮滑滑跑技术的许多错误概念，都是由于对这些相关运动原理和特点的误解、应用不当和轻视而造成的。

本节主要阐述速度轮滑滑跑技术的一些运动解剖生理特点及术语。学习和掌握这些内容，不仅能使你所酷爱的速度轮滑运动变得更具魅力，促进技术水平的提高，而且能使你更好地理解后几节中关于速度轮滑滑跑技术分析的内容。

一、速度轮滑滑跑技术的运动解剖与生理特点

速度轮滑是竞速运动项目，滑跑技术的合理性与实效性是一致的，它一方面要求符合运动学和生物力学原理的要求，以减小滑进中的阻力；另一方面要求技术必须符合人体解剖结构和生理特点，充分利用人体机能，发挥人的运动能力，产生更大的推进力，这样才能在滑跑中表现出技术的合理性。

（一）速度轮滑运动解剖特点

1. 肌肉的初长度

一个人力量的大小，取决于肌肉的体积。肌肉体积发展的潜力，又主要决定于每个人的肌肉的长度（指肌肉两头肌腱之间的长度）。人的肌力的大小与肌肉收缩前的初长有关。在一定范围内，肌肉的初长度或肌肉弹性拉得越长，则肌肉收缩时产生的张力和缩短的程度就越大。选择适宜的腿部蹲曲的滑跑姿势，就是在蹬地动作前对肌肉的适度拉长。

2. 符合肌肉收缩舒张机制

骨骼肌分布于人体的全身，每束肌肉都有它的起止点和收缩舒张机制（机能）。轮滑技术动作围绕着人体的多个关节进行活动。关节的任何一个运动轴，都与拉力方向的多组肌群协调配合，各自具有不同的收缩舒张机能。在同一动作中，不同的肌群有其不同的收缩舒张机能顺序。凡是与原动肌机能相符合的动作，肌肉所获得的收缩力相应就大，动作效果也好。

3. 肌肉工作的协调配合

肌肉工作的协调配合即使是最简单的动作，也是由众多肌群在神经系统支配下共同活动的结果。一个动作是靠原动肌收缩完成的运动，与此同时，协同肌群起着放松、协调和固定的作用。这种肌群之间的分工合作，对有效地完成动作是很必要的。

4. 充分利用关节的灵活性

由于人体各关节结构的不同，关节的灵活性也有各自的局限性。应利用关节的灵活范围，使技术动作达到符合自身条件和特点的要求，从而获得完成动作所产生的最大效益。髋关节灵活性好的运动员，蹬地动作的幅度和速度以及所产生的推进力，明显优于关节灵活性差的人。由于关节灵活性对技术动作的合理应用以及产生的效果有直接关系，所以将关节灵活性（髋、膝、髁）作为选材内容的标准之一。

（二）速度轮滑运动生理特点

1. 有氧代谢为基础

速度轮滑运动是以有氧代谢为基础、以速度为核心的竞速运动项目，机体所需要的能量，源于摄入体内的各种能量物质的氧化。因此，运动员必须持续不断地得到氧的供应，以保证在滑跑中机体代谢活动所需要的氧气。在滑跑动作配合中，呼吸动作必须遵循技术动作的节奏，使其与躯干和肢体动作相协调而有节奏地配合进行。因此，运动员在运动中养成均匀而有节奏的呼吸习惯是非常重要的。

2. 颈部肌肉反射性活动

头部位置的变化对滑跑姿势以及动作有直接影响，其主要原因是由于颈部肌肉的收缩，造成头部位置的改变而引起四肢肌肉张力产生重新调整的一种反射，称为颈肌条件反射。为此，在滑跑中一定要保持头向正抬起，目视前方，头部决不能有多余的动作。

3. 神经系统对动作机能的调节

在神经系统支配下，骨骼肌舒张收缩作用的结果产生各种技术动作。

作为周期性运动项目，一个动作周期是由有效动作与准备动作两部分组成，两者周期性地不断相互转换。优秀运动员的技术之所以有高度的协调性，是由于经过多年训练，在大脑皮质中产生的兴奋与抑制过程在一定空间与时间内，能够精确自动而有节奏转换的结果。

二、技术术语

(1) 利用体重蹬地：将身体总重心始终控压在支撑的蹬地腿上，并使身体倾斜产生位移的能量转移到蹬地腿上的技术技巧。

(2) 蹬地线：身体总重心点与轮鞋在地面上的支点（压力中心）之间的连线，是通过蹬地腿中轴的直线。

(3) 蹬地角：蹬地线与地平面之间形成的夹角。

(4) 蹬地距离：从蹬地动作开始到蹬地动作结束，蹬地腿轮鞋在地面上滑行轨迹的距离。

(5) 蹬地幅度：从蹬地开始到蹬地结束，蹬地腿结束蹬地动作的支点与身体重心投影线（点）之间的距离。

(6) 频率：单位时间内完成动作的次数。

(7) 肌肉类型：所有运动员在身体不同部位有三种肌肉，即慢速收缩红肌、快速收缩红肌和快速收缩白肌。尽管训练不能使慢肌纤维转化成快肌纤维，但是大量有氧练习可以使收缩白肌转化为快速收缩红肌。这种转换可以在有氧条件下调动更多肌纤维，但速度会下降。冲刺训练可以使快速收缩红肌转化为快速收缩白肌，这种转化有利于爆发性动作，如冲刺。

(8) 动作周期：是指一次完整的腿、臂和全身动作协调配合所做的技术动作的全过程。

(9) 动作节奏：是指在每一个动作周期中各技术组成部分的动作速度与时间的比例关系。

(10) 稳定角：支撑面边缘与总重心之间连成的直线所构成的角。

(11) 自由滑进：蹬地后借助于惯性速度单腿支撑滑进动作。

(12) 总重心投影线：身体总重心点与其在地面上的投影点之间的连线。

(13) 动力平衡：运动中的平衡，其先决条件是重力和惯性力的合力通过支点。

(14) 支撑线：重心与支撑面中心所连成的直线。

(15) 轮鞋外转角：一只轮鞋与另一只轮鞋所示方向之间的夹角，即蹬地轮鞋与自由滑进轮鞋所示方向之间的夹角。

(16) 压步：弯道滑跑中向左侧完成的交叉步。

第二节 速度轮滑滑跑基本姿势及其教法

速度轮滑是轮滑运动中的基础项目，在爱好者中广泛流行，当今人们所提及的轮滑运动通常指的就是速度轮滑和接近速度轮滑的休闲轮滑运动。本节对速度轮滑滑跑基本姿势及其教法分析如下。

一、速度轮滑滑跑基本姿势

（一）速度轮滑滑跑基本姿势的变化

速度轮滑滑跑基本姿势的变化大致经历了以下三个阶段：

（1）起始阶段。轮滑爱好者使用双排四轮正宗的轮滑鞋。滑跑时，脚下支撑稳定性较好，每个动作周期后都有一定的惯性滑进放松时间，容易学会，掌握动作节奏后很快就能滑较长的距离。此外，便于掌控身体重心和观察前方（站立式和半蹲曲式姿势）。

（2）模仿阶段。随着竞赛的增多，为了提高滑跑速度，站立和半蹲曲姿势被淘汰。由于降低滑跑姿势能减小空气阻力，并能充分发挥腿部力量，所以在速度轮滑比赛中运动员纷纷采用相对低的滑跑姿势，进入由双排四轮向直排轮过渡，可谓模仿速度滑冰滑跑姿势的变化阶段。

（3）当今阶段。随着运动技术水平的提高、器材的改进、场地质量的提升、竞赛项目的增多及规则的变化，形成了当今具有速度滑冰和短道速滑相融合、应变性（减小阻力、增强推进力、个体特征、滑不同项目、场地气候条件和临场战术）极强的速度轮滑滑跑基本姿势。

（二）静态滑跑姿势通用基本标准

（1）头向正略微抬起，颈部放松，目视前方（图 3–1）。

图 3–1

（2）上体前倾至肩背稍高于臀部（与水平线呈 15° 角），肩背放松与地面平行，呈自然猫背团身状（流线型）。

（3）双臂放松伸直，两手放于背后（见图 3–1），左手握右手腕或手掌，两手掌向上，置于腰臀衔接处（腰底部）。

（4）双膝双脚与肩同宽（或并拢），呈蹲曲状态，膝盖前弓程度与姿势高低之间的关系是，姿势越低膝盖前弓程度越大，膝关节角度为 90° ~ 110° 之间。

（5）身体重心投影线在额状面上通过双脚之间，在矢状面上通过双脚的中后部位，即通过腰底部，穿过大腿，经过膝盖后部落在脚的中后部。

（6）根据腿部力量的大小，选择适宜的腿部蹲曲程度，腿部力量大者，可适当蹲得低些。

（7）根据上体与下肢长度的不同，确定适宜的上体前倾程度。上体偏长者，肩背要明显高于臀部；下肢偏长者，上体可前倾至水平程度。

滑跑弯道的基本姿势要点，除与上述（1）至（7）条标准相同外，增加一个整体姿势向左侧倾斜（扶物支撑完成）的技术要点。但必须保持双肩和臀部与地面呈水平状态。

（三）动态中的滑跑姿势分析

动态中的滑跑姿势受几种外力（空气阻力、摩擦阻力、倾倒惯性反作用力、重力、支撑反作用力、离心力等）作用，是在维持动力平衡和破坏动力平衡变化中的滑跑姿势。

1. 惯性自由滑动作时的姿势（传统技术）

支撑腿用直立轮刃支撑，浮腿放松处于后侧方，整体姿势处于稳定的动力平衡状态中（图 3–2）。

正面		侧面	

图 3–2

2. 单腿支撑蹬地动作时的姿势

整体呈倾斜姿势，蹬地腿进入伸展膝、踝关节蹬地，浮腿放松处于由后引变为向前摆的状态，并呈双腿几乎并拢的倾斜姿势（图 3–3）。

图 3–3

3. 双腿支撑蹬地动作时的姿势

蹬地腿在充分利用体重的条件下，进入最大用力蹬地时刻，浮腿虽然早已着地，但不承接身体重心，整体处于最低姿势状态（图 3–4）。

图 3–4

4. 收腿动作时的姿势

浮腿由侧位变为后引时，放松内转自然弯曲处于后侧方或后方状态（图 3–5）。

左腿正面收腿	 2	 1
右腿侧面收腿	 2	 1

图 3–5

5. **摆腿动作时的姿势**

摆动腿放松，在双腿呈明显并拢状态时，向胸的正下方摆动，整体姿势略有下沉趋势，是猫背团身最明显的时刻（图 3–6）。

图 3–6

6. 下轮着地动作时的姿势

蹬地腿处于最大用力蹬地时刻，摆动腿摆至胸下后，再向前将小腿自然踢出，呈以后轮触地的下轮着地动作姿势（图 3–7）。

图 3–7

7. 双摆臂滑跑中三个位向点的姿势

右（左）腿结束蹬地动作的同时，右（左）臂前摆和左（右）臂向后摆到位，以及双腿并拢双臂靠近身体两侧处于下垂时刻的三个位向点的姿势（图 3–8），是检验滑跑技术动作协调性的标准姿势。

1　　2　　3

图 3–8

8. 入弯道动作时的姿势

整体呈猫背团身状态，向左倾斜，右腿处于蹬地最用力时刻，左腿向右腿靠近，并用左外轮刃触地完成入弯道的第一步动作（图 3–9）。

图 3–9

9. 左腿蹬地结束，右腿单支撑蹬地时的姿势

双腿呈交叉压步到位的向左倾斜状态。如果是双摆臂滑弯道，则此时是左上臂贴近上体做前摆和右臂呈后侧摆到位状态（图 3–10）。

图 3–10

10. 右腿蹬地结束，左腿单支撑蹬地时的姿势

呈双腿分腿身体向左倾斜状态。如果是双摆臂滑弯道，则此时是右臂向前内摆和左臂呈顺体向后摆直到位状态（图 3-11）。

图 3-11

11. 出弯道动作时的姿势

整体向左倾斜，左腿结束蹬地动作，右腿用正轮刃着地，右前轮指向直道方向（图 3-12）。

图 3-12

速度轮滑运动员选取滑跑基本姿势时，不能忽略美学观点。教练员在教学中，如果坚持要求运动员采用公众所不认可或运动员不能接受的滑跑姿势，那肯定会行不通。

许多优秀运动员认为，自己取得成功的原因之一，是在滑跑中能充分放松地保持特定的滑跑姿势，这样既能保证达到动作的准确性，又能节省能量去做有用的功。

在运动实践中，运动员维持正确姿势的经验和自信心，通常会带来更加完善的动作技巧，这其中最大的可取点是运动员加上了少许随意性的调节。

（四）保持正确滑跑基本姿势的几点知识

（1）滑跑姿势反射是从头部动作开始，以调节好的相对静态姿势告终。头向上或向后过高地抬起就会导致背部伸肌缩短，腹肌拉长；相反，低头看时躯干就有弯曲的趋势；将头转向一侧时会使同侧躯干和肢体伸肌的紧张度增大，而对侧的肌肉紧张度减小。在运动生理学和运动解剖学中称为“颈肌条件反射”。中国古老武术的精华口诀是：“头向正身体平稳，头顶悬方能自如，左右相称，上下相随，内外合一，意到气到，根于脚，力于腿，主宰于腰。”

（2）在动态中是积极支撑维持滑跑姿势，这有助于增加伸肌张力，克服重力牵拉，使姿势保持相对稳定不变形，而且使蹬地动作增添了力度。需要指出消极支撑的负作用，即侧跨动作着地不仅产生制动作用，而且会减弱另腿蹬地动作的力度。

（3）为养成保持正确滑跑姿势的良好习惯（条件反射），对儿童少年进行教学和训练时，应该尽量包括多种项目，那种过早地专攻一项很可能将学员的潜能限制在该项目上。实践证明，优秀运动员大都出自那些感受和学习掌握体能练习面较广泛的人。

（4）对于速度轮滑运动员来说，脚形、腿和膝的生理解剖特点是很重要的。脚形呈外八字或内八字，关节自然会相应地外旋或内旋，否则，膝关节便感受到紧张。因此，速度轮滑爱好者要重视养成良好的脚形。

（5）加强腹肌、腰背肌的练习，是保持正确滑跑姿势的基本内容。尤其要重视交叉性质的腹肌练习和腰、背肌群的静力性力量练习。发达的腹腰肌群会使速度轮滑运动员的滑跑技术动作更加灵活协调。

（6）应尽量避免长时间地保持姿势不变。在滑跑过程中，有节奏地交替变动姿势颇有好处，因为它有助于静脉血回流，而且间歇性的松弛有助于推迟疲劳的产生。在马拉松滑跑中，有时甚至采用手扶腿滑跑姿势，起助蹬作用和减轻腰部的痛感。

（7）在滑跑中维持良好应变性强的滑跑姿势的指导性原则是，高效率地利用能量，尽量减小阻力，有助于增强推进力和推迟疲劳的产生。

（8）滑跑姿势的应变性具体体现在如下四个方面：

①滑跑不同距离项目的姿势高低不同，长距离项目偏高，短距离项目偏低。

②顺风滑跑姿势可高些，逆风滑跑姿势应低。

③正常匀速滑跑时，要保持正常姿势，但是在超越、加速滑和冲刺时姿势一定要低。

④根据临场采用战术的需要，变换姿势的高低可调节疲劳，有时为了制造假象而变换姿势的高低。总之，临场应变是必不可少的原则。

二、速度轮滑滑跑基本姿势的教法

首先，按静态基本姿势标准进行由易到难的初级教学，主要采用养成正确姿势的基本功动作练习。在此基础上，根据每一个学员的个体特点进行教学。为提高教学效果，必须弄清楚学员不良姿势的起因，有针对性地从“本”上下功夫，同时注意以下几点：

（1）学员因受伤支撑能力会减弱，维持平衡的能力也会减弱，不可能保持正确的姿势，如果带伤训练，当伤好了，不正确的姿势和不良的习惯也形成了，所以千万不要带伤训练。

（2）由于患病，会导致肌肉骨骼衰弱、关节无力和控制能力失调，所以千万不要带病训练。

（3）在训练中严格训练、严格要求的“两严”方针贯彻不够，会使学员在不知不觉中养成不良姿势，在这种情况下，按正确技术要点要求时，学员反而感到不适应。须知，在教学训练中随时注意改正不良姿势和养成正确姿势的习惯并不难，所以，一定要严格要求学员。

（4）在少年儿童的教学训练中，最应注意的是孩子们的兴趣，只有兴趣高才能坚持下去。从小抓起需要有坚持不懈的精神，让孩子们在享受欢乐轮滑中养成正确的滑跑姿势。

（5）滑跑姿势往往反映学员的心理状态。当学员自我感觉良好、得意、自信和有成就感时，有助于维持正确姿势；而当学员体力不佳、自卑和消沉时，往往低头，姿势变形。良好的心理状态反映在滑跑姿势上是自然放松的团身和表现出应变性非常强的姿势。心理状态不佳，姿势也好不了。

（6）跟腱缩短能够引起和加剧脚的功能性缺陷，加强跟腱拉伸练习是养成正确滑跑姿势的很重要的基本功。可以进行平行、A 字、V 字三种提踵练习和左脚、右脚四种行进间跟腱练习，如图 3–13、图 3–14 所示。

（7）平背的缺陷较难矫正，但是在教学中加强腹肌和脊柱骶棘肌的力量和能力的练习有一定的效果。

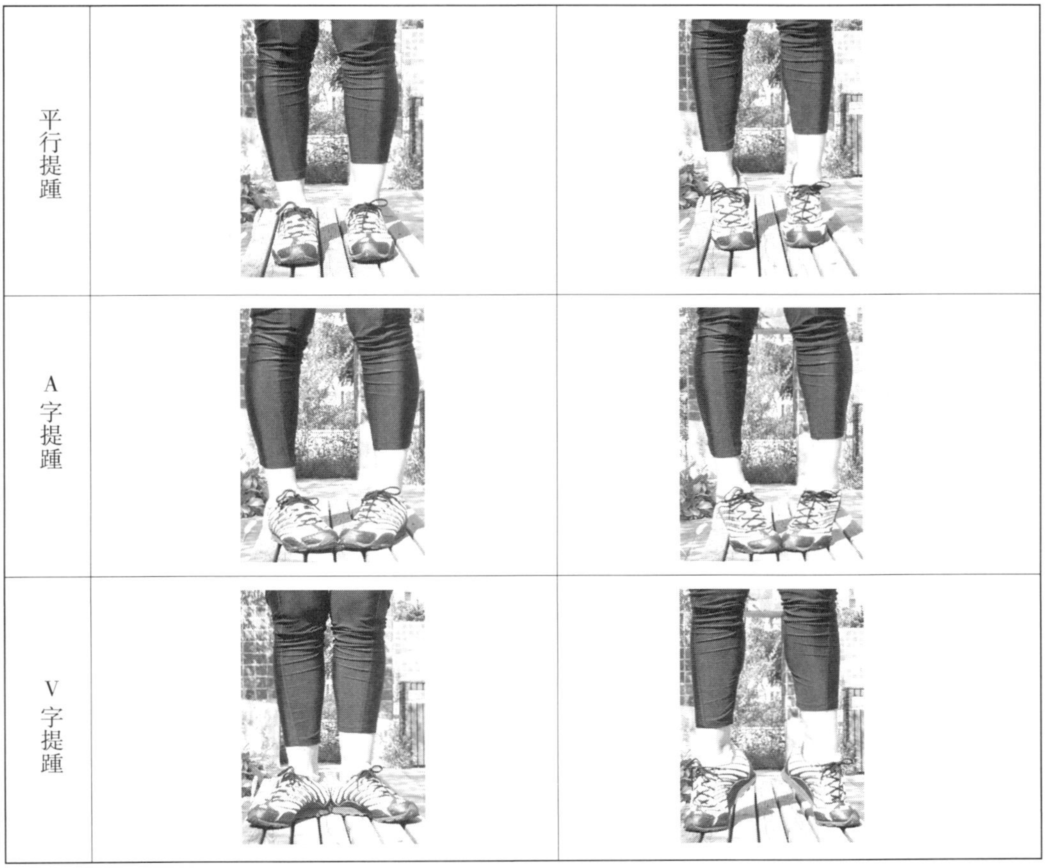

图 3–13　提踵练习

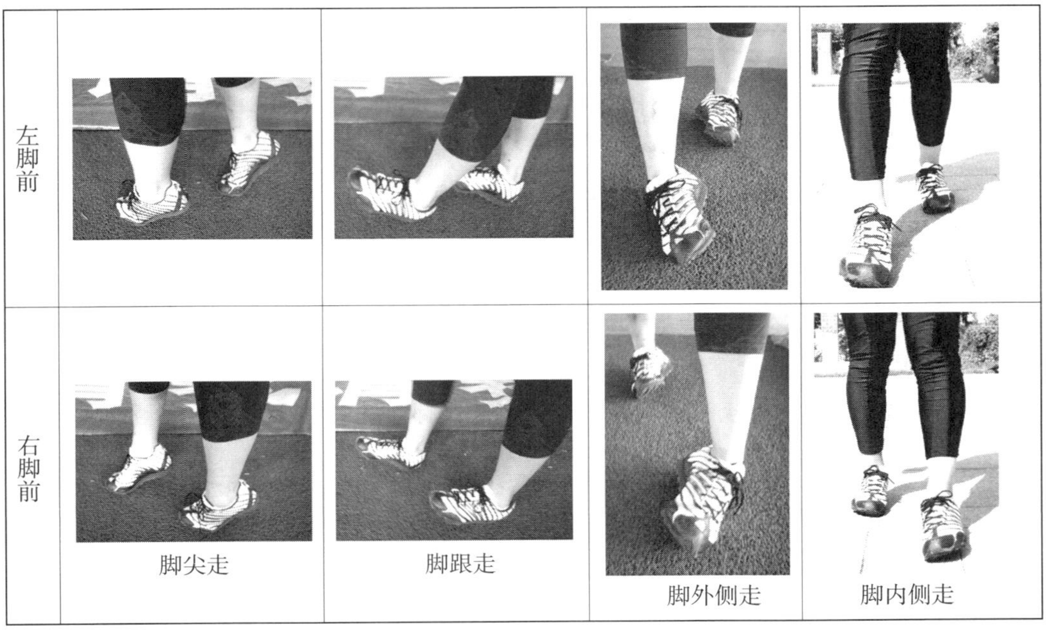

图 3–14　行进间跟腱练习

最后，需要强调指出，滑跑是动态的，动作幅度和动作方向始终在变化，学员很难做到滑跑姿势丝毫不变，但是，一定要尽量处理好滑跑姿势的稳定性和应变的灵活性，这是非常重要的基础知识。

第三节　速度轮滑滑跑技术分析、教学方法、滑跑特点与风格

速度轮滑技术是运动员为了滑出和保持必要的适宜速度，在最短时间内滑完全程，所采用的最合理、省力和有效的滑跑动作与技巧。速度轮滑是一项技术性很强的周期性运动项目，为了滑得快，运动员或者尽量减小阻力、或者增强推进力、或者同时采用以上两种方法。从力学和运动学的原理看，运动员只有掌握了正确的滑跑技术才能达到上述要求。

没有两个一样的运动员，任何两名运动员滑跑的动作技术和技巧不可能是完全一样的，但是滑跑动作的生物力学原理对所有的运动员来说却是一样的。本节对速度轮滑传统滑跑技术的生物力学进行探讨，包括直道滑跑技术、弯道滑跑技术、起跑技术、冲刺技术、超越与尾随技术和接力技术。

一、技术分析

（一）直道滑跑技术分析

速度轮滑运动员在直道上，一会儿做单腿支撑滑进，继而变双腿支撑滑进结束一个滑步，接着另一腿也完成一个滑步，双腿所有动作（蹬地动作、收摆腿动作、下轮着地动作和惯性自由滑进动作）紧密相连协调配合地滑完由两个滑步构成的直道滑跑技术，为了提高速度，又增添了与腿部动作协调配合的单、双摆臂动作。因此，可以说直道滑跑技术动作结构是速度轮滑运动员为了获得适宜的速度而采用的腿部、手臂和全身动作协调配合的双滑步构成的周期性技术动作。

对运动员来说，不需要去刻意模仿别人的技术，而要在掌握正确基本技术的基础上突出自己的滑跑技术风格。目前，世界级优秀选手在直线滑跑中都采用了直道双蹬技术。但是，在学习双蹬技术之前，先学习和掌握传统的基本技术打好基础是非常必要的。

1. 传统直道滑跑技术动作周期（结构）

速度轮滑运动员在直道上一个复步的滑跑技术动作周期，是由 4 个时期 6 个阶段 12 个动作组成。而每一单步都是由自由滑进、单腿支撑蹬地、双腿支撑蹬地、向内回收腿、向前摆腿和下轮着地等动作组成。以左单步为例说，左腿承担身体重心呈单腿支撑自由滑进，右腿做向内回收腿动作相配合。当左腿向内失去平衡开始做单腿支

撑蹬地动作时，右腿则积极向前摆动予以配合。接着左腿与右腿的下轮着地动作协调配合完成双腿支撑蹬地动作后，将身体重心转移到右腿上。右腿承担身体重心进入自由滑进动作的开始，也就是左单步的结束，如此，双腿循环完成有序的连贯动作在直道上滑跑（图 3–15、图 3–16）。

图 3–15 左、右腿蹬地

<table>
<tr><td colspan="6">双滑步（复步）</td></tr>
<tr><td colspan="6">时期</td></tr>
<tr><td colspan="2">单腿支撑</td><td>双腿支撑</td><td colspan="2">单腿支撑</td><td>双腿支撑</td></tr>
<tr><td colspan="6">阶段</td></tr>
<tr><td>自由滑进</td><td>单支撑蹬地</td><td>双支撑蹬地</td><td>自由滑进</td><td>单支撑蹬地</td><td>双支撑蹬地</td></tr>
<tr><td colspan="6">腿部动作</td></tr>
<tr><td colspan="6">左腿</td></tr>
<tr><td>自由滑进</td><td>单支撑蹬地</td><td>双支撑蹬地</td><td>向内回收腿</td><td>向前摆腿</td><td>下轮着地</td></tr>
<tr><td colspan="6">右腿</td></tr>
<tr><td>向内回收腿</td><td>向前摆腿</td><td>下轮着地</td><td>自由滑进</td><td>单支撑蹬地</td><td>双支撑蹬地</td></tr>
</table>

动作阶段界限

图 3–16　速度轮滑直道滑跑技术动作周期示意

2. 直道滑跑技术动作分析

学员掌握了基本姿势后，就应学习以蹬地动作为主的上述每个动作，打好基本技术基础。

（1）蹬地动作

直道蹬地动作包括移动上体的倾倒技巧、蹬地用力时机、蹬地用力方向、蹬地用力角度、蹬地用力性质、蹬地动作的节奏与频率和蹬地动作的轨迹等技术细节。

①移动重心的倾倒技巧：在移动重心之前，运动员刚完成蹬地动作，支撑腿做自由滑进，上体位于支撑腿正轮刃或偏外轮刃的正上方，处于稳定的动力平衡状态。当浮腿放松积极做靠向支撑腿的向内回收时，运动员借助于惯性反作用力，上体稍向浮腿侧移动（倾倒），这会立即对支撑腿的内轮刃产生压力，起推动运动员滑进的作用（图 3–17）。

图 3-17　直道滑行倾倒动作

准确适时地移动重心是非常重要的。必须在浮腿收到支撑腿后方，并位于身体重心投影线内侧或者与其相吻合和尚未做向前摆腿和下轮着地动作之前开始移动，这样才有利于做倾倒动作。如果浮腿在身体重心投影线外侧，就会过早地倾倒，那只能在浮腿出现侧跨动作的情况下完成，这不仅对滑进起制动作用，而且破坏了合理的技术动作结构，因为合理的技术要求运动员一定要克服保护性条件反射的侧跨（反支撑）动作，使浮腿尽量靠向支撑腿（图 3-18）。

图 3-18　合理倾倒与反支撑动作对比

如果运动员在浮腿已经做了下轮着地动作后再移动重心，由于双轮都在地面上，就不可能做出倾倒动作，当然也就不可能对支撑腿的内轮刃产生推进作用的压力。因此，运动员在自由滑进时要顺势准确地掌握倾倒的时机。

移动重心是运动员控制和利用自身体重推动滑进的典型技术动作，它是为肌肉参与做功的蹬地动作做准备的技术技巧。

在移动重心的过程中，运动员要保持双肩与地面平行，上体的朝向与滑行方向一致，要始终控制体重压在支撑腿上，整体滑跑姿势稍带有下沉的特点是衔接蹬地动作非常可取的技巧。

②蹬地动作的用力时机：随着移动重心倾倒，支撑腿由正轮刃变为内轮刃支撑，进入不稳定的动力平衡状态，开始形成蹬地角。与此同时，运动员收缩参与完成蹬地动作的肌肉群，以产生推进力，进入蹬地阶段，这就是开始实质性蹬地动作的用力时机（是以肌肉参与伸展支撑腿为标志）。

需要指出，参与完成蹬地动作的肌肉群不是同时参与收缩，而首先是伸髋关节的肌肉开始收缩，与此同时，膝关节和踝关节受压而缩小弯曲角度。接着是伸膝关节的肌肉收缩，最后是伸踝关节的肌肉参与收缩。在蹬地过程中，伸展髋、膝和踝关节的肌肉收缩是有序地参与做功，但是它们的做功是同时结束。

按上述伸展蹬地腿的髋、膝和踝关节的顺序参与完成蹬地动作的肌肉群分别是：

大腿的伸展和外展的肌群是臀大肌、股二头肌、半腱肌、半膜肌、臀中肌和臀小肌，拉紧股阔筋膜肌和梨状肌参与收缩。

膝关节的伸展稍晚于髋关节，但是肌肉收缩的强度较大，主要是靠股四头肌参与收缩。

在蹬地动作过程中，踝关节的动作带有双重性质。蹬地开始时，因为小腿向前加大倾斜，踝关节角缩小，在身体重力影响下，做退让性工作的小腿后部肌群明显拉长。然后，在大腿肌肉参与伸膝动作后，小腿后部和外侧肌肉参与收缩，这些由胫三头肌（该肌由三个头构成，其中两个上面的头属于腓肠肌，位于深处的头叫比目鱼肌）、跖肌、后腓骨肌、长腓骨肌、短腓骨肌、各趾长屈肌和大趾长屈肌所组成的肌肉群会瞬间强有力地伸踝收缩。

如果在尚未形成蹬地角之前，肌肉就参与伸展支撑腿时，则会产生明显的垂直分力，使滑跑姿势出现起伏现象，这不仅起不到推进作用，反而起制动减速的作用。

假如移动重心倾倒已形成蹬地角，肌肉迟迟不参与收缩，就会失去时机，也必然造成急促蹬地，在失去利用体重的情况下形成后蹬地动作。

因此，可以说抓住时机，适时开始蹬地是非常重要的技术细节。

③蹬地动作的用力方向：运动员在滑跑中的速度快慢与完成蹬地动作的用力方向有直接关系。如果是慢速度滑进，向侧后用力蹬地就能继续滑进，但无助于提高速度。为了使速度更快，只能向身体的侧方蹬地，这是因为在滑进速度超过运动员向后用力蹬地的伸展速度后，向后蹬地就会因失去了支点而蹬空，那就不起作用了；另一方面，由于是向前滑进，向身体侧方蹬地能找到支点，能施压蹬地而增强推进力，所以不会使运动员滑向另一侧。为此，运动员在滑跑中要给终保持向身体侧方蹬地，使蹬地方向与向前滑进的方向相垂直，才能不断地提高速度。为了能有效而准确地向体侧蹬地，运动员要有意识地将身体重心稍向后偏移和带着“前送蹬”的意识完成蹬地

动作。另外，运动员在滑跑中完成蹬地动作时，始终注意踩压后轮的要领，也能体现出向侧蹬地的趋势。这是因为运动员能用全轮刃蹬地，蹬地线能准确地通过轮鞋中部的结果。当结束蹬地动作时，是全轮刃同时抬离地面，与新支撑轮鞋的关系是从侧面观察仅仅落后半脚左右（图 3–19）。

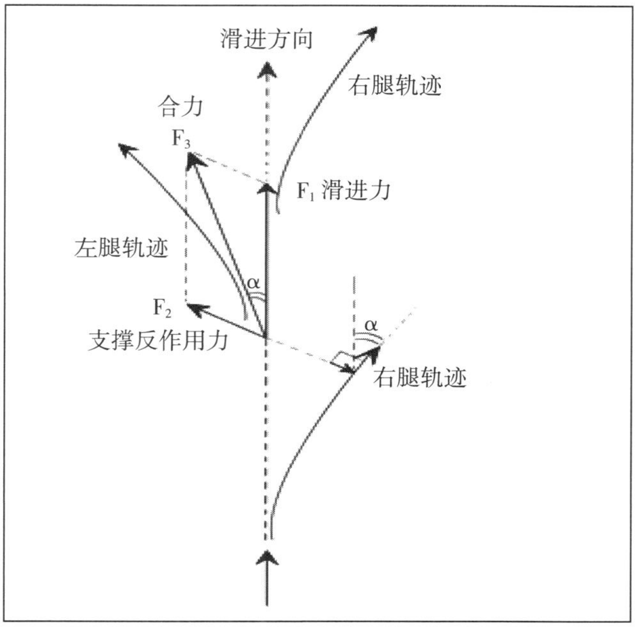

图 3–19　平行四边形滑进合力

④蹬地动作的用力角度：运动员在滑跑中是用向侧前方滚动的支撑轮蹬地，而且是在边滑边蹬中完成的。蹬地动作是与总的移动方向和地面支点形成锐角的情况下才能实施，而不是垂直向下，也不是照直向后进行蹬地的。换句话说，蹬地动作是运动员在滑跑中破坏了稳定平衡条件下进行的（图 3–20）。

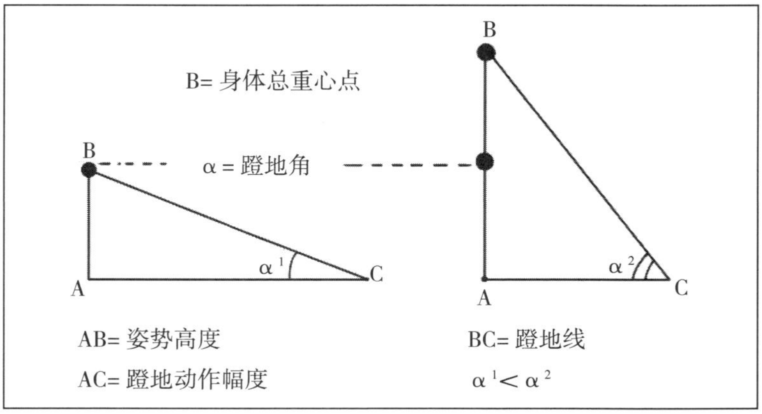

图 3–20　滑跑姿势与蹬地角关系（垂直面上）

蹬地开始时蹬地角较大，此时是展髋发力的蹬地，当伸膝加力时，蹬地角与蹬地伸展动作之间的匹配是最适宜的。蹬地最大用力过后，虽然蹬地角仍会缩小，但只起持续保持滑速的作用。蹬地角的大小与滑跑基本姿势的高低成正比例。总的来说，滑跑姿势越低，蹬地角越小，蹬地动作所创造的水平分力越大，滑跑速度越快。但是，当运动员完成蹬地动作时，身体重心过早地移离了蹬地腿，就是蹬地角变小，也不会创造出更大的推进力，并且会产生脱滑现象。因此，运动员要始终将身体重心控压在蹬地腿上是非常重要的技术要求。

另外，当蹬地角与蹬地动作最大用力时段的匹配相宜时，运动员为了最大限度地创造推进力，在边滑边蹬中，保持和适当延长上述匹配的适宜度，有意识地控制前轮指向少偏离方向线，使蹬地轮的蹬滑轨迹呈稍走内弧，是优秀选手滑跑直线的显著特点之一。

最后需要指出，蹬地轮的支点牢固程度与蹬地角的大小有着密切的相关性，即蹬地角较大，支点的牢固程度也大；如果蹬地角较小，则支点的牢固程度也小，甚至会出现脱滑现象。因此，速度轮滑运动员在滑跑中不宜拖长步伐（蹬地角缩小过程），在保证蹬地动作质量的前提下，应尽量缩短蹬地动作的时间，提高滑跑频率，也就是说不是蹬地角越小越好。

⑤蹬地动作的用力性质：蹬地动作是运动员伸展负担体重的支撑腿，创造向前加速度滑进的主要技术动作，它是靠参与做功肌肉群收缩产生的力量，推动运动员向前滑进。从滑跑动作周期结构上看，蹬地动作在一个滑步中占大部分滑进距离，不是“点蹬地”而是边滑进边蹬的“线蹬地”。从蹬地动作开始到结束，参与完成蹬地动作各肌肉群之间的配合、紧张程度、用力程度和用力性质是不同的。

在蹬地过程中，蹬地腿和支撑轮的压力中心与身体总重心连线的状态是不断地变化着。如在直道的自由滑进阶段，支撑线靠近垂线，从蹬地开始该线就向内倾斜，并与地面成锐角。随着蹬地轮偏向侧面，蹬地角随之缩小，蹬地线也更向前上内方倾斜。这个蹬地力量的支撑反作用力与运动员的体重（重力）的合力成为把运动员向前水平推进的合力。只有这样才能最充分地利用蹬地的力量。

优秀的速度轮滑运动员在直道滑跑时，身体总重心在自由滑进阶段和蹬地过程中都是在与地面平行的平面上横向移动或纵向移动。但是个别运动员为改善肌肉收缩做功的效果，有轻微的起伏是允许的，不过必须是在总重心位置低的条件下完成蹬地动作。

为了改变总的移动速度，运动员必须使支撑轮的外转角大于0°，一般在短距离滑跑中这个角为10°~15°，而在长距离滑跑中则小于10°。在此条件下，蹬地才能创造出使运动员加速滑跑的推进力。

另外，蹬地轮的外转角决定着蹬地腿伸直的速度，外转角如果达到20°以上，则需要用最大功率快速完成蹬地动作。蹬地腿伸直的同时，如果身体重心过快地移离蹬地轮，会导致减小蹬地的力度。在滑跑中速度越快，蹬地的力度会减弱得越多。因此，在这种情况下，运动员必须以最短的时间完成具有爆发特点的蹬地动作，才能产生最大的推进力。但是，当蹬地轮的外转角小于 20°时，在蹬地动作的分力与身体总重心移动方向相一致的情况下，蹬地动作将是在较长的滑进路线上进行。这一点也是创造较大推进力的先决条件。

蹬地动作的力度像矢量一样应当与蹬地线一致，蹬地线越向前，蹬地越有效。如果按着三个相互垂直的轴，把蹬地创造的速度 V 分解为 V_X、V_Y 和 V_Z 时，要使矢轴 X 与总移动方向一致，则分速度 V_X 将与身体重心的惯性移动速度合并为一，额轴 Y 的分速度 V_Y 将使重心向上升，横轴 Z 的分速度 V_Z 将使运动员偏离正直移动方向而向侧面移动（图 3–21）。

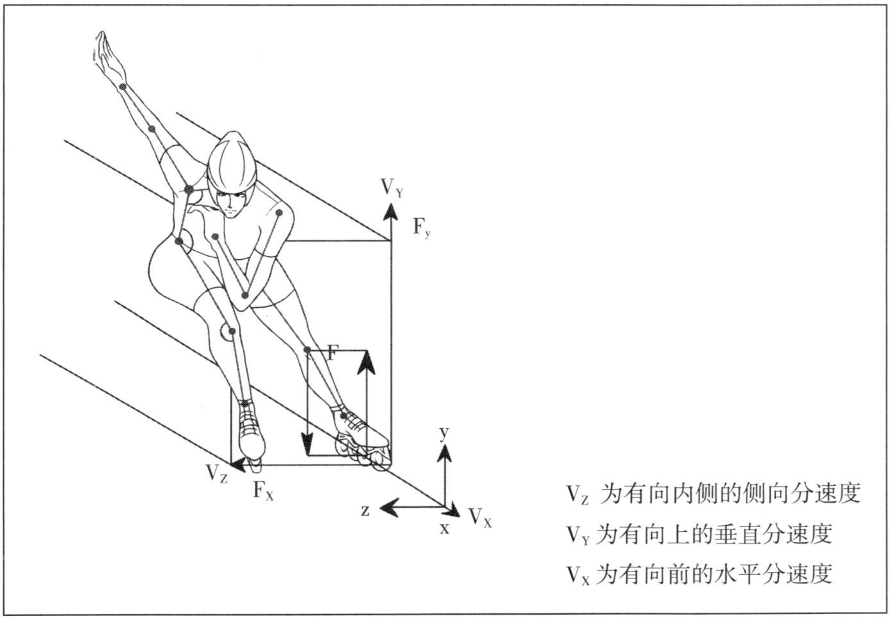

图 3–21　侧蹬地动作的三维坐标体系分析

由此可见，分速度 V_X 越大，其余的分速度越小，则蹬地动作越有效。

有一点需要指出，在蹬地过程中的用力性质应自始至终尽可能地比较均匀，这对获得加速度是很重要的。速度轮滑运动员在滑跑中，当支撑轮与总重心移动方向成小角度，并以滚动轮蹬地时，在均匀加速度用力的情况下，可以向前直线移动和获得均匀的滑跑速度。在蹬地开始、中间和结束时，过于强力蹬地会使总重心显著地横向移动。只要向侧面滑动，就会产生急剧的蹬地。反之，在提高动作速度以滚动轮向侧做有力而均匀的蹬地动作时，运动员才会较直线地向前滑进。

综上所述，为了达到高速滑跑，运动员应最大限度地增加每次蹬地的力量，并充分利用大腿肌肉群和腿的长度。肌肉产生的能量越多，对地面作用的时间越长，滑跑速度就越快。因此，运动员每次蹬地都要用最大力量，每次蹬地距离都要尽量地长，并做好蹬地最后用力的动作。

总之，蹬地动作的速度要快，并要完全展直蹬地腿，使其具有爆发加速度推弹的特点。要迅速结束蹬地动作，蹬地轮稍抬离地面，并与地面平行，即刻抖动放松肌肉的紧张程度，使肌肉进入短暂的休息状态，以助做好后续的收腿动作。

（2）自由滑进动作

从一只腿蹬地动作结束至另一只腿开始蹬地为止，运动员借助于惯性呈单腿支撑向前滑进称为自由滑进动作。其基本任务是：第一，借助于惯性尽量保持已达到的速度向前滑进，并尽可能地减少速度的降低。第二，使刚结束蹬地动作的肌肉群放松休息（浮腿）。第三，为后续的蹬地动作做准备。自由滑进动作的起始姿势是，一腿蹬地结束，膝部稍微放松，蹬地轮微抬离地面，并与地面平行；与此同时，另一腿以外轮刃支撑承担体重向前滑进。当支撑轮由外轮刃过渡为正轮刃支撑时，浮腿膝部放松弯曲，位于侧后方，直至大腿直接内收呈下垂状态的后引姿势为止（图 3–22）。

开始　　中间　　结束

图 3–22　自由滑进动作

自由滑进动作的特点是，运动员借助于惯性滑进中，在支撑轮与地面的摩擦力、空气阻力和其他降速因素的影响下，滑进速度会逐渐下降。运动员对地面压力的大小与影响滑进的摩擦阻力成正比关系。因此，当体重完全转移到自由滑进支撑腿时，滑进速度就会下降。但是，身体质量借助于惯性向前移动得比支撑轮快（在减速运动中惯性力向前）。由于身体总重心赶过支撑轮的缘故，在自由滑进动作开始时，支撑中心在支撑轮的偏后部位，之后逐渐转移到中部，最后甚至移到偏前部位。如果说在长距离滑跑中总重心赶过支撑轮还不太明显的话，那么在短距离滑跑中则表现得很明显。但是，优秀的速度轮滑运动员即使在短距离滑跑中，也不会将支撑中心移到前轮。这种向前转移身体总重心的趋势，有助于运动员做好蹬地动作的准备，进而可以用较小的巧劲（利用体重），在滑进中完成蹬地动作，因为不需要克服运动员身体质量的惯性，所以身体质量会不断地在滑进方向上移动得很好。但是，这种身体各部分以不同速度不断前移的趋势，对运动员在自由滑进中保持平衡提出了更高的要求，即不前探也不后坐。

在自由滑进时，保持平衡较好的运动员向前滑进降速较少，运动员单腿支撑的蹲曲姿势低，并以支撑轮的全正轮刃滑进，便于保持平衡。由于总重心低，从而对地面的压力也变小，这有助于浮腿完成膝盖低垂的向内收腿和向前摆腿动作。

速度轮滑运动员应当力求在直道滑跑中，从单腿支撑自由滑进一开始，身体总重心投影就与支撑中心相重合，并以外轮刃支撑滑进，然后用正轮刃滑进，只是到蹬地动作开始时才以内轮刃支撑滑进。

优秀选手在自由滑进时，长时间以外轮刃支撑滑进，说明运动员在支撑轮上保持着良好的平衡姿势，并且没有反支撑（图 3–23）。

图 3–23　2009 年世锦赛“五冠王”中国台湾省运动员宋青阳在 2010 年亚运会比赛中的直线滑跑

在自由滑进时，运动员上体的纵轴应当与跑道的侧面平行，只有这种姿势才能保证运动员在蹬地之前和蹬地时上体向浮腿侧移动。但是，上体的这种横向移动不应过急和过度，否则将破坏滑跑的直线性。

在一个滑步中，运动员滑跑姿势的高低是稍有变化的。在自由滑进开始，滑跑姿势最低，但是这会使大腿静力支撑肌肉群加剧疲劳。为此，许多优秀选手在自由滑进结束时稍伸展支撑腿，以减轻支撑腿的静力紧张程度，并准备做“下沉”动作和蹬地动作。支撑腿的这种伸展只是为了减轻疲劳，因伸展并不是显著、加速的，因此，不会增加对支撑轮的压力。膝关节的伸展在 5° 左右时，这种支撑腿的等速伸展，不会增加对地面的压力，所以也不会增加支撑轮与地面的摩擦阻力。

自由滑进动作的持续时间，取决于蹬地动作的力量和持续时间以及滑步的频率。一般说，是以缩短自由滑进来提高滑跑频率，在长距离滑跑中自由滑进几乎占滑步的一半，而在短距离滑跑中只占整个滑步持续时间的四分之一左右。自由滑进占滑步距离的平均值大约为三分之一。

（3）收摆腿动作

收摆腿动作是另一腿的单腿支撑自由滑进动作和蹬地动作的配合动作，它的起始姿势是浮腿放松下落，膝部微屈向内回收，呈后引姿势，接着再向前摆腿至大腿位于胸下，膝部向前上提起为止。

速度轮滑运动员滑跑动作节奏和滑步频率相对较快，除支撑腿的滑步动作外，浮腿和两臂的加速动作对引领滑步动作的作用是很重要的技术细节。浮腿收摆动作的速度，如果高于运动员全身的移动速度，则对加快移动上体的倾倒和增强蹬地动作的力度有着积极的作用。浮腿由侧位变后位是回收腿部分，由后位紧贴支撑腿向前动作为摆腿部分，这两部分是一个环绕还原回收腿的完整动作，具有放松摆动加速度的作用。

具体的动作要点是，运动员在蹬地结束后，一只腿呈单腿支撑自由滑进时，立即放松浮腿。此时，刚撤离支点的浮腿在大腿外展肌的肌肉紧张作用下自然地抬离地面（髋关节屈肌和大腿内收肌拉长，有助于浮腿的下落向内回收），尔后借助于重力的作用完成收腿的开始部分。在向内回收过程中，膝盖放松弯曲，不要使前轮触地，也不要把小腿过高地抬离地面，更不要使浮腿绕动走圆弧，应尽量以最短的距离直接向内回收，并以膝领先，大腿与小腿在一个斜面上向身体的中心面收摆，使双腿尽量达到倾斜靠拢状态。

当浮腿向内回收完成时，从侧面观察，浮腿在上体之后（膝关节在髋关节之后）。然后，紧接着将已成为稍屈髋和膝关节的浮腿向前加速地摆动。此时，浮腿越来越屈，并向前向蹬地腿靠摆，达到膝部由下垂状态变为向前上提起状态为止。这个比上体移动速度快的摆腿动作，带有反射动作的性质。但当浮腿的轮鞋着地并由单腿支撑蹬地转入双支撑蹬地阶段（最大用力阶段）时，浮腿的加速度前摆动作被伸展肌群的对抗肌群（股二头肌、半腱肌和半膜肌）制动，而摆动腿急停时，它的动能会传到运动员的全身，产生摆动的反作用力。摆动腿的动作速度越快，它被制动（停摆）越快，产生支点反作用力也越大，蹬地动作的效果就越好。

由此可见，浮腿的摆动反作用力通过增强蹬地力量影响着滑跑的速度，并使蹬地动作容易完成。

完成上述收、摆腿动作的时段，是该腿蹬地肌群（股四头肌和外展肌群）仅有的休息机会。在蹬地过程中，参与完成蹬地动作的肌肉群要用最大力量做功，甚至在自由滑进阶段，它们也要做等长收缩，以支撑整个身体。所以一定要利用收、摆腿的机会消除紧张，放松腿部肌群。参与完成收、摆腿动作的肌肉群（腘旁肌和内收肌）不是支撑阶段已疲劳的肌群，也不是收、摆腿动作后参与蹬地的肌群。虽然在收摆腿过程中应充分放松肌肉群，但是，整个收摆动作要完整、流畅，要与自由滑进动作和蹬地动作紧密协调。收、摆腿动作准确与否，直接影响身体的姿势和滑跑的方向。因此，运动员要掌握完整的收、摆腿动作，才能体现出在滑跑中双腿一张一弛的配合和单腿完成滑跑动作一张一弛有序交替进行的特点。

速度轮滑运动员在直道滑跑中，为了提高滑跑速度必须减少自由滑进的降速时间，而缩短降速时间的条件是缩短自由滑进阶段的滑距。为缩短滑距，浮腿的回收还原动作越积极快速，越有利于身体移动重心向浮腿侧倾倒，使自由滑进成为瞬间过渡动作，即变成了另一腿开始蹬地动作的积极准备动作，这是速度轮滑运动员合理地缩短滑步时间和提高滑跑频率的重要技术环节。

为了提高滑跑速度，必须加强蹬地动作用力的力度和做功的持续时间。浮腿的向前摆动动作能起到产生蹬地动作及时开蹬的效果，而加速度向前摆动的动作，还能起到引领和增强蹬地动作的速度和力度的积极作用。

（4）下轮着地动作和交接体重

速度轮滑运动员在滑跑中的下轮着地动作是浮腿加速度向前摆腿的延续动作。它的主要任务是使着地轮在与身体总重心投影点最近的距离内下轮，并使着地轮的前轮指向及以后的自由滑进方向与身体总重心移动的方向相吻合，即与蹬地动作创造的速度和借助于惯性滑进速度的合速度方向相一致。

如果着地轮的指向（滑行方向）与运动员总重心移动方向不一致（有明显的开角），那么就会因为用内轮刃着地而产生制动，在直道滑跑中总重心投影线位于两轮中间的情况下，其制动现象会更加严重。这是因为运动员没有考虑到滑行与有关动力平衡因素，怕向外跌倒，因而使着地轮在总重心投影线的侧面较远处下轮着地，用以防止跌倒，但却出现了反支撑的错误动作，这是由于保护性条件反射的自卫本能引起的。只有经过长期训练的优秀选手才能在每一滑步中克服这种保护性自卫反射，使着地轮尽量靠近蹬地轮，并长时间地保持在总重心投影点处。显然，优秀运动员知道在滑跑中的倾倒不稳定状态下也能保持平衡（动力性平衡），所以，他们无论在蹬地时和自由滑进阶段中，都没有反支撑现象，并能充分利用蹬地腿的支撑反作用力，使滑跑具有向前冲滑的特点。

确切地说，从纵向看下轮着地动作的着地点应位于身体重心投影线的内侧。如果在做下轮着地动作之前，运动员的所有动作都是规范的话，那么，下轮着地时，一定会自然地以外轮刃紧贴地面下轮，从侧面看下轮着地动作是，当浮腿的膝部由下垂状态变为向前上提起，并贴近和通过支撑腿膝部时，浮腿的小腿随大腿的前移而向前做踢伸动作，将浮脚轮大约超出蹬地轮半脚左右的距离，用后轮先着地，之后由偏后位向轮的中部前移。此时，蹬地轮进入双支撑的最大用力蹬地阶段（以膝关节伸展为主，由 120° 向 150°～160° 展膝）。为了不影响利用体重蹬地的效果，优秀选手完成下轮着地动作时，动作非常轻盈，不把体重拉向本体，而是不承担身体重心地悬着在地面上。但是，随着蹬地动作的推弹结束，身体重心才完全转移到着地轮上。这是区别优秀选手与一般运动员在控制、利用体重完成蹬地动作最关键的技术技巧，也是下轮着地动作完成交接体重任务的技术要领。假如运动员是以内轮刃在身体重心投影线的外侧着地，前面已经说过，就会形成反支撑状态，运动员不仅无法利用体重蹬地，还会减低蹬地动作的力度，从而降低滑跑的直线性。

直道滑跑连续动作如图 3–24 所示。

图 3–24 直道滑跑连续动作

(5) 摆臂动作

正确使用合理的摆臂动作，对速度轮滑运动员滑得更快能起到如虎添翼的作用。速度轮滑运动员的摆臂动作与速度滑冰和短道速滑运动员的摆臂动作是相似的，都是在特定姿势下的臂与腿的积极配合动作。如果运动员能够做到像走、跑那样，两臂的摆动与腿部的滑跑动作配合得自然协调，无疑会提高滑跑动作的顺畅性和滑跑姿势的稳定平衡性，而这一点是保证运动员在高速滑跑中能控制、利用自身体重的技术基础。另外，摆臂动作还有助于运动员在滑跑中维持和破坏动力平衡。

速度轮滑运动员在滑跑中腿部动作速度和用力程度的变化直接影响两臂的动作，而两臂的摆动动作又会对腿部动作的速度起引领作用。摆臂动作不仅可起到控制腿部动作的速度和节奏的作用，而且对滑跑频率也起调节作用。

单、双臂的摆动动作在时间上与蹬地动作是同步的配合，在方向上与蹬地线相一致或相平行，当运动员以加速方式摆动到位并瞬间急停时，两臂摆动的惯性力便会传到运动员的全身，改变对地面的压力，从而改变这一压力的支撑反作用力，也就是蹬地的力量。所以，运动员为了滑得更快，在中、短距离的滑跑中都采用双摆臂技术。

速度轮滑运动员在滑跑中，当两臂的摆动动作根据腿部动作的力量、速度与加速度、方向与动作幅度的变化而协调配合时，才能有效地用上腰的力量（团身摆臂姿势）来进一步提高全身动作密切配合的协调性并创造更大的向前冲滑力。

①双摆臂技术

A. 速度轮滑运动员在所有距离的比赛中，当需要提高滑跑频率和加强蹬地力量时，都采用双摆臂技术使自己滑得更快。尤其是在短距离（200 米、300 米、500 米）

的比赛中，无论滑直道还是滑弯道都是双摆臂，优秀选手的摆臂动作不仅规范美观，而且实效性很强。从发展趋势看，运动员在比赛中采用双摆臂技术滑跑的比重越来越大，个别突出者甚至在中、长距离的比赛中，几乎全程采用双摆臂技术滑跑。

B. 两臂的摆动要以肩为轴，并保持肩部放松，摆臂不可影响肩部的平稳放松姿态。向前摆臂时不要压肩和耸肩，更不要带肩前移；向后摆臂时不要上抬和后扭，使肩部肌肉紧张就会牵动上体起伏，影响滑跑姿势的平衡稳定性。

C. 两臂的摆动要尽量贴近两大腿，使摆臂动作在团身流线型滑跑姿势下完成，尽量缩小受空气阻力影响的面积。

D. 双手半握拳，腕部放松。前摆时，恰好是同侧腿外展肌最大用力蹬地的时段，因此要以抛掷的方式加速用力向前内侧摆，当达到高点时，肘部加速内压，自然弯曲其夹角约为 50°，上臂与躯干夹角约为 120°，前臂较远离胸部位于身体中心面或略超过中心面，手掌（半握拳）不能超过肩部的高度，应位于面部下颌处，拳（手）部要准确地朝着滑行方向，与异侧腿下轮着地的指向一致。与此同时，另一臂由前内侧拉向下经贴近同侧大腿加速用力摆向后侧方到位时，臂自然完全展直或略弯曲抬肘，并与异侧完全展直的蹬地腿相平行，也就是与其蹬地线向斜上方的延线相吻合，左腿与右臂（图 3–25①）、右腿与左臂（图 3–25②）成一条斜直线。

①

②

图 3–25

E. 在加速和减速运动的条件下，运动员在滑跑中两臂的摆动由下垂贴近大腿状态向上运行时，对地面的压力会增大，无疑能起到增强蹬地力量的作用。而在蹬地动作结束转入自由滑进时，两臂由前后高位点向下运行时，有助于降低重心，能减轻轮与地面的摩擦力，当两臂能尽量贴近大腿向上下摆动时，还有助于保持团身流线型滑跑姿势，提高直道滑跑的平稳性和直线性（见图 3–25①）。

F. 速度轮滑运动员要想加快滑跑频率，就应当加速地向侧方摆动或缩小摆臂动作的幅度（肘部呈稍弯曲状态）。

G. 双摆臂动作协调性的三个位向点：

第一，双臂贴身自然下垂，双腿呈并拢状态（图 3–26）。

图 3–26

第二，右侧动作到位。右臂向后侧上方摆动到位，左臂向前内侧摆动到位（见图 3–25①）。

第三，左侧动作到位。左臂向后侧上方摆动到位，右臂向前内侧摆动到位（见图 3–25②）。

H. 双摆臂动作的战术意义很强，如在群滑中为了扩大自我保护的空间或阻挡对手的超越、为了占位，手臂先插入队列中；为了缓解疲劳和节省体力，可采用扶腿或扶前面运动员腰臀部滑行的动作（图 3–27）。

图 3–27

上述双摆臂动作是基本技术所要求的技术要点。但是，这种整体规范的双摆臂动作要点，必须结合运动员的个体特点活灵运用，这样才能起到如虎添翼的作用。

②单摆臂技术

速度轮滑运动员在中、长距离的比赛中，为了保持滑跑节奏和控制均匀的滑跑速度，尤其是滑弯道时，都采用单摆臂技术。

单摆臂动作与双摆臂动作相比，消耗的能量少，有助于推迟疲劳的出现和保持适宜的滑跑速度。另外，由于中、长距离的滑跑频率与短距离相比较低，单腿支撑自由滑进的时间增加，为了使滑跑动作经济省力，同时又不降低实效性，运动员往往在滑跑中采用单摆臂技术。

单摆臂是右臂不停地配合腿部滑跑动作而做的前后摆动动作，其动作要领是：

A. 右臂单摆时，左臂放松伸直贴靠上体（尽量缩小空气阻力面积），手放在体侧或背臂，保持稳定状态。

B.右臂要以肩为轴，放松而自由加速用力摆动。当向前以抛掷方式摆动时，是同侧腿外展肌最大用力蹬地的过程，可以帮助身体产生向前的冲滑力。

C.前摆至高位时，手臂放松前伸，肘部微屈，上臂和前臂夹角为 130° 左右。手掌指向滑跑方向，即与异侧腿的下轮着地轮的指向相一致。

D.手臂摆到前高位时，手不能超过眼位，肘关节适当内压，半握拳，腕部放松，并控制好，使之不影响肩部的平稳性。

E.单摆臂与双摆臂相比，当右臂摆到前高位或后高位时，不要有停顿动作，而应立即回摆。如果有停顿动作将产生制动作用，影响滑跑动作的节奏，减弱向前的冲滑力。

F.无论是向前摆还是向后摆，都要尽量贴近大腿，这有助于维持流线型的团身滑跑姿势，提高滑跑的平稳性和直线性。另外，还有助于使整个身体沿水平方向移动。

G.摆臂至后侧高位时，右臂完全展直或稍呈屈肘状态。在由前位向后位摆动过程中，恰好是异侧腿加速爆发用力蹬地的时段，为协调配合腿部动作，要使臂与腿的动作同步进行，手臂摆至后高点时，手的高度原则上可略超过头部，以不影响肩部的平稳状态为度。另外，右臂向后摆动时，原则上要靠近躯体并略带侧向程度。右臂后摆动作过高或过侧都是不可取的。

H.在单摆臂滑跑过程中，左臂要保持背臂姿态不变，左肩要充分放松，不可紧张，不要受右摆臂动作的影响，整个肩部不要有摆动和起伏的动作。

上述单摆臂动作的模式是基本技术要点，运动员千万不要古板地运用，而应从自身特点出发，结合比赛中的实际情况灵活采用。

单摆臂动作如图 3–28 所示。

图 3–28 单摆臂动作

(6) 全身动作协调配合

速度轮滑运动员在高速滑跑中，全身动作协调配合是使滑跑惯性速度保持恒定或不断提高的重要技术技巧。

全身动作协调配合的基础条件是：始终保持相对低的滑跑姿势；维持滑跑的平衡稳定性；在破坏动力平衡时，仍能放松自如地控制、利用体重和保持整体放松的程度。

速度轮滑运动员在一个完整滑步中，是靠自己对每个技术动作的理解和三个感觉（肌肉、时间和空间感觉）连贯有序地做着每个动作。虽然每个动作的作用和任务不同，但是，它们之间有着密不可分的相关性。在滑跑中，只有每个动作相互紧密衔接，两腿动作相互对应协调，摆臂动作与腿部动作相互配合，才能在上述基础条件的基础上，体现出符合个体特点整体滑跑技术的合理性，获得最佳的滑跑速度。

应该指出，速度轮滑直道双蹬地技术的问世，为速度轮滑运动员学习和掌握全身动作协调配合技巧提供了最完美的典范。

速度轮滑运动员在高速滑跑中，如能体现出“头向正身体平稳，头顶悬方能自如，左右相称，上下相随，内外合一，意到气到，根于脚，力于腿，主宰于腰”的程度，就会使滑跑具有经济省力、个体化和向前冲滑的特点（图 3–29）。

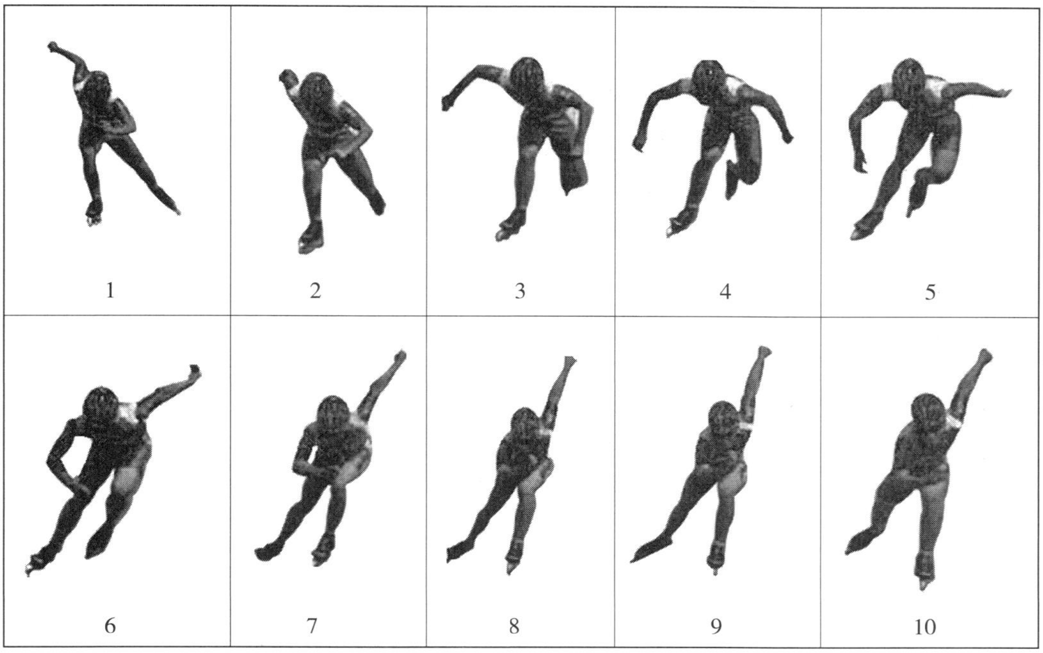

图 3–29 全身动作协调配合直道滑跑连续动作

（二）弯道滑跑技术分析

速度轮滑运动员在标准场地上滑跑中，弯道距离为（半径 15.6 米 + 0.30 米 = 15.90 米，15.90 米 × 3.1416 × 2 = 99.90288 米）100 米。运动员沿弯道圆周滑跑的技术难度比滑直道要大得多，而且滑弯道的速度提升也明显高于滑直道。弯道滑跑技术的主要特征有以下几点：

第一，整体滑跑姿势呈向左倾斜状态，除了纵向分力外，还能形成横向分力，即支撑反作用力（向心力），这两个力的合力作用于运动员身体总重心，保证了运动员沿弯道圆周滑动，并在滑跑过程中不断地改变其作用方向。

第二，双腿以交叉压步方式完成向右侧的蹬地动作。右腿向右侧蹬地用内轮刃，而左腿是用外轮刃在交叉步状态中向右侧蹬地。双腿相同方向蹬地的支撑反作用力与身体总重心的重力，构成使运动员沿圆周移动的横向力——向心力。按牛顿第二定律，向心力 F 等于质量乘以加速度（$F = m \cdot a$），而沿圆周移动时，产生的向心力加速度 $a = v^2 / r$，所以 $F = m \cdot v^2 / r$，就是说向心力与身体质量与线速度平方成正比，并与运动员滑跑所沿圆弧（弯道）的半径成反比。运动员滑跑速度越大，向心力就越大，支撑线向左倾斜的角度越大，支撑蹬地轮对地面的压力也显著增大。根据力学第三定律可知，向心力作用在沿弯道圆周滑跑运动员身体的总重心上，运动员则以同等的力量施压于地面，这就是离心力，其大小与向心力相等，但方向与向心力相反。向心力作用于运动员的身体，而离心力则来自运动员作用于支撑地面上，运动员的滑跑速度和体重越大，弯道的半径越小，离心力就越大。因此，运动员滑跑速度越快，就越要增加蹬地的力量或越要加大向左倾斜的程度。所以，必须处理好滑跑速度、弯道圆弧半径和身体倾斜度三者之间的关系。

第三，受惯性制约的离心力是把运动员沿辐射方向拉离弯道的圆心，或者说使运动员脱离弯道弧线而顺着切线方向滑出去。运动员向弯道里倾斜（获得牢固的左倾斜支撑的支点）和顺着支点与总重心所连直线方向蹬地，能使运动员身体总重心向弯道圆心移动，同时可以创造支撑反作用的横向分力，这个力量便能平衡离心力。但是，运动员必须使每次蹬地的力量都要等于或大于离心力，并与离心力的方向相同，即沿弯道圆心向外辐射的方向侧蹬。

第四，在弯道滑跑中，运动员取向左倾斜的滑跑姿势，从纵向观察运动员身体总重心点向左超出支撑面，这是典型的不稳定动力平衡状态。但在弯道带坡的场地上滑跑时，运动员支撑轮的支点更牢固，可进一步加大身体倾斜度，不仅起与离心力抗衡的作用，而且会增加向心力，创造更快的滑速。

第五，弯道滑跑技术动作结构中没有自由滑进阶段。由于双腿交替连贯蹬地使弯道滑跑的平均速度大于直道滑跑的平均速度。但是，浮腿放松时间短，对肌肉疲劳有一定的影响，所以，运动员更要注意放松地保持滑跑动作协调配合的节奏，不出现“灭火”现象。

第六，在弯道滑跑中，运动员要将身体质量尽量向左倾的臂部（身体总重心点）集中，才能克服惯性，使身体沿轴心转动，不断地变换方向，保证蹬地线与支撑蹬地轮相垂直，并使蹬地轮沿弯道切线方向在滑进中向前外侧完成蹬地动作，而蹬地动作的力量必须达到创造向心力的同时又能产生切向加速度。所以说，速度轮滑运动员如果掌握了合理的弯道滑跑技术，在入弯道前提高速度，速度越大，弯道扣得越紧，则越要加大向左的倾斜度；在弯道滑跑中，要不断地提高滑跑频率，加快动作节奏和增强蹬地动作的力度，就会越滑越快。

速度轮滑弯道滑跑技术动作周期示意如图 3-30。

复步			
时期			
单腿支撑	双腿支撑	单腿支撑	双腿支撑
阶段			
单支撑蹬地	双支撑蹬地	单支撑蹬地	双支撑蹬地
腿部动作			
右腿			
单支撑蹬地	双支撑蹬地	收摆腿	下轮着地
左腿			
收摆腿	下轮着地	单支撑蹬地	双支撑蹬地

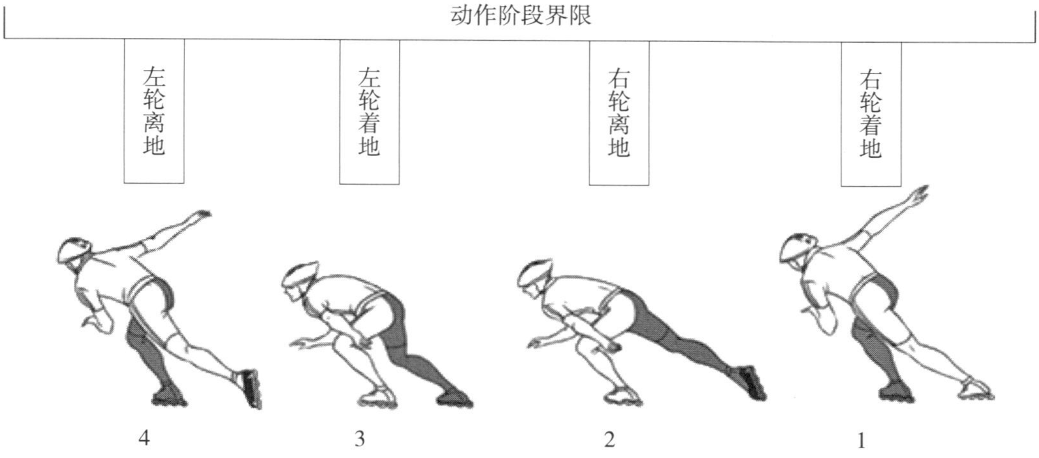

图 3–30　速度轮滑弯道滑跑技术动作周期示意

1. 弯道滑跑姿势

弯道滑跑姿势的一些基本要点与直道滑跑姿势是完全相同的，只是弯道滑跑是圆周运动，为克服离心力，整体滑跑姿势采取向左倾斜姿势和表现出比滑直道更低些的蹲曲度，并使整体姿势（上体、头肩、臀部）始终保持平稳状态，尤其是头要向正，目视前方，保持颈部放松。双肩和臀部要始终保持与地面平行，呈与离心力方向成一条直线并与连接圆心的辐射线相吻合。要想提高弯道滑跑速度和蹬地效果，必须以头和肩的高度调节身体重心纵向位置，当身体重心位于轮鞋的后半部时，就可以自如地转弯，并会减小阻力，使蹬地动作产生更大的推进力和有利于保持弯道滑跑流线型姿势（图 3–31）。

图 3–31

弯道滑跑姿势的三个典型位向点是：

(1) 右腿蹬地结束和左腿蹬地开始（开腿状态），如图 3-32①。

(2) 左腿蹬地结束和右腿蹬地开始（交叉状态），如图 3-32②。

(3) 右腿蹬地最大用力加速度阶段和左腿加速度收、摆腿阶段（双腿大腿横向并拢时刻），如图 3-32③。

① ② ③

图 3-32 弯道滑跑姿势的三个典型位向点

在双腿蹬地的过程中，左腿始终用外轮刃蹬地，右腿始终用内轮刃支撑蹬地，身体重心投影点始终位于双轮的左侧。配合双腿蹬地动作的两腿收摆动作始终保持放松。在收摆腿过程中始终以膝领先向支撑蹬地腿的膝部并拢，浮腿大小腿始终保持在一个与整体倾斜度相一致的斜面内运行，以完成合理的下轮着地动作。为保证不出现自由滑进阶段，下轮着地时要选择合理的向左倾斜支撑的支点。

2. 弯道蹬地动作

在弯道滑跑中，完成下轮着地后应立即对地面施压开始做蹬地动作，以克服离心力和创造向前滑的推进力。因为无自由滑进阶段，所以要始终保持有一只腿蹬地，而且要保持双腿具有同样的蹬地力度和收摆腿的节奏，以确保双腿持续、不间断、均衡而协调地完成高效的蹬地动作。

在弯道滑跑中，一个滑步是由单腿支撑蹬地和双腿支撑蹬地动作而构成的。

右腿滑步蹬地动作的要点基本上与直道滑跑中的右腿蹬地动作一样，但也有一些值得注意的圆周运动带来的特殊要点：

第一，右腿下轮着地承担体重的同时开始蹬地动作（选择合理的向左倾斜支撑的支点，右腿呈膝盖“前内顶”状态）。

第二，在蹬地过程中，要始终保持蹬地支点、身体重心投影与圆心成一条直线，并垂直于蹬地轮滑行的切线。

第三，左臀向左挤靠，右髋发力，右膝稳固“前内倾”做最大用力，最后髋、膝、踝充分展直，以全内轮刃稍做内弧结束蹬地动作。

第四，由于是圆周运动，右腿侧离身体总重心的趋势明显，所以在弯道滑跑中，右腿的蹬地动作要尽量缩小蹬地角，以体现出最大用力加速度推弹的蹬地动作特点。

左腿蹬地动作的要点是：

第一，用外轮刃支撑做向右侧方的蹬地动作，这与直道上的左腿向左侧蹬地是完全不同的。

第二，左腿下轮着地承担身体重心的同时即做蹬地动作，左腿是位于上体下方，大腿和膝部位于胸下，随大腿和髋部肌肉收缩，向右侧蹬地。在蹬地过程中，应将蹬地轮控制在臀下，以使身体重心处于正确位置，保持正确的蹬地方向，维持身体重心稍偏后的流线型姿势。

第三，左腿用外轮刃支撑向右侧蹬地时，一定要以重心稍偏后的全轮刃对地面不断施压，并以加速度用力方式，将腿充分蹬直，呈与右腿相配合的交叉压步状态。

上述两腿的蹬地动作均由单腿支撑蹬地和双腿支撑蹬地两个阶段构成。运动员个体特点不同，决定了单腿支撑蹬地和双腿支撑蹬地之间存在着不同的完成蹬地动作的节奏和蹬地动作的频率。

3. 弯道收摆腿动作

在弯道滑跑的一个滑步中，与单腿支撑蹬地和双腿支撑蹬地动作同步配合的浮腿动作是收摆腿动作和下轮着地动作。从滑跑技术的完整性和实效性角度看，支撑蹬地腿动作和浮腿动作之间没有主次之分，两者要协调配合，体现同步化的动作节奏才能创造更大的惯性速度并节省能量消耗。

左腿收摆动作的要点是：

第一，右腿承担体重后没有自由滑进阶段即开始蹬地，与此同步左腿借助于蹬地结束的反弹惯性以膝领先向右蹬地腿收摆，随右腿进入最大用力时刻，左腿向前加速摆动，使膝指向新的切线方向，双腿由交叉状态自然形成分腿状态。

第二，左腿在收摆过程中，要保持结束蹬地时的原态，以最低抬离地面的高度向回收轮，左腿尽量贴近右膝向前摆腿。

第三，在最大限度地放松参与蹬地动作肌肉群的情况下，积极准确地完成收摆腿动作。

右腿收摆腿动作的要点是：

第一，由于左腿支撑具有良好的稳定性和较小的蹬地角度，又无自由滑进阶段，所以蹬地速度是加速的。与此同步，右腿充分放松，以膝领先朝着左肩方向收摆。在收摆过程中，右浮腿自然屈膝，尽量保持低位回收轮，整腿在一个与整体倾斜度相一致的斜面内向蹬地腿靠拢，随左腿进入最大用力蹬地时刻，右腿轮跨越左腿蹬地轮，开始形成交叉压步状态，并加速度地向前内摆右腿，但右小腿仍保持在原先的斜面内。

第二，右腿收摆动作与左腿蹬地动作形成交叉，无疑增加了右腿收摆动作的难度。为使动作准确到位，尤其要注意全身动作协调配合，使右大腿尽量收摆到胸下，体现一体化，以保证动作的连贯性，从而获得高效的蹬地效果。

4. 弯道下轮着地动作

（1）左腿下轮着地动作的要点

①左腿在前摆过程中，大腿要向上抬送，并顺势将朝下的前轮变为几乎与地面平行的状态。随后，应使左脚的前轮高于后轮，并在贴近弯道标志线的新切线上，选定合理的向左倾斜支撑的支点，以后轮外刃着地，再过渡到全外轮刃着地。

②下轮之初，左腿并不承担身体重心。当进入双腿支撑滑进，右腿充分利用体重加速完成蹬地动作的同时，身体重心才由着地腿（左腿）承担，这是下轮着地动作的结束，也是又一次蹬地动作的开始。

③下轮着地腿的膝盖和前轮指向新的切线方向。

（2）右腿下轮着地动作的要点

①右腿在前摆跨越左蹬地腿开始形成交叉状态的基础上，保持原斜面不变，随左腿加速蹬地，以膝领先朝左肩方向（新的切线方向）向左前方抬送大腿，并向前展膝踢送小腿，由以后轮触地（在合理的向左倾斜支撑的支点处）过渡为全内轮刃着地。

②右腿越过左腿形成交叉步状态时，下轮着地动作的难度较大，为了保持合理的身体倾斜度和继续创造向心力或大于向心力的趋势，必须保持运行中右小腿的斜面不变，以保证下轮着地动作呈明显的“小腿前弓内倾”的状态，并即刻承接身体重心，又开始下一次蹬地动作。

③下轮着地腿的膝盖和前轮指向新的切线方向。

上述两腿的下轮着地动作指向都是新的切线方向。运动员在沿弯道不断地向左倾斜滑跑的条件下，必须使上体的纵向直线与新的切线方向始终保持相吻合。

综上所述，两腿动作的协调配合关系是左右腿的蹬地动作、收摆腿动作和下轮着地动作之间的连贯动态关系。运动员应在按动作要领完成弯道动作的基础上，逐渐在实践中形成适合自身特点的技术风格。

5. 弯道摆臂动作

摆臂动作是弯道滑跑技术的重要组成部分。正确的摆臂动作能起到维持滑跑姿势平稳性的作用。两臂的摆动惯性能在抗衡离心力方面起积极作用，即增加向前的冲滑力，并能配合腿部完成有效的蹬地动作和浮腿的收摆腿动作。

直道摆臂时，左、右臂须按统一的要领完成动作。但是，弯道摆臂动作中左、右臂完全不同，这是由沿圆周运动的特点所决定的。

（1）右臂摆动动作

速度轮滑运动员在长、中、短所有项目的弯道滑跑中，为了利用圆周运动的特点，提高滑跑速度和实施各种战术方案，要始终摆右臂。其目的在于协调和提高腿部动作速度，体现加力滑意识，提高弯道滑跑速度。

弯道摆右臂的目的与直道摆右臂相同，但为了更符合圆周运动的特点，摆右臂的要求是：以肩为轴，臂部放松，半握拳，向前摆动时要准确朝着弯道滑行弧线，手臂要贴近并经过髋部，摆到高于下颌，位于左膝前上方（肘关节呈 150°～170°角），这有助于上体沿纵轴向左转动并尽量贴近弯道标志线，起到上体对右蹬地腿的内轮刃增加压力的作用。右臂前摆与右腿蹬地相配合，当右腿向外侧蹬地结束，右臂同时向前内摆动到位。右臂后摆与左腿蹬地动作相配合，向后摆动右臂时，手臂要贴近髋部向后摆动，并要贴近上体。当手臂后摆到最高位时，臂要展直，手掌处于稍高于头部位置。要严格控制手臂摆动的运行路线，保证肩部的平稳和上体纵轴的直线性。

弯道双摆动作如图 3–33 所示。

左腿蹬地结束

右腿蹬地结束

图 3–33　弯道双摆臂动作

(2) 左臂摆动动作

弯道左臂摆动的要点是：

①摆左臂的主要目的是为了提高滑跑动作的协调性和滑跑节奏。

②沿圆周运动需要身体各部位肌群有向身体重心集中的感觉。因此，左臂的摆动动作应尽量贴近身体。

③以肩为轴，臂部放松，半握拳，紧贴上体前后摆动。主要是以肘关节为中心做弯曲和伸展动作，只允许肩关节有微小的动作，主要是前臂前后摆动。

④前摆到位与后摆到位的高度基本相同。前摆到位时，手恰好位于胸下，此时肘关节弯曲约成 45°角，但手掌不超过身体中心线（见图 3–33）。

⑤后摆时只用前臂，肘部由弯曲变为伸展，手掌不超过臀部。

因为摆臂动作要配合蹬地动作，所以应该连贯、协调和有节奏地进行。掌握好摆臂技术对提高弯道滑跑速度起着很重要的作用。

6. 入弯道和出弯道技术

当前速度轮滑场地比赛的临场情景表明，速度轮滑赛好似放大了的短道速度滑冰比赛。优秀选手普遍采用弯道加力滑，直道稍放松的体力分配法在场地上滑跑，弯道已成为重要的加速段落，这是充分利用圆周运动存在离心力特点的必然发展趋势。为此，速度轮滑运动员必须掌握直道与弯道的转换衔接技术，即入弯道技术和出弯道技术。

（1）入弯道技术

接近弯道时，运动员在直道上的最后几步要以摆臂动作与滑步动作的协调配合加力滑，为提高入弯道的初速度可适当延长直道最后一步，即适当延长右滑步的步长，选好入弯道的步点，做好入弯道动作的准备。可以说，直道上最后的右腿向弯道外侧蹬地动作，就是弯道滑跑的第一步（直、弯道交接点上的滑步），右腿的蹬地动作将身体推离直道，改变了身体的运动方向，此时运动员应视向弯道，整体迅速向左倾斜，在浮腿将身体冲量带向弯道新的切线方向、左轮着地后，立即沿弯道弧线方向开始蹬地，左膝指向与切线方向一致，以头、肩的高度来调节身体重心，使之位于支撑蹬地轮的中后部。如能准确地按上述要求完成动作，则运动员将顺利地转为弯道滑跑。入弯道后，头几步应重点保证技术的正确性和保持速度，随后逐步加大蹬地动作的力度和提高滑跑频率，尽量贴近弯道标志线加速滑跑，以最快的速度做滑出弯道的准备。

需要特别指出的是，在300米个人计时赛中，要滑跑3个弯道。起跑后要尽可能地逐渐贴近弯道标志线，前半个弯道要紧贴弯道弧线滑进，随着滑速的提高在后半个弯道上逐步适当地离开弧线，逐渐滑入直道中线的外侧（图3-34），扩大圆周半径，以便提前进入第二个弯道。这时要加快蹬地节奏。在第二个弯道顶弧同样要扣紧标志线，尔后又逐渐离开标志线，进入直道后在中线外侧滑行，在最后一次进入最后一个（即第三个）弯道时，要求与进入第二个弯道的滑法相同。这是优秀速度轮滑运动员普遍的做法。

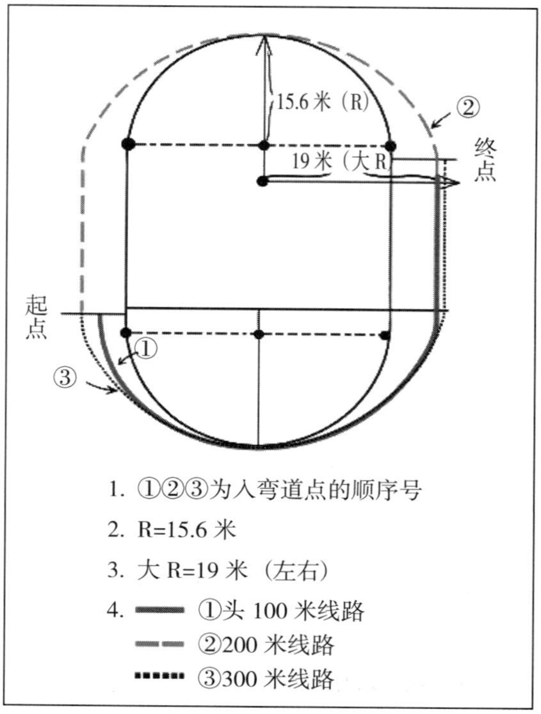

图3-34　300米个人计时赛滑跑路线模式

（2）出弯道技术

在弯道滑跑逐渐增加速度越滑越快的情况下，用最后高效的几步完成由弯道转为直道滑跑。弯道最后一步是右腿做克服离心力的强而有力的侧蹬地动作，进入直道。此时上体要与直道方向一致，与右腿蹬地动作相配合的左腿完成最后一次蹬地后（图 3–35），要直接向前提摆，大腿位于身体正下方，并准备在直道上承担身体重心。要特别注意控制滑跑姿势的平稳性，在强有力的蹬地和浮腿下轮着地稍向前移的条件下，会有被加速甩出去的感觉。接着用直道滑跑动作来保持惯性速度，做适当调整后，一旦适应了直道滑跑节奏，在全身动作协调配合的基础上，再逐渐加力滑结束直道滑跑。

图 3–35 弯道滑跑

（3）弯道全身动作协调配合

在弯道滑跑中，身体总重心点应沿着弯道切线方向直线运动，但是支撑反作用力是指向弯道的圆心而起作用，因此，使身体总重心轨迹随着滑进而连续向弯道侧弯曲，不断出现新的切线方向，这时上体姿势需要不停地向左前方转动。其他要领与直道所述的内容相同。

在弯道滑跑中选择合理的向左倾斜支撑的支点是关键的技术技巧。另外，身体各部位均应向倾斜的左臂集中收拢，才能保持较稳定的动力平衡（图 3–36）。

图 3-36　2009 年世锦赛“七冠王”美国运动员乔伊在比赛中全身动作协调配合滑跑

（4）带坡弯道滑跑技术

速度轮滑比赛场地的弯道分为平面的和带坡的，后者的优势在于运动员在带坡弯道上滑行时，滑跑姿势向左倾斜的实际角度等于倾倒角度加上弯道坡角度，因此相对于滑跑平面弯道，运动员的蹬地角大。蹬地角越大，运动员脚轮下的支点就越牢固，继而蹬地的实效性就越强。另外，带坡弯道场地提供了更强大的支撑反作用力，运动员可以滑出更快的速度。因此，运动员在加大滑跑姿势向左倾斜程度的同时，可获得比平面弯道场地更牢固的支点。带坡弯道设计上的特点增加了运动员高速滑跑时脚轮与弯道地表的摩擦力，给运动员带来越蹬越实的感觉，也为运动员提供了提高弯道滑跑速度的潜在空间。

从录像分析看，运动员在各种距离以及接力比赛中，都会运用短距离的弯道滑跑路线模式。运动员选择从直道外侧提前入弯道，尔后滑至弯道顶弧区时紧贴标志线，并尽力在出弯道时不甩到直道的最外侧。运动员为了使滑跑总距离不加长，首先要做到提前并且适当离开直线内侧入弯道，使自己提早从直道滑行转为弯道滑行。由于每位运动员的滑行速度、技术和能力不同，因此快速滑行时的入弯道点要经过长期的磨炼而定。运动员一定要做到紧扣弯道顶弧区滑跑，否则将很难保证在高速滑跑时不增加额外的弯道滑跑距离。当运动员由直道外侧提前进入弯道，向着弯道的顶弧区滑行时，实际上是从弯道的坡上向坡下滑跑，此时弯道外沿与内沿间的坡度差给运动员带来了加速度。再加上弯道高速滑跑时的切向加速度，这些因素都无疑增加了运动员通过弯道顶弧区的难度。在正常滑跑弯道的条件下，运动员通过弯道交叉步所创造的强大推进力和离心力，将使运动员在出弯道时达到弯道滑跑的最高速度。因此，弯道滑跑的第二个难点就在于如何顺利处理好出弯道。根据短距离的弯道滑跑路线特点，运动员在出弯道时将甩到弯道跑道的外侧，即坡上。此时，弯道坡度差又为运动员提供了一定程度上减速的绝佳条件，使得运动员不至于在出弯道时甩离跑道内沿过远。从安全角度考虑，带坡弯道也不失为绝佳的场地条件。

在 2009 年速度轮滑世锦赛的 300 米个人计时赛决赛中，有 30%的男选手和 35%的女选手在第 2 和第 3 个弯道出现瞬间停顿交叉压步动作，取而代之的是双腿静力支撑惯性滑进的动作，有人形象化地称之为“灭火”动作。如果没有“灭火”动作而持续不断地完成弯道蹬地动作，则其运动成绩会更加优异。因为惯性滑进只可以在短时间内保持滑行速度，并且随着惯性滑进时间的加长而不断地降低滑行速度。“灭火”现象的发生，不仅仅是运动员受到心理因素，如对摔倒和高速的恐惧感、自信心不足的影响，也可能是运动员自身弯道技术和体能不足，以及场地器材等其他客观因素造成的。为避免“灭火”的产生，运动员应在具备连续加力加频滑跑弯道能力的基础上，更要注重提高高速滑行中动静结合的支撑能力。

（三）起跑技术分析

速度轮滑比赛中有两种起跑方式，即电动计时起跑和集体出发起跑。电动计时起跑应用于 200 米（公路）和 300 米（场地）个人计时赛中。在赛会没有电动计时设备时，运动员会采用传统起跑方式（图 3–37），也有少数运动员采用三点式（图 3–38）、蛙式进行起跑（图 3–39）；集体出发起跑应用于除 200 米（公路）和 300 米（场地）以外的所有比赛项目，大部分运动员采用正面起跑的预备姿势，也有部分运动员采用侧身起跑预备姿势（图 3–40）。

图 3–37 传统起跑方式（正面起跑）

图 3–38　三点式起跑

图 3–39　蛙式起跑

图 3-40 集体出发起跑

1. 电动计时起跑技术

（1）预备姿势

电动计时起跑技术的预备姿势与传统起跑预备姿势不同，后者通常用于 500 米计时赛及 500 米以上各项比赛，而前者仅用于场地 300 米和公路 200 米个人计时赛，即规则允许上体摆动的电动计时起跑预备姿势。其技术要点是：

①在裁判员示意运动员可以开始准备做电动计时的起跑口令下达后，运动员将主力腿（此时运动员采用的有力腿通常就是传统起跑的前腿，即靠近起跑线的腿）的脚尖和大腿尽量外展，再将外展的脚轮靠近起跑线与其呈接近平行的状态，然后用相同的方法使另一只脚轮呈外展状态并与有力脚轮子的尾部靠紧（图 3-41①②）。

图 3-41 电动计时起跑动作

②运动员抬头目视前方，上体前倾，双臂前举稍屈，双掌靠近或相叠，呈蹲立姿势（图 3–41③）。取好蹲立姿势后，双膝呈自然外展状态并注意保持腿部富有弹性。

③运动员获得平衡感觉后，迅速将非主力腿后撤（此时，非有力腿可称为后撤腿），并用全内轮刃撑地。同一时刻，主力腿侧的手臂向正后或侧后方摆出，后撤腿同侧手臂向胸前屈臂抬起（图 3–41④）。

④完成后撤动作后，上体（重心）开始向后撤腿方向移动并逐渐抬起。这时由于重心位置的后移使主力腿几乎被拉直（图 3–41⑤），主力腿的脚轮也由之前的全内轮刃变为全外轮刃撑地。此阶段动作的停顿十分短暂，运动员需靠自身的能力完成上体（重心）的后移并保证脚轮下的稳定。因此，这一阶段也是最为关键和最难以控制的阶段。

⑤运动员借助于上体（重心）的后移，迅速向主力腿团身，上体前移，双腿同时下蹲，整体表现出蓄势待发的状态。这一点也恰恰反映了电动计时起跑技术的优势，就是运动员可以巧用重心位移带来的惯性和预蹲带来的下肢肌群的弹性形变，为自己节省体力并得到速度的提升。运动员在 10 秒的起动限定时间内，完成以上电动计时起跑的 5 个步骤之后，迅速蹬伸主力腿和摆动双臂跑出（图 3–41⑥）。

(2) 起动第一步

当运动员做蓄势待发（团身上体前移双腿下蹲）动作时，主力腿开始做由全外轮刃到全内轮刃撑地的转换。与此同时，在双摆臂动作协调配合下，后撤腿积极地向前提摆，直至跨过起跑线完成启动的第一步。此时，优秀选手的主力腿（即此刻的蹬地腿）充分伸展与上体形成一条向前倾斜的直线（见图 3–41⑥）。当后撤腿（即此刻的提摆腿）跨过起跑线时，主力腿保持外展状态并用全内轮刃踏切地面，以有力的小幅度屈肘双摆臂积极引领下肢动作，使得启动第一步更加协调有力。

(3) 疾跑与衔接

疾跑是运动员起跑后的快速跑动，一般跑 5 ~ 6 个复步，始终保持着整体姿势向前倾斜的冲跑，并逐步增加向前滑动成分。优秀选手疾跑的第 1 个复步是明显“后蹬地”的踏切步伐；第 2 个复步是“侧后蹬地”的踏切步伐；第 3 个复步则是加大“侧后蹬地”程度的扭滑步伐；从第 4 个复步开始，进入明显的“侧而略有后蹬成分蹬地”的扭滑步伐；当进入第 5 和第 6 个复步时，则以“侧蹬地”的冲滑完成疾跑。在疾跑过程中，随着速度不断地增加，上体前倾程度也不断地增加到接近正常滑跑的角度。双摆臂动作也由侧向的屈肘摆动，逐步转变为前后略有侧向成分的微屈肘摆动。双腿动作与双脚轮则是逐步减小外展程度，直至接近正常滑跑状态。

由录像分析看，部分选手在疾跑的前 1 ~ 3 复步中采用以前两个轮子作为着地支点，随着速度的提升，在第 3 ~ 6 复步时转为用全轮内刃着地的方式疾跑。用前两个轮子的疾跑着地，使疾跑初期步伐极具弹性，外观感觉也十分轻快。采用这种疾跑着地方式可以使重心处于较高的位置，利于加快疾跑步频，对于提高起跑速度有一定的帮助。但由于此方式对控制脚轮的要求非常高，会带来较大的体力耗损，因此，目前只有部分运动员使用。统计表明：优秀男选手从起跑启动第 1 步开始，到入弯道的平均步频为 5 个复步，优秀女选手则为 5 ~ 6 个复步。起跑的衔接技术就是由疾跑转入途中滑的技术，优秀运动员的起跑衔接技术十分流畅。主要表现在运动员结束疾跑时，紧贴标志线入弯道并能够继续保持自己的提速趋势。

电动计时起跑技术的三个阶段是动态的变化过程，缺一不可。掌握好以腰部主宰发力贯穿整个疾跑全程，能够获得更加明显的起速效果。

2. **集体出发起跑技术分析**

集体出发的起跑是速度轮滑竞赛的特点之一。集体起跑的人数每组少则几名，多则几十名，甚至几千名（公路马拉松赛）同时发出，根据比赛项目的不同和运动员个体特点（习惯与能力），可选择不同的起跑方式及战术。

（1）正面起跑预备姿势与起动第一步（图 3–42）

图 3–42

集体出发正面起跑预备姿势的技术要点：

①在“各就位”的口令下达后，运动员应根据自己的起跑道次迅速从预备起跑线滑向起跑线，选好合理的预备站立姿势后，目视前方静止站在起跑线后方。

②当运动员基本静止站好后，发令员发出“预备”的口令。此时运动员应声选取适合自己的起跑预备姿势（保持轮鞋静止不动并做下蹲动作）：可以取前脚轮外展与起跑线的夹角约为 45°，后脚轮外展靠近起跑线内沿与起跑线的夹角约为 45°，后脚轮与前脚轮成 T 字形，或按照自己惯常的预备姿势下蹲。下蹲动作完成后，应将身体重心移向前腿，前肩略往下沉，前手臂屈肘约 90°，半握拳置于下颌下方。后手臂屈肘约 90° 位于身体侧后方，保持与肩同高，半握拳自然下垂。

③运动员应把注意力集中在动作反应能力上，而不是只注意枪声。这样能减少动作反应时，提高起动的动作速度。

④起跑技术中的起动（第一步）正确与否，直接关系到疾跑的质量。头几步疾跑蹬地动作是继续克服静止惯性的向后侧方用力蹬伸。为了获得向后蹬地牢固的支点，运动员需保持双脚呈外八字（轮与前进方向线成45°角左右）踏切着地。然后，借助于踏切蹬地的反弹力向前抬送收腿，大腿置于胸下，膝盖朝前，这样可将浮脚轮控制在身体下方。在踏切触地前的瞬间，确保小腿是外转的，这样才能使脚轮顺利地呈外八字以内轮刃着地（偏于轮的前部）。

（2）侧身起跑预备姿势与起动第一复步（图3–43）

图3–43

集体出发侧身起跑预备姿势的技术要点：

①在“各就位”的口令下达后，运动员应根据自己的起跑道次迅速从预备起跑线滑向起跑线，并选取双腿双轮与起跑线平行、双轮间距同肩宽、双臂放松下垂的预备站立姿势后，目视前方，静止站在起跑线后方。

②当运动员基本静止站好后，发令员发出“预备”的口令。此时运动员应保持双腿双轮与起跑线平行的姿势做下蹲动作，身体向有力腿（通常为右腿）后移，双臂也向有力腿侧后摆动，双轮呈向有力腿方向倾斜的对称轮刃支撑。

③然后，借助于身体再向回摆动的惯性力准备启动迎接鸣枪。这就是侧身起跑的特点。它要求运动员全神贯注地听枪声，而且是积极主动地迎枪声。实施这种起跑方式时，要求运动员有着丰富的比赛经验和魄力，同时也承担一定的犯规风险。

④鸣枪后，运动员以头领先带动身体转向起跑方向，有力腿蹬地后，迅速收回并跨越前腿（通常为左腿）轮踏切外八字以内轮刃着地。侧身起跑的第一步动作与做弯

道右腿交叉压步十分相像，当发力腿交叉越过前腿（左腿）后，前腿抬离地面，并在收腿过程中将脚尖转为外八字以内轮刃着地。

⑤侧身起跑动作需要保证是在整体向起跑方向前倾姿势下双腿交替踏切蹬地完成的。

（3）疾跑与衔接

无论是正面起跑还是侧身起跑，完成起跑的第一（复）步后疾跑时，所采用的方法是一样的。因此，均须注意以下要领：

①疾跑开始时段，要保持两脚轮之间有较大的开角并做纯粹的后蹬动作，随着冲出速度的加快，要逐步缩小开角，蹬地动作的方向也由向后转为向侧后进而变为向侧。与此同时，每步的滑距也由短而逐步加长，并由始至终保持身体的前倾姿势（开始由于上体摆动抬起而使身体重心偏高，但随着蹬地动作幅度的加大，重心也逐步降低）和体现出疾跑动作具有短促、有力、高频、协调、连贯的特点。

②此时，以积极的双摆臂动作来引领疾跑动作的节奏和提高疾跑动作的频率是十分关键的。疾跑的前几个复步，应是以明显弯曲的手臂快速、小幅、几乎是前后方向的摆动与腿部动作相配合。随着速度的提高，蹬地趋向侧方水平方向时，摆臂动作也由小幅度地前上摆动过渡为大幅度水平方向的摆动。此时，向前内和后侧的摆动，肘关节也逐渐展伸到位。优秀选手向前内摆臂时，手半握拳不超过异侧的肩部高度和身体的中心线，向前摆的冲力向着滑跑方向，保持以肩为轴，放松加速度用力摆动；向后侧摆臂时，肘微屈稍抬起，也要加速用力，但不影响整体姿势的稳定性，力求疾跑在最短时间内达到最高速度。

③为了保持疾跑过程的直线性，运动员要严格控制每步踏切的着地点尽量靠近中心线和始终保持头向正，目视前方。运动员无论采用踏切方式还是扭滑方式的疾跑，都要做到动作准确到位、节奏鲜明、逐步演变、大步向前抬送、低部位收轮和充分使用腰力来主宰疾跑过程中全身动作的协调配合。

④研究得知，最高滑速、步频和适宜的步长，在 5 ~ 6 秒才能达到和谐程度。应该说，起跑后的疾跑同途中滑进之间没有明确的界限。当运动员达到最高滑进速度的 92% ~ 95% 及适宜的步频和步长时，即可以认为启动后的疾跑已告结束。运动员发挥速度越早，启动后的疾跑质量越高。由疾跑转为途中正常滑跑的衔接要逐渐过渡，做到身体重心逐渐后移，姿势逐渐降低，动作节奏和滑跑频率逐渐变为正常值，衔接得越自然顺畅越好。

（4）实施集体出发起跑的注意事项

集体出发起跑是速度轮滑中长距离项目比赛的起跑方式，运动员应注意以下几点：

①根据项目的距离、对手的实力及教练员设定的起跑战术，确定自己起跑后需要占领的滑跑位置。

②从启动、疾跑到转入途中滑跑应是流畅连贯地滑离起跑线，并加速到项目预期的速度。

③长距离项目的起跑要有别于短距离，运动员不需要在最短时间内达到最高速度，而是用最经济省力的方式滑离起跑线，适时地达到项目速度的要求即可。

④在人数较多的集体出发起跑时，运动员要选好自己的占位，尽量站在前排。

⑤为了不发生意外（碰撞、绊倒等），必须提高自我保护意识和做好应变准备，如姿势低些，增加稳定性；缩短蹬地动作幅度，减少横向移动，以避免接触；采用双摆臂以扩大自我保护空间等。

（四）冲刺技术分析

冲刺技术是速度轮滑滑跑全程最后的一项技术，也是滑跑技术中不可忽视的组成部分，可以说是比赛决定胜负的关键点。在高水平的比赛中，有时以0.01秒时间判别优胜者，可见冲刺技术的触线动作非常重要。对冲刺技术的认识应包括以下几点：第一，冲刺意识和冲刺心理素质；第二，以合理分配体力为核心的选择确定实施冲刺的距离和位置；第三，临近终点前的动作调整；第四，冲刺触线动作。

下面介绍冲刺意识和冲刺动作：

1. 冲刺意识

冲刺意识是运动员获得优胜不可缺少的重要部分。在紧张激烈的比赛中，运动员必须有冲刺的意识，以顽强拼搏的精神和坚强的意志，滑完全程最困难的尾段，并以最大努力保持领先或超越对手，滑出好成绩，夺取好名次，争登冠军领奖台。

在不同距离的比赛中，运动员需要确定适合不同项目的冲刺距离、冲刺路线、队列中的身位以及应变性动作调整。例如：在最后冲刺阶段，调整自己直线的滑行步伐，做到以有力腿作为终点冲刺动作中的支撑腿，保证冲刺动作的顺利完成。笔者从2009年观摩速度轮滑世锦赛看出，优秀运动员常在500米计时赛的最后300～200米、1000米计时赛的最后2～1圈时开始进入冲刺阶段；而在长距离如10000米积分淘汰赛和15000米淘汰赛中，运动员一般从最后5圈开始提速做冲刺准备，在最后两圈时再加速，竭尽全力完成比赛。

确定了冲刺距离后，要根据场上情况选择适宜的冲刺线路，使之既有利于自我发挥，又有利于克制对手，并能根据临场情况的变化而果断应对，把剩余的体力合理地分配使用在冲刺段落上，全力以赴地冲向终点。临近终点前在最后阶段，要降低姿势以保证在体力已大量消耗的冲刺阶段尽量稳定身体重心的平稳度。在终点前最后一个直道上要加快用力摆臂的节奏，带动腿部动作的频率，全力爆发性地伸展蹬地。与此同时，浮腿低位直接回收，以膝领先大腿用力前摆位于胸下。最后，在终点线前成功地做出冲刺动作。

2. 冲刺动作

当前，速度轮滑运动员采用的冲刺动作有箭步送轮和向前踢小腿两种：

（1）箭步送轮冲刺触线动作

尽量选择以有力腿做弓箭步的前支撑腿，并以全脚正轮刃着地（图 3–44）。为了迅速前跨送轮触线，应注意使重心跟进上体抬起，后腿以前轮触地拖滑。双臂随腿部动作的运行调整为维持身体平稳的摆动，促成刹那间以前轮触及终点线的冲刺动作。

图 3–44　箭步送轮冲刺触线

（2）向前踢小腿送轮冲刺触线动作

选择有力腿或有利于制约对手的一侧腿为支撑滑进腿，将另一腿迅速向前踢伸，并以全轮刃着地指向滑进方向，身体重心位于两腿之间或稍偏后，在整体团身平衡状态中，抢先以前轮触线冲过终点线（图 3–45）。

图 3–45　向前踢小腿送轮触线

（五）超越与尾随技术分析

速度轮滑比赛除个人计时赛外，都是集体出发的群滑赛，在赛程中不断出现你追我赶的相互超越景象。在比赛中要想战胜对手获得积分，取得有利的滑跑位置与队友配合实施战术方案以及冲刺夺取胜利，就必须掌握超越和尾随的技术。

1. 超越技术

速度轮滑比赛中的超越技术可分为直道超越和弯道超越技术。

在直道上进行超越时，超越者在实施超越前需在被超越者身后加力提速，当速度快于被超越者时便由其内侧（左侧）或外侧（右侧）加力滑行并完成超越，达到自己的战术目的。

在弯道上进行超越时，其难度要大得多。比赛中的统计表明，实施弯道超越的成功战例多发生在入弯道区，其次是出弯道区。总结超越成功者的共同特点是，首先恰当地选择有利于自己的超越滑跑路线和区域，并正确判断超越时机。之后，认为准备就绪时，坚定信心一鼓作气地达到自己的超越目的，切忌犹豫不决和怀疑自己。

超越技术不仅要求运动员具有实力，而且受多方面因素的影响，因此，实施超越还需要注意以下技术要点：

第一，掌握好超越的时机是非常重要的，要仔细观察，果断出击。

第二，充分利用双臂的摆动，增强蹬地力度，提高滑跑速度，并利用有效的摆臂动作，扩大自身的空间，一鼓作气地保护自我克制对手。

2. 尾随技术

尾随技术的实质是以守为攻的措施，目的在于利用尾随滑跑来节省体力并找寻适宜的时机实施超越，最终赢得比赛的胜利。因此，采用尾随技术时，思想上一定不能松懈，要时刻保持与领滑者步调的一致性，最大限度地保存体力。另外，尾随者要保持与领滑者之间的适宜距离，原因在于：距离太近容易影响自己的滑跑动作，受到领滑者的干扰，同时也不利于自己实施超越或其他战术；距离过远则浪费体力，也极易被其他竞争对手抢占自己在队列中的身位，尤其在集体出发的比赛中，经常会出现跑道上多个队列的情况，不同的队列间也会有超越与尾随的变换，因此，为了保持自己的优势和战术的实现，必须抓住时机果断地离开领滑者的队列而紧跟新领滑者的队列。

（六）接力技术分析

速度轮滑的接力项目是由 3 名队员组成的集体项目。完整的接力技术包括以下六点：

1. 接力队的棒次

安排棒次时，既要考虑到运动员的体力、技术等因素，又要避免两棒运动员的体重差别过大。在一般情况下，安排最强的队员滑第一棒和最后一棒，实力较弱的队员滑第二棒。

2. 起跑要点

接力比赛的起跑（预备姿势、起跑、疾跑）技术与 500 米计时赛的起跑技术相似。但接力比赛的起跑要根据对手情况和本队特点，并考虑战术要求，决定是采取出发抢位领滑还是起跑后跟滑。

3. 交棒前技术要点

接棒队员在交棒队员还有一圈滑跑距离时就要进行接棒的准备，在跑道的内侧场中边滑边观察交棒队员的情况（位置、速度、技术和战术），以决定自己的做法及上跑道进入接力区的时机和路线，原则上要求接棒队员在接棒前的前程要在场内尾随交棒队员，并时刻观察交棒队员的情况，当尾随至第二个弯道顶弧时，要与交棒队员齐头并进，尽量做到滑跑速度和动作节奏相一致。最后，接棒队员加速在出弯道处从场内滑出进入跑道的接力区，并保持加速状态。交棒队员则边滑边观察注意接棒队员从场内滑上跑道的位置，对准接棒队员直冲上去，做交棒的准备。

交与接的两名队员在滑进接力区的前后，必须默契配合达到两人之间的距离接近，接棒者借助于加速滑惯性速度做接棒的准备姿势，交棒者者同样借助于惯性速度向前伸出双臂做交棒的准备姿势。

4. 交接棒时的技术要点

两名运动员进入接力区，必须靠明显的身体接触来完成交接才有效。进入接力区未完成交棒和没有明显的身体接触都视为犯规。当两人滑进接力区进行交接时，接棒人领先于交棒人在惯性滑进中目视前方，两腿分开同肩宽，双腿以正轮刃支撑，身体重心略偏后或适中，双臂略屈肘保持适度紧张前伸，双手半握拳相靠位于头部前方呈蹲曲姿势。交棒人双臂前伸，当双手掌触到接棒人的臀部时，上体抬起，顺势屈肘缓冲，几乎达到胸部触其臀部的程度。与此同时，双腿向两侧分开，以内轮刃支撑获得牢固支点，紧接着双腿迅速发力蹬地，双臂也同时用力推伸，上体以前倾相配合，将全身力量准确地顺着接棒人的身体纵轴向滑进方向推送。接棒人借助于交棒人的推送力，在保持上体姿势平稳的前提下，启动滑跑步伐，并带着交接成功的心情投入滑跑。

比赛时接力区内情况千变万化，有时甚至呈混乱局面，运动员必须集中注意力，对临场情况判断要准确，要应变到位，找准自己的接棒战友。

5. **接棒后的技术要点**

完成交接后，交棒队员应逐渐抬起上体，借助于惯性速度继续向前滑进，在不妨碍别人的前提下，及时进入场内休息并准备下一次接棒。接棒队员要借助于交棒队员的推送力，并根据本队技、战术要求投入滑跑。

6. **冲刺要点**

接力赛的冲刺是由承担最后一棒任务的运动员完成。接力赛的冲刺是在保证不失误的前提下，根据本队及对手的实际情况，或某一轮次比赛的战术需要，来决定采取何种（向内侧滑跑、沿直线滑跑、从外侧超越滑跑等）行动和冲刺滑的圈数。

在整个接力队中，第一棒队员实力较强，任务重、责任大，完成交接次数最多，并承担对比赛结果影响最大的最后一次的接棒和完成冲刺任务。其他棒次的队员都应心领神会地保持冷静良好的兴奋状态，全力投入比赛。教练员要与场上队员保持呼应关系，指挥要到位。

二、速度轮滑直道双蹬技术及其教学方法与教学建议

（一）双蹬技术

美国著名的两栖运动员查得·海得里克创造的直道双向蹬地技术（简称“双蹬”），将速度轮滑运动的直线滑跑技术带入了一个新时代。双蹬技术自上世纪 90 年代初问世以来，很快得到速度轮滑界的公认。双蹬技术几乎被所有速度轮滑高手所掌握，这一先进的技术促进了速度轮滑世界纪录的不断提高。

所谓“双蹬技术”是指运动员在直道滑行中灵活控制、利用自身体重，以单腿支撑用外轮刃向内做收蹬（即单腿向内侧蹬）动作来取代传统技术中的单腿支撑惯性自由滑进动作，在收蹬结束后瞬间由平轮刃支撑，接做单腿支撑用内轮刃向外侧蹬（即与传统技术相同的侧蹬）地（这两次蹬地动作均由一腿完成），最后以双腿支撑侧蹬的动作来结束一个滑步的直道滑行技术。

1. **技术分析**

（1）滑行基本姿势

双蹬的滑行基本姿势与传统技术基本相同。但为了更顺利地完成双蹬滑行技术，需要将传统技术中滑行姿势强调的平稳性转变为灵活应变性。双蹬的滑行基本姿势特点如下：

①滑行姿势相对偏高，稳定角小，向两侧倾倒移动身体重心较灵活。

②身体重心在纵轴上的移动轨迹，随侧蹬结束双脚轮下支点之间距离的大小而灵

活变化，双蹬技术水平高的选手，身体重心位移距离略宽于肩。

③身体重心在横轴上的移动轨迹，伴随着收蹬与侧蹬动作，有适度的起伏现象。

④下轮着地时有明显的向外倒踝、脚尖稍向内用外轮刃支撑状，接着顺势完成（向内的）收蹬动作。呈收蹬腿在前、浮腿后引的一种后交叉状态，这是双蹬技术的典型姿势。

（2）蹬地动作

双蹬，顾名思义“蹬”是此技术的关键。双蹬技术中的蹬地动作是由（向内侧）收蹬、瞬间变轮刃、（传统技术中的）侧蹬组成的。尽管这两次连续的蹬地动作幅度并不是很大，但事实证明它能使运动员滑得更快。

①收蹬动作：右（左）腿侧蹬结束的同时，左（右）腿承担体重，并立即从位于身体总重心点投影线偏外的着地点开始做收蹬动作。需要指出的是收蹬动作的起始点具有变量特点，也就是说，下轮着地点与身体总重心投影线之间的远近，会产生不同的向内收蹬的力度、距离和效果。当下轮着地点在身体总重心点的内侧时，向内的收蹬动作基本没有，距离和效果约等于“0”——这就是传统技术中的单腿支撑阶段。双蹬技术与传统技术的区别，首先表现在从下轮着地点开始就有区别。偏外侧时，收蹬力度大距离也长，效果明显。但是，由于动作幅度较大，对加快步频有不利影响，而且耗能也大，通常只有双蹬技术非常娴熟的选手才在加速阶段使用。重合时，收蹬的力度、距离和效果都是中间值，且在肌肉做功性质、高速匀速滑行的保持力和滑行轨迹的直线性等诸方面均优于前两者。

完成收蹬动作时，要严格控制和保持身体重心略偏后，但是并不强调膝部前弓。踝关节角度较大，收蹬时的蹬地角就偏大，产生的垂直分力值也大，使滑行姿势稍有抬起现象。这一现象有助于向前方滚动收蹬，此乃至关重要的技术细节。当收蹬结束时，脚尖指向已由略偏内变为略偏外。这时会形成收蹬腿在前、浮腿后引在后 / 侧方，呈双腿交叉的动力平衡状态，这是结束收蹬动作的典型姿势。

②瞬间变轮刃支撑：瞬间变轮刃支撑是速度轮滑运动员控制、利用体重和轮滑鞋变轮刃支撑的特性，展示滑行技术技巧中不可忽视的环节。收蹬动作结束后，浮腿向身体总重心投影线回摆时，收蹬腿自然地由外轮刃支撑转为正轮刃支撑。这个一闪而过的变换支撑轮刃的过程，在双蹬技术动作结构上起到了衔接的作用。当脚尖指向由略内八字形转为略外八字形时，就进入了侧蹬阶段。

③侧蹬动作：双蹬技术中的侧蹬与传统技术的侧蹬动作大致相同。经瞬间变轮刃支撑后，开始了单腿支撑的侧蹬动作。此时，浮腿已由身体总重心投影线的内侧回摆越过了中心线，浮腿配合侧蹬动作积极向前侧方摆动，促使侧蹬进入最大用力阶段。此刻的侧蹬动作，就更要求运动员有“前送蹬”的意识，并要控制身体重心偏后，使轮子始终是向前滚动着来完成爆发性的侧蹬动作，尽量地以全轮同时离地，避免后蹬现象。

因收蹬和侧蹬动作的连贯性很强，故持续地蹬地使滑行速度的脉动曲线处于平稳的状态。这样，双蹬既增加了推进力，节省了体力，又充分体现了“滚动中蹬，蹬中滚动”的特点，使速度轮滑运动员在直道上像在弯道上一样没有惯性地自由滑进，舒畅连贯地滑行。

(3) 收、摆腿动作

侧蹬结束后，借助于参与蹬地动作肌肉群的剩余紧张度抬离地面成为放松的浮腿。浮腿的收腿是巧妙地利用侧蹬动作的反弹力，在后落的过程中，积极地以小腿带动大腿向收蹬腿的后侧方做收摆腿动作，直至整个浮腿越过身体总重心投影线（传统技术的浮腿后引时，一般要求浮腿不越过身体总重心投影线），并与收蹬腿形成后交叉状态。收腿动作只有放松而积极地与收蹬腿同步协调配合，才有助于提高收蹬动作的实效，使其产生的反向惯性力起到维持动力平衡的作用，又使收蹬动作受到制约而止。

结束收蹬，浮腿从后交叉状态中向回摆动，在打开双腿后交叉状态的过程中，收蹬腿由外轮刃支撑变为瞬间正轮刃支撑，接着呈内轮刃支撑，开始侧蹬动作。与此同时，浮腿以膝领先向身体总重心投影线的前侧方加速摆动，与侧蹬腿协调配合，直至向前侧摆腿到下轮着地为止。

总之，收、摆腿动作分别是协调配合收蹬和侧蹬的对应动作。如果能积极配合准确到位，不仅可以提高双蹬动作的效果，而且还能维持良好的动力平衡，使身体重心的转移更为灵活自如。

(4) 下轮着地动作

采用双蹬技术的前提条件，是要破坏传统技术中的下轮着地动作定型，建立新的滑行动作结构。在传统技术中，当身体向内侧倾倒，脚下变为内轮刃支撑时便开始侧蹬，要控制身体重心压在侧蹬腿上，而浮腿是积极地收向侧蹬腿并拢，形成明显的双腿并拢倾斜状态。当侧蹬进入最大用力时段，浮腿加速前摆与侧蹬腿协调配合，用外轮刃在身体总重心投影线的内侧自然着地，并与滑行方向相一致。但是，在双蹬技术中，浮腿从后交叉状态中加速向前方回摆时，需要适当控制浮腿的轮子晚些触地，并且完成下轮着地动作时要落在身体总重心投影线的偏外侧（呈反支撑状态），还要准确地做出用外轮刃支撑脚尖指向稍偏内的动作，只有这样才能顺势做出收蹬动作。

(5) 全身动作协调配合

全身动作协调配合是指运动员在双蹬滑行中，为创造更大的冲滑力，用腰力主宰全身动作（摆肩、摆臂、摆浮腿）协调配合使各个技术动作准确到位的技术技巧。

①摆肩和摆臂动作：运动员在双蹬滑行中，滑行姿势随着收蹬和侧蹬略有起伏，并伴有小幅度的摆肩动作，它是以腰力主宰全身动作协调配合时所不可缺少的技术细节。在收蹬时，摆肩与收浮腿的动作方向相一致，在身体的纵轴上起到维持平衡的作用。在侧蹬时，要将上体（身体重心）尽量保持在侧蹬腿上，不要过早地摆肩。在结束侧蹬的同时，做与侧蹬方向相反的摆肩，起转移身体重心的作用。

巧用腰力滑行是“内功”，协调摆肩、摆臂、摆浮腿到位则是“技巧”，这是双蹬技术的又一个特点。另外，运动员在双蹬滑行中，经常采用单、双摆臂动作。无论是前摆还是后摆，都有明显的抬肘和向侧摆动成分偏大的特点。协调规范而又不过分的侧摆动作，能起到增强蹬地效果、控制身体重心转移和加快滑行动作节奏的作用。

需要特别强调的是，双蹬滑行中的摆臂动作在收蹬结束、瞬间变刃和侧蹬结束三个位向点处，均有瞬间停顿。这种摆臂的肌肉感觉和空间感觉是正确完成摆臂动作的保证。摆臂动作侧向程度的大小，不仅与双蹬动作的幅度有关，而且与运动员临场的技、战术意识密切相关。

②放松能力：会放松本身也是一种能力。在双蹬滑行中，为了提高速度，运动员必须学会放松完成滑行动作才能使全身动作协调配合，提高蹬地动作的效果，滑得更快。会放松滑行的运动员才是有希望的强者。

③双腿动作周期与协调配合示意图：双蹬技术动作的一个滑行复步由 4 个时期、8 个阶段、16 个动作组成，双蹬技术动作周期如图 3–46 所示。

N	复步							
时期与阶段	时期							
	单支撑		双支撑		单支撑		双支撑	
	阶段							
	外轮刃收蹬	瞬间变刃	内轮刃侧蹬	内轮刃侧蹬	外轮刃收蹬	瞬间变刃	内轮刃侧蹬	内轮刃侧蹬

滑步动作							
右滑步动作							
1 外轮刃收蹬	2 瞬间变刃	3 内轮刃侧蹬	4 内轮刃侧蹬	5 收腿	6 回摆	7 前摆	8 下轮着地
左滑步动作							
1 收腿	2 回摆	3 前摆	4 下轮着地	5 外轮刃收蹬	6 瞬间变刃	7 内轮刃侧蹬	8 内轮刃侧蹬

①　②　③　④　⑤　⑥　⑦　⑧

图 3–46　双蹬技术动作周期示意

2. 双蹬技术的优越性与适用性

双蹬技术的问世，充分体现了竞速运动技术为减小阻力增强推进力而不断完善和创新的规律。双蹬技术的优越性和适用性如下：

(1) 优越性

①以收蹬动作取代了自由滑进动作，增加了蹬地动作的做功时间，提高了推进力，减少了自由滑进阶段所带来的降速。这种取代避免了滑行速度不平均时所付出的多余能量消耗，带来了持续高速滑行的节能效果。

②自由滑进动作是静力性做功，而收蹬动作是动力性做功，这种取代可推迟做功肌群的疲劳。

③在双蹬滑行过程中，运动员滑行姿势相对偏高，身体总重心在纵轴产生的位移小，双蹬技术滑行轨迹的直线性比传统技术更优越。

④使用双蹬技术时，蹬地角偏大，轮下的支点牢固，轮子的抓地效果好，不会出现脱滑。蹬地动作会产生更大的推进力，使滑行具有向前冲滑的特点。

⑤双蹬技术能调动更多的肌肉群参与完成蹬地动作。蹬地腿的主要肌群和内外两侧肌群先收蹬后侧蹬的交替做功，不仅提高了做功的实效性，而且使内外两侧肌群彼此起到积极性休息的作用，这无疑有利于延缓疲劳，维持高速的“巡航式”滑跑。如果在训练中系统地练习双蹬技术，还可以有效地增强大腿内外侧及小腿的相关肌群，使得运动员更加充分地完善自己，滑得更快。

⑥双蹬技术掌握得好的选手，能非常轻松自如地“悠”起来滑行，尤其是在激烈的比赛中，更能展现出双蹬技术优越的应变性和变速性（图 3–47）。

图 3–47

(2) 适用性

任何体育运动技术的改良与革新都是遵循着如何使其更加适应比赛需求及有效地提高运动成绩的目标而发展，双蹬技术也如此。随着运动成绩的不断提高和使用双蹬技术经验的积累，轮滑界涌现出了几种不同风格的直道“双向蹬地”技术。当今世界优秀速度轮滑运动员在中、长距离项目比赛中，不是采用“传统”的双蹬技术，即侧蹬与收蹬幅度近似相等的“大双蹬”技术，其特点是同时注重侧蹬与收蹬动作；而是使用“改良”了的双蹬技术，即以向侧蹬地动作为主、向内收蹬动作为辅的“小双蹬”，其特点是以侧蹬为主和以收蹬动作为过渡的新型双蹬技术。双蹬技术的改良，使其向更加经济省力的方向发展。“小双蹬”既保留了双蹬技术的核心价值，又最大限度地发挥了向侧蹬地动作的威力。

“大双蹬”与“小双蹬”的区别在于收蹬动作的起始点，主要体现在运动员一腿完成侧蹬动作后另一腿从何处开始下轮着地做向内收蹬动作。做“大双蹬”时，运动员从离身体重心投影线外侧较远的位置下轮着地并开始收蹬动作，有的运动员甚至明显地从传统技术中的“反支撑点”开始做收蹬动作。具体开始收蹬的位置由个人的身高、腿长、技术特点等因素决定。在“大双蹬”的收蹬过程中，当收蹬腿超过身体重心投影线并继续向内收蹬到最大程度时，会形成非常明显的双腿前后交叉的“剪刀腿”状态。但是，从一些比赛的录像中观察，许多优秀选手采用双蹬技术时，都自然地用外轮刃在身体重心投影线的下方着地，即传统技术中支撑腿的下轮着地点，之后再做向内收蹬动作。如此一来自然形成动作幅度小，并可在短时间内由外轮刃收蹬变为用内轮刃侧蹬的“小双蹬“动作。

实践表明，掌握“小双蹬”的关健在于能否选择自然而合理的向外倾倒的下轮着地点，而且下轮着地能否准确地与另一腿侧蹬结束的时刻相吻合。应注意：“小双蹬”的起始点明显位于胸下的控制范围内，并自然地以外轮刃着地（带有倾倒的以外轮刃下轮着地），而不是向外倒踝形成的外轮刃。“小双蹬”技术的产生是实战的需要，也是技术的发展。

（二）双蹬技术的教学方法

速度轮滑直道双蹬技术的教法可以分为以下四个步骤：

1. 双蹬技术的专门性陆地体能训练

如今，体能训练在各个运动项目中受到越来越多的重视，它是学习、掌握和完成高质量技术动作的必要基础条件。陆地专门性体能训练是专项训练的基础，教练员必须有针对性地选择双蹬技术的教学手段和具体练习动作。

速度轮滑运动员学习双蹬技术，需要具备两个条件：一是扎实的速度轮滑传统技术基础；二是较强的动态支撑平衡能力和对轮的“滑动感觉”。在此基础上，从陆地专门性体能训练入手，进行提高双腿向外侧倾斜支撑的平衡能力和增强双腿参与完成向内收蹬动作肌肉群的力量练习。

（1）原地单腿向外倾斜蹲起 / 蹲跳：取滑跑基本姿势，单腿向外侧倾斜支撑，另一腿（浮腿）放松置于体侧并离地抬起，双腿交替完成蹲起或蹲跳练习。向外倾斜度越大，练习效果越好。注意浮腿离地抬起高度与支撑腿向外倾斜程度成正比。

(2) 反向弯道滑行 / 滑跳模仿：取弯道滑跑基本姿势（向右倾斜），牵拉系于腰部的皮筋、轮胎等，向右完成弯道交叉压步的滑行或滑跳模仿动作。由始至终保持基本姿势向右倾斜状态，蹬地腿的蹬地动作与浮腿的收腿动作要同步，蹬地动作强而有力，浮腿尽量放松。在保证动作质量的前提下，逐步加快动作频率。

(3) 牵引橡皮筋内收动作：取滑跑基本姿势，支撑腿保持稳定的静立状态，收拉腿呈直腿或稍屈膝抬起位于体侧，将橡皮筋绑在脚踝处，另一端系于固定物上。收拉腿从远离支撑腿处向支撑腿方向用力收拉并拢，直至越过支撑腿呈收拉牵引腿在前、支撑腿在后状态，再放松收拉腿恢复起始姿势。双腿交替进行。牵拉橡皮筋的阻力要因人而异地选定，随着水平的提高逐步增加阻力负荷和加快完成动作的节奏。这个动作对收拉腿向内收蹬肌肉群的力量和支撑腿静立支撑能力的增强是非常有效的。

(4) 单腿向外倾斜连续蹬跳：取滑跑基本姿势，支撑腿选择适宜的向外倾斜的角度，浮腿充分放松微屈膝于体侧抬起，当支撑腿加大向外倾斜达到破坏平衡程度时，借助于倾倒的惯性完成边倾倒边蹬跳动作。此动作的用力方向是支撑腿的前内侧，肌肉用力性质是爆发性加速。蹬地跳起与落地支撑要富有弹性，始终保持身体向蹬跳腿侧倾倒的趋势，动作要十分连贯。双腿交替做，可适当增加右腿练习的次数。

(5) 原地双腿交替向外倾斜连续蹬跳：取直立或半蹲姿势，一腿向外倾斜支撑，另一腿在体侧放松抬起。支撑腿向内侧用力蹬地跳起，双腿在空中向跳起腿一侧摆动，两腿顺势换位。原浮腿着地呈向外倾斜的新支撑腿，而原跳起腿在体侧呈放松抬起状态，接着按上述要领继续完成动作。双腿有节奏感地交替连续蹬跳，富有弹性地进行蹬地跳起与落地支撑。随着动作水平的提高，逐步降低蹲曲程度。

(6) 前交叉蹬起跪推屈腿走：取大步幅屈腿走蹲曲姿势，左腿在前呈弓箭步，右腿在后微屈膝以脚尖点地。当右腿由后位向前提收时，身体重心也随着前移，左腿及时配合右腿做向后的跪推动作，并使右腿继续向前收摆。此时，即完成双腿前后换位。但右腿的落脚点必须在左腿的外侧，呈右腿在前向外倾斜的弓箭步，左腿和正常屈腿走姿势相同。然后，右腿做原地蹬起动作。完成几次后，按上述动作要领换腿，以提高腿部向内收蹬动作的力量。

(7) 台阶弯道蹬跳模仿动作：取向左（右）倾斜的弯道滑跑姿势，做上台阶的弯道滑跳模仿动作。练习者须始终保持身体向台阶倾倒的趋势，蹬地跳起与落地支撑动作要富有弹性。注意双腿动作的协调配合，落脚时要落在台阶的外沿，并以臀部领先控制身体不断向上跳移，连续顺畅地完成动作。

众所周知，在速度轮滑传统技术滑跑中，左腿具备在弯道上向内侧蹬地、直道上向外侧蹬地的技能；右腿无论在弯道上还是在直道上，都是单一地向外侧蹬地。而双蹬技术要求双腿具备左右开弓的蹬地技能。所以，在进行上述陆地专项体能训练时，尤其需要强化右腿的向内做收蹬动作的训练。在完成上述 7 个动作练习的基础上，可再进行灵活使用不同轮刃支撑滑行的练习以及控制、利用自身体重滑行技巧的练习。

2. 一般滑行体能训练

(1) 外轮刃支撑滑行：取站立式滑跑姿势，支撑腿侧蹬结束后抬离地面，另一腿用外轮刃支撑向前滑行。然后，随着浮腿向支撑腿靠拢收回，身体又开始向浮腿侧倾斜，当支撑腿侧蹬结束时浮腿已用外轮刃下轮着地，变为支撑腿向前滑行。完成这个动作练习时，注意控制、利用好自身体重非常放松地向左右倾斜。蹬地动作的力度要适宜，双腿配合要协调，保持上体向正不扭动，控制身体重心稍偏后。

(2) 向前画葫芦：取 V 形站立姿势站稳，膝盖前弓微蹲，身体稍向前倾，两脚用内轮刃支撑向下（外侧）施力便会向左右两侧画弧。待滑至比肩宽时，双脚双膝向中间靠拢，同时转换成外轮刃支撑做向内收脚动作。两脚收到平行几乎靠拢时，再按上述程序画弧，即可向前画出一串前葫芦状的轨迹。

(3) 双脚平行转弯：在向前滑行向左转弯时，保持双脚平行状态，并使双脚呈左脚在前右脚在后姿势。在前的左脚用外轮刃向左倾斜，在后的右脚也对称用内轮刃向左倾斜，与此同时，身体跟着向左侧倾斜，便会顺利地完成向左的转弯动作。向左向右转弯都要练习，这是体会对称轮刃支撑滑行的最佳练习。开始练习时速度不要太快，随着熟练程度的提高逐步加快速度完成动作。

(4) 双脚 S 形向前滑进：在双脚平行转弯的基础上，保持双脚平行前滑，双脚同步做左脚用外轮刃支撑和右脚用内轮刃蹬地的动作，便可画出半弧。接着再向相反的方向做上述动作，又会画出一个半弧，两个半弧即连接成 S 形的前滑动作。在完成动作的过程中，身体重心要稍向双脚的后轮移动，但上体要微前倾，这样有利于顺畅地画弧。

(5) 单腿 S 形向前滑进（浮腿离地）：在掌握单腿支撑向前滑行的基础上，再学习这个动作。在滑行中，身体稍向前倾，另一腿离地，单腿支撑做压外轮刃画出半弧并立即压内轮刃再画出另一个半弧的动作。另一腿的动作要领相同，注意控制身体重心略偏后。

(6) 单腿 S 形向前滑进（浮腿前轮点地）：这个动作的要领与上述“(5)”相同，只是把抬起的浮腿变为用前轮点地的姿势。熟练以后，可以加大单腿用内、外刃蹬地的力度。

(7) 轮滑活动性游戏：在轮滑教学训练中，经常组织进行轮滑活动性游戏，能非常有效地提高学员使用不同轮刃支撑做各种应变动作的能力（脚功）。

通过上述专门性陆地和一般滑行体能训练，使学员做好了学习双蹬技术滑行专项体能的准备工作。

3. 双蹬技术滑行专项体能训练

在陆地专门性体能教学训练的基础上，进行双蹬技术教学中的滑行基本功动作练习。以下是一组双腿在滑进中使用不同轮刃支撑来完成的对称性动作，练习时需循序渐进。

（1）外轮刃支撑滑进：获得一定的滑行速度后，保持背手滑行基本姿势，双踝对称外倒，双脚均以外轮刃支撑，利用惯性沿直线静蹲滑行，停止后再重新起速，按上述要求重复练习。这个动作主要是提高使用外轮刃支撑滑行的能力，培养练习者对外轮刃支撑滑行的肌肉感觉。

（2）外轮刃同蹬同收：获得一定滑行速度后，取滑行基本姿势，双踝对称外倒，均以外轮刃支撑。从双脚并拢状态开始，向两侧同时蹬开，并继续保持外轮刃支持滑行，当蹬开程度达到略宽于肩时，再将双脚同时收拢回来，此时仍要保持用外轮刃支撑。如此沿直线连续完成“同蹬同收”滑进动作。在完成动作过程中，身体重心不要有起伏，要保持重心位置适中。

（3）内轮刃同蹬与外轮刃同收滑进：在获得一定滑行速度的基础上，取双踝内倒用内轮刃支撑的惯性滑进姿势。然后双脚同时向两侧蹬开，当两脚略宽于肩时，双脚踝关节迅速对称外倒，转换为用外轮刃支撑，做向内回收动作直至双脚靠拢为止。连续完成此动作以提高运动员控制、使用不同轮刃支撑滑行的能力，并加强用外轮刃向内做收蹬动作的肌肉感觉。完成动作时保持沿直线滑进，身体重心不要起伏和横向移动。

（4）正轮刃支撑呈“一”字形滑进：获得一定速度后，取滑行基本姿势。两脚前后排列，均用正轮刃支撑呈“一”字形向前惯性滑进。滑进过程中，身体重心不要左右移动和单腿支撑，双轮一定要踩实不离地面，并保持沿直线向前滑进。待恢复到基本姿势后，两脚换位继续完成动作。

（5）外轮刃支撑呈“一”字形滑进：此动作是进一步提高运动员用外轮刃支撑滑进维持平衡的动作练习，其要领与上个动作相同，只是完成动作时自始至终保持用外轮刃支撑滑进。

（6）双脚变换轮刃支撑呈“一”字形滑进：获得一定速度后，做内轮刃同蹬与外轮刃同收的滑进动作，当双脚用外轮刃支撑内收到接近重心投影线时，两脚前后排列用外轮刃支撑呈“一”字形。此时，所做动作与外轮刃支撑呈“一”字形滑进动作相同。然后双踝内倒，继续做内轮刃同蹬与外轮刃同收的滑进动作，当双脚再次接近身体中心线时，要调换两脚的前后排位。在完成动作过程中，要稳定身体重心，掌握好变换轮刃支撑的时机，准确地进行双脚前后排列的换位。

需要指出的是：上述6个双蹬滑行基本功动作，都是双脚用全轮着地做对称性动作完成的。在练习中，一定要控制滑行基本姿势不改变，保持身体重心略偏后，不产生重心起伏和横向移动的现象。学员掌握了这套动作，就基本具备了学习双蹬技术的条件，可以进入第四步的教学。

4. 双蹬技术的诱导动作和完整动作

这是双蹬技术教学的核心部分，必须严格要求严格训练才能深刻感悟双蹬技术的实质。

（1）双蹬式移动重心：双蹬式移动重心动作是学习侧蹬腿和收蹬腿蹬动方式的

诱导动作，它与传统技术的差别在于，当侧蹬腿蹬地结束时，支撑腿即刻开始用外轮刃支撑向身体重心投影线方向收蹬，收蹬即将结束时侧蹬腿收向收蹬腿，形成收蹬腿在前侧蹬腿在后的“1”字形状态。这只是此动作的1/2复步，另一侧同样如此完成。在滑行过程中，双轮始终保持与地面接触，要严格区分侧蹬腿和收蹬腿，由侧蹬腿向收蹬腿移动时身体重心要彻底到位。两腿前后排列时，一定要准确地在每个复步中换位。

(2) 浮腿摆动动作：此动作是让学员学习双蹬技术中的收腿动作。动作要领：运动员获得一定速度后，保持基本姿势做惯性滑行，在双蹬式移动重心动作基础上，当侧蹬腿蹬地结束时，收蹬腿开始用外轮刃向内侧收蹬，此时侧蹬腿离开地面变为浮腿，并由小腿（脚）带动大腿向收蹬腿后方摆动。浮腿的摆动与收蹬腿蹬地的速率密切相关，二者几乎同步向相反方向运动。在另一侧同样如此完成。双蹬技术的浮腿摆动与传统技术差别比较大，浮腿可以摆动超过支撑腿（也就是收蹬腿），外观感觉像“剪子”一样。

(3) 浮腿（脚）着地动作：浮腿完成摆动动作后，从收蹬腿后面逐渐向前提拉，落点在身体重心投影线外侧，使轮子全部着地，身体重心立即跟上已经着地的浮腿。此时浮腿已经变成了收蹬腿，侧蹬腿也结束了侧蹬动作，开始做新一轮的收腿和蹬地动作。需要注意，传统技术的浮腿是不允许在重心投影线以外着地的；双蹬技术给收蹬腿创造了更大的蹬地空间，所以浮腿的着地点要适当外移，具体着地点离重心投影线的距离因人而异。但当浮腿落地后，重心一定要迅速跟上，并积极向外倒踝做收蹬动作，不然双蹬技术的收蹬特点将难以展现出来。浮腿摆动和浮腿着地动作须反复练习，连贯起来才能够很好地体会双蹬技术中浮腿的摆动动作。

(4) 双蹬的摆臂动作：双蹬技术的摆臂动作，需要在学员基本能够连贯地做出双蹬技术后再学习。双蹬技术的摆臂动作，是在收蹬腿着地开始收蹬动作和收蹬结束这两个位向点处有短暂的停顿，这样才能使摆臂和蹬地动作协调地配合。双摆臂的基本要求与传统技术相同。

(5) 双蹬完整技术：综合上述动作，将它们连贯起来滑行，要求每个技术环节紧密连接，动作准确到位，这就是双蹬技术的雏形。学习初期，动作节奏不宜太快，幅度也不要大，随着掌握动作熟练程度的提高，再逐渐加快节奏和加大步幅。练习时，按双蹬技术的要求进行。需要强调：第一，浮腿前摆完成下轮着地动作时，应适当地向侧跨出并用外轮刃着地，立即承担体重；第二，侧蹬结束后，支撑腿立即向身体重心投影线方向收蹬，浮腿（原侧蹬腿）同时积极做后引摆腿动作。最后，收蹬腿收蹬结束由外轮刃瞬间变内轮刃支撑向侧蹬动时，身体重心又移向另一侧。如果学员能将所学动作自如地连贯起来滑行，而且每个技术细节都能做得准确，就可以认为他已经掌握了双蹬技术的雏形。

任何技术都具有其独特的风格，因此，学习双蹬技术也要因人而异。只有根据自己的特点，才能练出适合自身的双蹬技术风格。

（三）双蹬技术教学的建议

第一，经常观看有关双蹬技术的影视（像）资料，观摩国内外轮滑赛事和优秀运动员的双蹬技术滑行，帮助提高对双蹬技术的认识；研究传统技术与双蹬技术的区别，明确双蹬技术的关键；认真操练基本功，打好基本功根底。按部就班地进行教学，使学员在苦练中形成自己的双蹬技术滑跑风格。

第二，选择直线距离较长的场地进行双蹬技术教学，让学员“骑”着场地上画出的标志线滑行，以便教练员对教学情况及时进行监控和指导。利用下坡路面、顺风向和自行车牵引进行训练，以便学员更快地提高。

第三，目前，已有许多国家的优秀速度轮滑运动员在 2.5 米 × 3.5 米的平面电动跑台上进行双蹬技术的滑跑训练，并取得了专项体能和技术的双丰收，值得业内人士借鉴。

三、速度轮滑短、中、长各项目的滑跑技术特点

速度轮滑运动员参赛项目的跨度是从公路 200 米个人计时赛到马拉松赛。各项目的距离、持续滑跑的时间和滑跑强度（速度）不同，对运动员体能的要求也不同，为创造优异运动成绩，运动员必须掌握滑跑不同项目的适用技术。各项目的适用技术除有基本技术的共性特点外，在滑跑姿势的蹲曲度、滑步频率、滑步长度和滑跑动作阶段的节奏等方面都有所不同，这些区别与各项目的最适宜的滑跑速度密切相关。

（一）公路 200 米与场地 300 米滑跑技术特点

优秀速度轮滑运动员都采用腿部蹲曲度很大的低姿势滑跑 300 米和 200 米，在自由滑进阶段或开始蹬地前，膝关节角几乎达到直角，这有利于加大蹬地动作的力度及幅度。为了在全程大部分距离上尽量增强蹬地动作以创造推进力的效果，运动员采用双摆臂动作滑跑全程（图 3–48）。在直道滑跑中，蹬地动作占滑步的 70% ~ 75%。身体总重心产生位移破坏动力平衡即开始蹬地动作，与此同时，加快浮腿的收摆腿动作，又由于单支撑蹬地腿的轮鞋指向向侧变化，会明显加大身体的倾斜度，这是积极缩短自由滑进阶段的技术技巧。自由滑进阶段占滑步的 30% ~ 25%，在极度倾斜状态中缩短自由滑进阶段，有利于减少降速和为提高滑跑频率创造有利条件。双摆臂动作能加快身体总重心的位移，并能增强蹬地动作的力度。优秀运动员的下轮着地动作是前踢小腿以后轮在另一轮偏前处触地或者在身体总重心投影线处触地，这对单腿支撑蹬地动作增加展膝关节所需要的时间是很关键的技术细节。优秀速度轮滑运动员在最高速度的滑跑中，0.42 ~ 0.55 秒可滑进 5.16 ~ 7.15 米。

图 3-48 在场地 300 米比赛中的直道滑行

短距离弯道滑跑的技术特点如下：

速度轮滑运动员为克服离心力而采取了向弯道内尽量倾斜的姿势，倾斜程度的大小与弯道半径成反比，与滑跑速度成正比。双腿交替连续向身体右侧完成蹬地动作，所产生的与离心力大小相等方向相反的向心力，使运动员沿着弯道滑跑。在极度倾斜的状态下，运动员会迅速开始强而有力的伸展腿部各关节的蹬地动作，一腿开始蹬地是另一腿蹬地的结束，两腿交替蹬地之间没有自由滑进阶段（图 3-49）。

图 3-49 在场地 300 米比赛中的弯道滑跑

右腿蹬地动作结束收回后做下轮着地动作时，越过左腿在左前方（超出半脚左右）着地，双腿呈交叉压步姿势。双摆臂动作与腿部的蹬地动作协调配合，像浮腿放松完成收摆腿动作一样，达到同时同步协调配合的程度，右臂摆动的动作要领与直道上的相同，但左臂的摆动应使上臂贴近身体，只做前臂的屈伸摆臂动作，并顺着上体的方向完成。

蹬地动作的持续时间和蹬地的距离与运动员的滑跑姿势密切相关（姿势低蹬地距离就长），与滑行的轮鞋指向也相关（偏右则短）。当轮鞋指向明显偏右时，运动员必须相应地加快滑跑频率才能扣紧弯道，不然就会被甩离弯道。

由于滑跑弯道没有自由滑进阶段和不需要做破坏动作平衡的倾倒使身体重心产生位移的动作，所以非常有利于运动员提高滑跑频率。

当前，世界优秀速度轮滑运动员滑跑 300 米和 200 米的临场技术水平很高，给人的观感是，像速度滑冰和短道速滑运动员滑短距离一样，在直道滑中几乎没有“双蹬”的成分，只是在运动器材和比赛服饰上有所不同而已。

（二）500 米与 1000 米滑跑技术特点

500 米和 1000 米计时赛是集体发出，其滑跑技术具有技、战术相结合的特点。首先，滑跑 500 米和 1000 时的滑跑频率稍低和滑步稍长些。虽然滑跑姿势与滑跑短距离相接近，滑跑频率相对偏高和采用单、双摆臂动作滑跑，但滑 500 米和 1000 米又带有滑长距离技术的影子。有别于短距离和长距离的突出特点是单摆臂滑跑技术。优秀选手在比赛中，一开始使用双摆臂技术，尔后根据赛程中的情况，灵活变换使用单、双摆臂技术。但是，在 500 米和 1000 米滑跑中，采用双摆臂技术与滑短距离相比较，动作频率较慢，紧张程度较弱，但冲滑特点明显。另外，摆臂动作的方向也略有调整，呈现出向前向后摆程度大的特点（图 3–50）。但是，为了提高滑跑频率，单、双摆臂动作应积极有力，而且应尽量向侧摆动，这有助于移动身体重心，使身体迅速破坏动力平衡状态，获得更适宜的蹬地角，最终达到提高滑跑频率的目的。优秀选手下轮着地动作大都是用外轮刃触地或直接用正轮刃触地，较普遍地采用“双蹬”技术。为了提高滑跑 500 米和 1000 米的运动成绩，采用传统技术的选手，必须缩短自由滑进阶段的持续时间和减少破坏动力平衡的时间。

图 3–50　在 500 米和 1000 米比赛中的直道滑跑

滑跑 500 米和 1000 米与滑跑 300 米和 200 米一样，决定滑跑速度的主要因素是蹬地动作的持续时间、滑步的长度和蹬地动作的力度，因此，滑跑速度快慢与每个动作阶段中的速度适宜与否密切相关。在 500 米和 1000 米滑跑中，自由滑进阶段的速度起着影响运动成绩的决定性作用。所以，在直道滑中应尽可能采用“双蹬”技术。

优秀选手在 500 米和 1000 米比赛中，滑弯道都采用近似短距离的低姿势，唯一不同的是，多数采用单摆臂滑跑（图 3–51）。双腿交替连续做蹬地的动作，与滑跑短距离没有实质性的区别。左腿蹬地结束，不要急于收腿，当右腿开始展髋发力时，再协调配合，这样有助于将身体重心控压在右腿上，进而利用体重完成蹬地动作。左浮腿的收腿动作，以左外轮刃触地做下轮着地动作为止。优秀选手都能做到在右腿完成蹬地动作时，左腿才以小腿向前内倾的深蹲姿势承接身体重心，尔后右腿开始微屈以摆动方式向左前方抛出，并越过左腿以内轮刃在左腿的左侧下轮着地，形成明显的交叉压步姿势。在这个收摆腿过程中，左腿持续做向右侧强而有力的蹬地动作。左腿充分伸展髋关节，使大腿位于右侧方，之后继续伸展膝、踝关节结束蹬地动作。优秀选手滑跑中距离弯道的频率为每分钟 100 ~ 140 次。

图 3–51　在 500 米和 1000 米比赛中的弯道滑跑

（三）长距离与马拉松滑跑技术特点

对于优秀运动员来说，长距离滑跑的技术与滑中距离的技术几乎没有什么实质性的区别。滑跑长距离项目时，运动员的滑跑姿势相对高些。如果采用传统技术，在自由滑阶段时，膝关节角度为 100° ~ 105°，髋关节为 55° ~ 56°，而踝关节为 75° ~ 85°。在滑跑中始终保持上体前倾呈猫背团身的流线型，上体纵轴与跑道两侧成平行关系。虽然抬头目视前方，但并不使上体附加紧张度。在起跑、超越、冲刺等段落上，采用双摆臂动作，其他段落大都采用背手或单摆臂技术。大部分优秀选手在弯道上单摆臂滑跑，其滑步长为 7 ~ 9 米。在长距离中的适宜滑步数据为：滑步时间(t) = 0.56 ~ 0.71 秒；滑步长度（S）= 6.8 ~ 8.10 米；滑跑频率为每分钟 80 ~ 106 次。当前，几乎所有优秀选手在长距离比赛中都采用“小双蹬”技术。

长距离弯道滑跑技术的特点是，随着运动技术水平的不断提高，优秀选手都采用加力滑的方式滑跑弯道。因此，其技术特点与中距离滑跑弯道的技术没有什么区别，只是滑跑姿势略偏高些，并更具放松的特点。每分钟滑跑频率为 100 次左右，滑步长为 6 ~ 9 米。没有自由滑进阶段，双腿交替连续完成蹬地动作。

长距离项目比赛的摆臂动作独具特色，越来越多的运动员采用了贴近上体两侧、以肩为轴、双臂弯曲的小幅度摆臂动作，可以说是“屈肘小双摆”。这种摆臂方式的出现，与“小双蹬”的出现原因相同，即由于长距离比赛日趋激烈，运动员在赛程中会非常频繁地变换身位。这种“屈肘小双摆”有利于运动员实施自我保护，在尾随滑中可以快速转换成双手前伸扶着前面运动员腰臀部的动作。此动作不仅可以为尾随运动员节省体力，并且可以防止他人插入自己前方的队列中。在需要加速时，“屈肘小双摆”也便于运动员迅速变成传统的双摆臂动作。另外，运动员在惯性滑进时，会暂停“屈肘小双摆”，做以双臂屈肘置于胸前呈团身放松姿势。比赛实例显示，“屈肘小双摆”具有非常高的实用性和灵活性。

马拉松赛是一个超长距离的轮滑项目，无论是耐力还是心理方面都对运动员提出了很高的要求。滑跑马拉松的相对强度不算大，但却要消耗相当大的能量。因此，为了滑出理想的成绩，运动员普遍采用相对高的滑跑姿势，并在方队鱼贯滑跑过程中，不时地采用双手扶膝助推蹬地的方式，以缓解腰部的疲劳，使整个赛程中的滑跑技术呈现出放松、协调和应变性很强的特点。

四、关于速度轮滑滑跑技术风格问题

（一）滑跑技术风格的内涵

在国内外速度轮滑比赛场上，经常看到有的国家队的队员和某些运动员在滑跑姿势和技术特征上有许多相似之处，但是仔细观察却发现，根本找不到两个在滑跑技术特点上是完全一样的运动员。

众所周知，当今国内外速度轮滑比赛情况表明，速度轮滑运动员的技术水平提高很快，进入争金夺银圈的运动员运动成绩非常接近，竞争非常激烈。身处信息时代的国内外界内人士，在掌握信息量不断增加的情况下，各国速度轮滑界所采用的训练方法和训练手段方面的差距越来越小，在训练负荷量和强度不能无限制增加和提高的前提下，要想取得优异运动成绩，除改善训练条件和提高教练员的执教水平外，结合运动员特点的技术创新显得十分重要。

速度轮滑基本技术和滑跑长、中、短项目的适用技术原理及技、战术要点，普遍适用于每个运动员，但运动员由于身体形态、肌肉力量、骨骼发育、呼吸功能、体能、心理素质、综合运动能力和动作习惯等诸多方面存在个体差异，因此，在滑跑技术动作上一定要禁忌强求同一模式。客观现实表明，即使是最佳运动员，也有滑跑技术上的不足或缺点。虽然他有不足或缺点，但他之所以能滑出很好的成绩，是因为他具备了下述两个因素之一：第一，他的才能、力量或训练水平远远超过了他的缺点及他的竞争者；第二，他的缺点很少，有缺点也不是在技术的主要细节上，对运动成绩的影响微乎其微。即使如此，像具备“第二”个因素这样情况的运动员也不值得刻意去模仿。在滑跑技术特点上要禁忌所谓的“冠军倾向”。相反，需要的理念是，在符合滑跑技术总体原则基础上，应结合运动员的实际条件，发现、挖掘运动员的潜在能力，发扬运动员在某些方向的优势，针对个体特点进行技术创新，最大限度地符合自身特点，形成适合自己的独特滑跑技术风格，并不断地完善它，直至结束运动寿命为止。速度轮滑直道“双蹬”技术的问世，后来被界内人士认同，现已成为时尚技术并引领技术变革的新潮流，就是一个很好的例证。

（二）滑跑技术风格的现状

在速度轮滑运动技术沿革过程中，在不同地域或国家内，逐步形成了自成体系的滑跑技术流派，其中主流群体的滑跑技术外貌或特点，可称为该地域或国家的滑跑技术风格。

现今，速度轮滑运动的滑跑技术风格已趋明朗化。以意大利、美国和哥比亚为代表的欧美速度轮滑技术风格，引领着速度轮滑运动技术发展的新潮流。但是，在2009年速度轮滑世界锦标赛上，以韩国、中国台湾省、中国为代表的亚洲风格与欧美风格形成争奇斗艳的新局面。

我国速度轮滑发展30多年历程中，初期阶段并未形成任何技术风格。后来，以业余速滑运动员为主体，逐步产生从事速度轮滑运动的专业队伍。随着国际交往的增多，我国现有的速度轮滑专业队，已逐渐显现出滑跑技术风格的雏形。由于各队情况不同，形成的技术风格也各有千秋。从总体看，我国优秀的速度轮滑运动员滑跑技术风格，应列入以韩国和中国台湾省为代表的亚洲技术风格范围之中。其典型特点是，滑跑姿势偏低，滑跑动作频率较快，滑跑技术动作带有明显的传统技术特征。滑跑技术风格的形成不仅与我国速度轮滑的总体实力相关，更与运动员在国际赛场上的奋力拼搏和出色表现相关。我国速度轮滑界还需急起直追，争取在不远的将来，也能拥有我国自己的滑跑技术风格，立于速度轮滑运动强国之林。

（三）滑跑技术风格的顶峰感悟（高峰体验）

速度轮滑运动员在探索和完善适合自身特点的技术风格过程中，经过刻苦磨炼，不断获得新的体验和加深对技术动作的认识，运动员凭借完成技术动作的肌肉感觉、时间感觉和空间感觉，不断提升滑跑技巧。当运动员在周期性循环中，能自如地将技术动作的准确性和全身动作协调配合的适时性调控到最佳程度，即合乎运动学和生物力学原理，又感到进入“自由王国”的程度，并能以此滑跑技术技巧在紧张激烈的比赛中创造前所未有的好成绩时，运动员在此时此刻的心情（心理活动）就是滑跑技术风格的顶峰感悟。这是苦尽甜来的美好感觉，这是一种“功夫不负有心人”和“功到自然成”的体验，它会激励运动员不断攀登速度轮滑滑跑技术新的高峰。

第四章　速度轮滑运动的科学训练

第一节　速度轮滑运动的特点与规律

研究速度轮滑运动的特点，揭示其规律，无疑会加深对这项运动的认识，并可使教学训练与参赛更符合这项运动的规律和要求。

一、速度轮滑、短道速滑、速度滑冰的相关与区别

速度轮滑、短道速滑、速度滑冰这三个运动项目均属于体能主导类或专项耐久力周期性运动项目。在滑跑基本技术方面基本相仿，但是在实用技术上有较为明显的区别，当运动技术水平达到个人独特风格的程度时，则更各具独特魅力（图 4–1，图 4–2）。速度滑冰运动是传统的基础项目，速度轮滑和短道速滑都是在速度滑冰基础上衍生出来的新兴运动项目，极具时尚特点。

速度轮滑　　短道速滑　　速度滑冰

图 4–1　速度轮滑、短道速滑和速度滑冰的直道滑跑

速度轮滑　　短道速滑　　速度滑冰

图 4–2　速度轮滑、短道速滑和速度滑冰的弯道滑跑

速度滑冰是运动员较量综合实力的竞速运动项目，优秀者能成为长短兼备型的全能选手。随着运动技术水平的不断提高和比赛客观条件等方面的改善，如今速度滑冰的比赛场景呈现出了“放大了的短道速滑特征”的发展趋势。

速度轮滑和短道速滑两者更近似，其技术，包括基本技术和实用技术，又可细化为起跑技术、直道滑跑技术、弯道滑跑技术、赶超技术、躲闪技术、反超越技术、尾随技术、接力技术和冲刺技术等。要求运动员必须全面掌握各种实用滑跑技术，首先必须按基本技术要领严格训练，打好技术基础，然后结合比赛的方式，进行从实战需要出发的技、战术训练，提高运动员滑跑技术精细化（准确性、熟练性、机动性、应变性、突发性和个体性）的程度。

速度轮滑对运动员身体机能和技能的要求带有全面综合性特点，在力量素质方面有绝对力量、相对力量、速度力量、力量耐久力和启动力等。在耐力方面，不同项目所需耐力性质有所不同。总的看有氧代谢耐力是基础，有氧与无氧混合耐力（非乳酸能耐力）是主流，乳酸无氧耐力是核心。在速度方面包括反应速度、动作速度和位移速度，反应速度对起跑、超越、躲闪的影响非常大；动作速度寓于某一技术动作之中，它是通过步幅（长）与步频表现出来的，是运动员起跑能力和在滑跑中实施超越能力的基础。对速度轮滑运动员来说，滑跑技术、战术和一切身体机能都是为获得位移速度服务的。此外，如柔韧、灵敏、协调等素质都是构成速度轮滑运动员竞技能力不可缺少的重要因素。可见，速度轮滑是一个需要强大综合体能的运动项目。

速度轮滑比赛场地比速度滑冰的场地小，但比短道速滑场地大。速度轮滑运动员在 200 米周长，直、弯道各为 50 米的椭圆形场地上竞赛，且比赛项目大多是集体滑跑。运动员在仅为 6 米宽的场地上滑跑，难度相当大。

速度轮滑比赛负荷量较大，竞争激烈，而且战术复杂。速度轮滑锦标赛一般赛程是 7 天，比赛分为场地赛和公路赛两部分，都是 5 个项目。运动员参赛项目从最短的公路 200 米个人计时赛到马拉松赛，距离的跨度是非常大的，比赛的激烈、战术的复杂程度是其他竞速运动项目难以比拟的。中短距离的比赛、公路 200 米和场地 300 米个人计时赛要经过预赛产生 12 名运动员，再由他们进行决赛；500 米和 1000 米计时赛也有预决赛（公路及场地赛均有 500 米和 1000 米的比赛）；长距离比赛方式，是所有报名参赛运动员编为一组，采用集团形式一枪发出，即比赛时运动员全部聚在一起，在场上自然形成了长龙形的场面。因此，在长距离比赛时出现拥挤、碰撞、尾随、超越、反超越等场面是很正常的现象。比赛过程中变化莫测，临场战术也变化多端，使比赛场面极具观赏性。在赛程中会出现各种各样的偶然机会，当某种偶然的机会出现在有利于某个运动员时，该运动员就获得了取胜的机会。但该运动员是否能抓住这个机会，是决定比赛胜负的关键。所以在训练中，提高运动员对机遇的认识与把控是很重要的。机会具有突发性、易逝性、不可重复性的特点，正所谓“机不可失，失不再来”。在训练中要提高运动员及时发现、捕获和利用机会的能力，要利用各种手段与方法进行实战演练，培养运动员的观察能力、判断能力、决策能力、应变能力和行动坚决的能力，使运动员成为强者。

除了以上诸多比赛特点和因素，速度轮滑运动员的运动成绩对比赛场地和轮滑器材也有一定的依赖性。

二、速度轮滑运动的能量训练与供能特点

（一）速度轮滑能量训练分类

自 20 世纪中期开始，科研工作者经过对众多优秀竞技选手的跟踪调查发现，他们的心脏容积指数和最大摄氧量等指标并无明显变化，但运动成绩仍在不断提高，这就表明骨骼肌代谢能力的提高，较心血管系统对高水平运动能力的提高更为重要。根据能量代谢理论，人体一切肌肉活动所需的能量都直接依赖体内的高能磷酸源、三磷酸腺苷及磷酸肌酸的分解。这种供能方式不消耗氧，也不产生乳酸，称为无氧非乳酸供能。由于体内高能磷酸原储备量仅能保证 10 秒左右的最大强度运动，持续的运动有赖于磷酸原的再合成。再合成磷酸原所需的能量在大强度工作供氧不足的条件下，由糖原的无氧酵解提供，而糖原的无氧酵解会产生大量的代谢产物——乳酸。这将抑制供能速度，迫使运动强度下降，因此大强度运动一般也只能持续 2 ~ 3 分钟。随着运动强度的下降，供氧充分，再合成磷酸原所需要的能量将主要由糖原的有氧氧化提供。这种方式称为有氧代谢，它不产生乳酸，可维持长达数小时的较低强度运动。按照能量供应系统理论，根据运动项目和比赛项目特点来安排训练负荷是近代科学训练中受到推崇的观点。这种观点表明：训练手段更加专项化和个体化，训练目的更加明确，而且训练目的在有氧训练和无氧训练的基础上划分得更加精细，生理学的研究已经能够确定不同项目距离和强度时肌肉活动能量供应的百分比，为训练的科学化提供了可靠的参考依据（表 4–1）。

表 4–1　速度轮滑各比赛项目的能量供应比例

比赛距离	大约时间（小时：分：秒）	无氧代谢（%）		有氧代谢（%）
		磷酸原系统	糖酵解系统	
200 米	0：17	78	20	2
300 米	0：25			
1000 米	1：25 ~ 1：30	10	65	25
10000 米	15：00	3	20	77
20000 米	29：00			
马拉松	1：05：00 ~ 1：20：00	2	15	83

从表 4–1 中不难看出：200 米、300 米以无氧代谢为主；1000 米以无氧代谢为主，有氧代谢为辅；10000 米、20000 米以有氧代谢为主，无氧代谢为辅；马拉松以有氧代谢为主。

比赛后测试乳酸值表明，糖酵解供能系统在不同项目的供能中都占有重要的位置，因为运动员在各种不同距离比赛后血乳酸水平都较高。统计表明，运动员赛后血乳酸值较高时，运动成绩也较好。然而，由于有氧能力的提高，血乳酸值在相同负荷情况下呈减少趋势，说明运动员的训练水平有新的提高（表 4–2、表 4–3）。

表 4–2　速度轮滑能量训练分类（1）

代谢系统	分类	心率次 / 分	乳酸毫摩尔 / 升	速度百分比	练习 / 休息比率
有氧	任意自由滑	120 以下	0 ~ 2	80%无氧阈速度	任意自由
	低强度有氧	120 ~ 150	1 ~ 3	90%无氧阈速度	10 ~ 30 秒间歇
	无氧阈	140 ~ 170	3 ~ 5		10 ~ 40 秒间歇
	最大摄氧量	160 ~ 180	4 ~ 8	104% ~ 107% 无氧阈速度	20 秒间歇至 1：1
无氧	耐乳酸	极限	6 ~ 12	极限	1：1 至 1：2
	乳酸峰值	极限	10 ~ 18	极限	1：2 至 1：8
非乳酸能	速度 / 爆发力		2 ~ 3	极限	1：2 至 1：6

表 4–3　速度轮滑能量训练分类（2）

分类	心率次 / 分	乳酸毫摩尔 / 升	速度百分比（比赛成绩）
低强度有氧	120 ~ 140	1 ~ 3	低 ~ 75%
中等强度有氧	160 ~ 170	1 ~ 3	75% ~ 85%
无氧阈	160 ~ 170	3 ~ 5	85% ~ 95%
最大摄氧量	180 ~ 190	5 ~ 10	95% ~ 105%
耐乳酸	190 ~ 200	8 ~ 12	90% ~ 100%
乳酸峰值	190 ~ 200	8 ~ 15	95% ~ 110%
非乳酸能	160 ~ 170	3 ~ 6	110% ~ 120%

各国的速度轮滑教练员都在寻找一种既能有效地提高运动成绩，又能避免训练过度的方法，这种探求正在促进着速度轮滑训练理论的发展。以意大利、美国、哥伦比亚、韩国和中国台湾省等为代表的技术水平和训练模式引领着世界速度轮滑运动的潮流，值得关注和研究。

（二）关于能量训练的特征及训练手段

1. 有氧训练

有氧训练包括任意自由滑、低强度有氧训练、无氧阈训练和最大摄氧量训练。

（1）任意自由滑

①特征：<80%无氧阈速度，心率 120 次 / 分或比最高速度低 80 次 / 分，血乳酸值 0 ~ 2 毫摩尔 / 升。

②运用：准备活动及放松滑。

（2）低强度有氧训练

①特征：<95%无氧阈速度，心率 120 ~ 150 次 / 分或比最高速度低 80 次 / 分，血乳酸值 1 ~ 3 毫摩尔 / 升，间歇时间 10 ~ 30 秒。

②运用：

A. 发展一般耐力，提高每搏输出量。通常 2 毫摩尔 / 升称为有氧阈，血乳酸在 2 ~ 3 毫摩尔 / 升时，由于强度较低，可持续工作较长时间，有利于发展耐力，对心血管系统也有良好的影响，有利于形成“运动心脏”。

B. 对肌肉代谢的影响不大，不能提高肌肉的适应能力。

C. 无论采用长距离或短距离的多次重复，都应保持一个练习组合的时间在 30 ~ 45 分钟。对儿童不宜采用超长距离的滑跑。

（3）无氧阈训练

①特征：训练有素或耐力型运动员的无氧阈心率指标比最高心率能低 30 ~ 70 次 / 分，间歇 10 ~ 40 秒、10 ~ 15 秒或 15 ~ 30 秒、30 ~ 40 秒，血乳酸值 3 ~ 5 毫摩

尔/升或4毫摩尔/升。

②运用：

A. 无氧阈强度是发展有氧耐力的最佳强度，因为无氧阈训练是工作肌在保持乳酸的产生和排除平衡的状态下工作，这种速度可以维持较长的时间，是发展耐力最有效的方法。

B. 在较低的乳酸水平上力求快速，这是发展耐力的重要原则。

C. 无氧阈速度训练可以改善骨骼肌的代谢，提高肌肉耐力，提高氧的利用率，提高在有氧条件下的工作能力。

D. 手段的特点是匀速长滑或短休息的间歇训练，各种距离均可，完成方式多样。

E. 测无氧阈的简易方法：全力滑30分钟，全程匀速滑，最后不要提速或冲刺。这种全力滑后的血乳酸值一般是在4毫摩尔/升左右，并且认为这种速度适用于有氧代谢训练。

F. 用血乳酸测定无氧阈有非常大的个体差异，因此对于无氧阈速度的确定并不是一劳永逸的，随着训练水平的提高要进行测试。在持续10周左右的训练过程中，一般需要测试两次。

（4）最大摄氧量训练

①特征：心率160～190次/分，比最高心率低40～10次/分，间歇20秒或运动间歇比为1∶1，血乳酸值4～8毫摩尔/升。

②运用：

A. 提高最大摄氧量及氧运输能力，改善乳酸的排除能力。

B. 有利于提高有氧耐力，是速度轮滑运动员专项能力的基础。

C. 手段的特点是强度要求比无氧阈速度快4%～7%，持续滑跑20～40分钟、30～50分钟。

D. 最大摄氧量训练是从有氧训练过渡到无氧训练的中间关键环节，必须在无氧阈训练基础上提高，而且必须长期地、有计划地、有目的地发展。

2. 无氧训练

无氧是指无氧糖酵解，无氧训练是运动员在无氧情况下进行持续运动训练，其中包括耐乳酸训练、乳酸峰值训练和磷酸原训练。

（1）耐乳酸训练

①特征：心率190～200次/分，或比最高心率低10次或极限心率，运动间歇比是1∶1或1∶2或1分钟的运动4～5分钟的间歇，血乳酸值为8～12毫摩尔/升。

②运用：

A. 可以有效地改善无氧的运输能力，提高工作肌缓冲和耐受乳酸的能力。

B. 除了发展速度耐力素质外，更重要的是通过这类训练适应比赛，挑战自我，建立参赛和取胜的信心。

C. 训练手段的特点是200～600米的距离或400～800米的距离，数量少、密度小，并用单、双摆臂的中、短距离滑跑技术完成训练内容。

D.在身体反应正常的情况下进行，不要在疲劳和肌肉僵硬时进行，练习前应充分做好准备活动，练习后要尽量放松滑。当运动员不能按要求完成训练时即停止。

（2）乳酸峰值训练

①特征：心率 190～200 次 / 分或最高心率，运动间歇比是 1：2～1：8，血乳酸 10～18 毫摩尔 / 升。

②运用：

A. 血乳酸大量产生，达到高值，可增强耐受乳酸能力，是培养比赛能力及提高比赛技术和专项能力的有效训练。

B. 训练手段要求持续 1 分钟左右的极量训练，即 200～400 米的距离，重复 2～4 次，每次要达到极限负荷；1000～2000 米，95%～99%最大用力滑跑，血乳酸可达 15～20 毫摩尔 / 升或进行全程（比赛）训练时某部分的滑行强度高于比赛强度。

C. 练习前的准备活动与比赛前的准备活动相似，以培养运动员的适应能力。

D. 疲劳时要维持滑跑低姿势的流线型和尽量保持滑跑技术的准确性，避免多余动作。

（3）磷酸原训练，即速度 / 爆发力训练

①特征：心率 160 次 / 分，运动间歇比是 1：2，血乳酸值 2～3 毫摩尔 / 升。

②运用：

A. 改善肌肉利用和贮存能量的能力，提高磷酸肌酸的再合成能力。

B. 提高绝对速度和比赛技术。

C. 手段的设计要求是在直道或弯道上进行 50 米左右的全力短冲练习，最长滑跑时间为 10 秒左右，休息 20～30 秒，消耗的三磷酸腺苷可达 90%以上。

优秀的速度轮滑运动员大都是长短兼备型选手，他们对低强度有氧训练是比较重视的，大致占训练总量的 40%～45%。个别优秀的世界顶级选手在能量训练中的无氧阈训练比率高达 45%～65%，最大摄氧量训练也相应地达到 9%～24%，两者共占训练总量的 70%～75%。这是很值得我们认真思考的数据。

第二节　速度轮滑运动的训练方法

速度轮滑运动员训练水平的提高、各阶段训练任务的完成和优异运动成绩的创造，无不依赖于训练方法的正确运用。采用合理的训练方法可以取得事半功倍的效果。而判断训练方法优劣的标准，是考察它能否在系统重复的体能训练和专项训练中，不断提高运动员身体机能发展水平。

速度轮滑训练方法，以训练手段的组合形式划分，可分为持续训练法、间歇训练法、重复训练法、循环训练法、短冲训练法、变速训练法、法特莱克训练法、项目体力定型训练法、变换训练法和测验、比赛法等。从目前发展趋势来看，训练的目的性越强越需要我们对训练方法进行更加准确的分类和运用。

一、持续训练法

持续训练法是指不间断地连续进行超过比赛距离（长距离或超长距离），低于比赛速度，用匀速或变速来完成练习的方法。这种方法主要是用来提高心肺功能和发展有氧耐力。持续练习的时间较长（2~4 小时），也就是一次连续练习的量比较大（轮滑越野 50~100 公里）。由于强度不大，对机体刺激所产生的影响比较缓和，所以这种方法的训练效果出现得比较慢，但是比较稳定，且不易消退。实践证明，持续训练法对提高速度轮滑运动员最大摄氧量和无氧阈水平具有重要的意义，因此很多优秀速度轮滑运动员经常采用它进行超长距离训练（如集体滑）。

（一）持续训练法的构成因素

1. 频率：为提高有氧耐力，在一周内至少需要进行 2~3 次持续训练。持续时间不应少于 30~40 分钟，每周应有一次超长距离的持续训练。

2. 距离：10000~20000 米，甚至更长的距离。

3. 强度：中低强度，血乳酸 2~4 毫摩尔 / 升之间，心率 130~150 次 / 分，优秀选手可达到 160~170 次 / 分。

4. 方式：可采用匀速或变速的方式完成。可选用轮滑越野、自行车（滑冰）、越野跑（滑雪）、游泳、划船等手段。

（二）持续训练法的运用

1. 持续训练法在全年各训练周期中都可以运用，只是所占比例不同，一般在年度训练的初期占的比例较大。青少年运动员经常用此法打耐力基础，具体距离和强度要根据运动员的训练水平逐步增加。

2. 采用无氧阈强度来完成持续训练可有效地发展有氧耐力，如果强度过低，则事倍功半。

3. 由于采用的距离较长，动作频率较慢，为了消除中枢神经系统长时间接受单一刺激的不良影响，可在持续训练结束后安排适当的球类活动或短冲练习。

4. 在长滑（骑车、长跑、游泳、划船）中，要注意按正确的动作要领完成练习，当技术动作变形时，应及时调整练习的持续时间及强度，避免破坏正确的技术定型。

二、间歇训练法

间歇训练法是指在某一组某一距离的反复训练时，两次练习之间有一个特定时间的间歇阶段，间歇时间要保证控制在运动员的心率部分地不是完全地恢复到正常状态。

在间歇训练中，运动员往往带着因训练而引起的、未完全消除的疲劳和氧债坚持练习，因而能有效地提高心脏机能和组织的氧利用率。所以说，这种训练法不仅是提高速度耐力和一般耐力的较好手段，而且对无氧能力的提高也有良好的影响。

（一）间歇训练法的构成因素

1. 距离：主项距离或短于主项距离。

2. 重复次数和组数：较多，也可把较多的次数平均分为若干组。

3. 强度：比赛成绩的 70% ~ 90%，血乳酸值为 3 ~ 12 毫摩尔 / 升，心率 130 ~ 180 次 / 分。

4. 间歇时间：10 ~ 45 秒，练习休息比 1 : 1 ~ 1 : 2。

5. 间歇时间的休息方式：组内静休，组之间做放松滑积极性休息。

6. 完成方式：任何方式。

（二）间歇训练法的运用

1. 慢速间歇：中等强度滑跑，间歇时间 10 ~ 20 秒，主要是用于发展一般耐力。

2. 快速间歇：主要用于发展有氧与无氧混合机能的训练。间歇时间为 20 ~ 45 秒，或练习休息比 1 : 1。

3. 改变间歇时间：距离不变，保持训练强度，逐渐缩短间歇时间，或提高强度，延长间歇时间。

4. 变换距离：间歇训练的距离不固定，可以由短到长或由长到短进行组合，可以分为以下三种：

（1）上梯形，距离由短到长递次增加。

（2）下梯形，距离由长到短递次减少。

（3）双梯形，距离由短到长，又由长到短。

5. 变换距离和间歇：距离不固定，间歇时间也不固定，随着距离的变化，间歇时间也相应变化，完成强度也随之变化。

6. 快慢交替滑跑：距离固定，间歇时间固定，完成强度快慢交替。强度低时，也可不计时滑跑，其主要目的是恢复。

7. 包干滑跑：在规定的时间内完成一定的距离和间歇，间歇时间随完成成绩而变化。完成强度高可以多休息，完成强度低则少休息。这种方法便于集体训练中运动员水平不均时使用，它便于发挥运动员的潜力，如果训练场上有大的计时表，运动员也可以自己看表完成练习。

8. 负重分段滑跑：距离固定，间歇时间固定，逐步提高完成练习的强度。采用此法滑跑必须有良好的耐力基础，它既能训练运动员的有氧代谢能力，又对无氧代谢有非常好的影响，尤其能使运动员的时间感、速度感和顽强的意志品质得到锻炼，因此在训练中运用得十分广泛。

（三）间歇训练法的注意事项

1. 变换间歇训练法中的任一因素都会使训练手段的性质发生变化。

2. 400 ~ 1000 米是最好的间歇训练距离，如果发展耐力，则以 2000 ~ 4000 米为好。

3. 间歇训练的重复次数最好不超过 25 ~ 30 次，如果再多，间歇时的摄氧量和每搏摄氧量会下降。

4. 逐渐延长或缩短间歇时间，但以心率恢复不低于 130 次 / 分为宜。由于严格控制间歇时间，运动员在体力和呼吸尚未恢复的情况下继续训练，所以身体反应较大，但运动员也比较容易适应。

5. 间歇训练对提高心脏功能具有见效快的特点，但它的提高是不稳定的，与持续训练法相比，减量一周以后，采用持续训练法的训练水平仍能保持，而间歇训练则不能，故有“来得快，去得也快”之说。

6. 间歇训练后糖原耗尽的程度比持续训练大，大负荷后 48 小时才能恢复（持续训练法 24 小时即可恢复正常），但是不会造成肌糖原不足。因此，发展有氧耐力必须把间歇训练法和持续训练法结合起来使用，这样会取得更好的训练效果。

7. 使用间歇训练法和进行大负荷训练时，数量由少到多，密度应由小到大，速度由慢到快；应先增加数量，再加大密度，然后再提高强度，循序渐进地进行。

三、重复训练法

重复训练法是指按规定的时间，多次重复某一滑跑距离或运动技术动作的方法，间歇时间的控制应满足呼吸和心率基本恢复。它的目的是发展速度、速度耐力、肌肉力量，还可以培养比赛速度，学习分配体力，感受比赛技术和增加经验。

重复训练是以强度为中心的训练方法，对中枢神经系统的兴奋与抑制的转换、大脑皮质与肌肉的协调能力要求较高。运用重复训练法可以提高无氧酵解的供能能力、对乳酸的缓冲能力和耐受乳酸的能力，使无氧能力得到提高。

（一）重复训练法的构成因素

1. 距离：全程（主项距离）或短于全程距离。短距离选手可进行 100 米、200 米、300 米、400 米的训练，中长距离选手可进行 400 米、500 米、600 米、800 米、1000 米、2000 米、4000 米、6000 米、8000 米的训练。

2. 强度：血乳酸 10 ~ 12 毫摩尔 / 升以上，心率 190 ~ 200 次 / 分或比最高心率低 10 次 / 分。

3. 间歇时间：充分恢复，练习间歇比 1∶2 ~ 1∶8，心率恢复到 110 ~ 100 次 / 分就要开始重复。

4. 重复次数：较少，当不能按指定强度完成训练时，立即停止。

5. 间歇方式：静止休息或放松。

6. 完成方式：以运动员选定的主项为主。

（二）重复训练法的运用

1. 重复训练是提高训练强度的主要方法，主要用于基本训练期的后期和赛前减量期。重复训练安排要分散些，不能过于集中，要根据运动员的训练水平及年龄来安排每周练习的次数，一般每周安排 1 ~ 2 次为宜。

2. 从手段的组织形式上看，重复训练应该属于间歇训练范筹，但不同的是重复训练的间歇时间较长，要达到基本恢复时才开始下次练习，由于强度高，也只能练习很少的组（次）数。

3. 根据训练目的选择距离。发展速度应选择 200 米以下距离，并要提高每滑一次的速度；发展速度耐力，要加长滑的距离；如同时发展速度和速度耐力，则应采用逐渐缩短距离增加强度的办法。

4. 重复训练前应有充分的准备活动与充分的休息，可安排得与比赛时相似。重复练习时，教练员对强度要有明确的要求。为了完成强度要求，可视疲劳程度延长间歇时间，当不可能完成强度要求时可减少次数。

5. 进行重复训练时应保持正确技术，尤其是在疲劳时保持正确技术对提高冲刺能力极为重要。

四、循环训练法

循环训练法是指按照一定的程序将不同的单个练习串联起来，让运动员依次进行循环练习的方法。循环训练法有利于提高运动员心血管系统和呼吸系统的功能水平，提高肌肉耐力和各肌群协调做功的能力。同时还能激发运动员的训练情绪，调动运动员参加训练的积极性。在速度轮滑全年训练中，此训练法多用于全面性体能训练和力量训练。

（一）循环训练法的构成因素

1. 练习动作的数量：5 ~ 10 个或 10 ~ 15 个动作。

2. 强度：心率 160 ~ 180 次 / 分。

3. 间歇时间：两个练习之间以积极休息过渡，持续循环。

4. 循环次数：根据训练任务、目的来确定循环次数，不得少于 3 次，不宜多于 5 次。

（二）循环训练法的运用

1. 循环训练法是通过串联练习的动作，达到提高耐力的同时，获得全面性体能训练的效果，并激发运动员的积极性。

2. 利用循环训练法进行力量训练时，应充分做好准备活动，选择的练习要在全面的基础上突出重点，并要强调以正确姿势与动作要领完成练习。

3. 利用循环训练法进行专门性体能训练时，专门性动作（基本功）的选择，要注意直、弯道练习的搭配比例各为 50%或适当增加弯道练习的比重。练习之间以慢跑衔接为宜。

4. 受天气影响不能进行轮滑训练时，循环训练是理想的选择。

五、短冲训练法

短冲训练法是指运动员尽全力用最高速度进行练习的方法。短冲训练可以有效地提高运动员肌肉中高磷化合物的储备（ATP–CP）和无氧代谢酶的活性，使糖酵解速度加快，从而提高无氧代谢的能力。如果进行大量的短冲训练，则可以引起骨骼肌有氧代谢中某些酶的活性增加，同时增加最大摄氧量。

短冲训练能够有效地发展速度和增强肌肉力量，改善肌肉利用贮存能量的能力，也是一种提高神经系统的灵活性和改进快速滑跑技术非常好的方法。

（一）短冲训练法的构成因素

1. 距离：20 ~ 50 米。

2. 强度：100% ~ 110%，为最高滑速，乳酸值 2 ~ 3 毫摩尔 / 升，心率 120 次 / 分。

3. 间歇时间：练习间歇比 1 : 2。

4. 重复次数：较少，如果多次重复，则必须分组进行（组间安排充分休息或放松滑）。

5. 完成方式：以双摆臂低姿势滑跑为主。

（二）短冲训练法的运用

1. 由于短冲训练法能够提高运动员的兴奋性和能力，所以各种年龄的运动员都可以使用，在全年各阶段中都可以安排。在距离比赛时间较远的训练阶段，主要用于发展速度能力；临近比赛时，培养滑跑动作频率意识，提高实用技术和找到比赛实用速度的感觉。

2. 发展速度的短冲训练法多安排在准备活动后，每次课的前半部；而在发展冲刺能力时，则应在课的后半部进行。

3. 采用短冲训练法时必须使用熟练的双摆臂低姿势滑跑，将注意力集中在提高滑跑蹬地动作的强度上。

4. 进行提高绝对速度的短冲练习时，最好在组的间歇时间进行放松滑以维持血流的顺畅，尽快消除组织中的代谢产物，并使中枢神经系统的兴奋性维持在适宜的水平上。

5. 要根据运动员的技术水平和训练水平来选择重复次数。

6. 在直道上进行短冲训练，可获得更好的训练效果。

7. 应重视在直道上起速和进入弯道开始加力加频率的短冲滑。

六、变速训练法

变速训练法是指运动员在不间断滑跑的情况下，有规律或有节奏地交替变换滑跑速度的训练方法。变速训练法可用于改进滑跑技术，发展力量、速度和耐久力，能更为灵活地训练运动员变换速度滑跑的能力。变速滑能力是速度轮滑运动员在实战中至关重要的竞争能力，尤其是在弯道滑跑中的加力加频率提速的能力。

（一）变速训练法的构成因素

1. 距离：4000 米、8000 米、10000 米、20000 米。

2. 强度：快圈为比赛速度的 100% ~ 110%，慢圈为比赛速度的 60% ~ 80%。血乳酸 3 ~ 4 毫摩尔 / 升，心率为 150 ~ 180 次 / 分。

3. 选用手段：轮滑（长距离滑跑）、滑冰、场地跑、自行车、游泳等手段。

4. 方式：以快慢圈有规律地变换为主，如 1 快 1 慢、2 快 2 慢、3 快 2 慢等等。

（二）变速训练法的运用

1. 变速训练法在全年各训练周期中都可以使用，只是要注意掌握训练的强度应由低到高。在赛前备战积分淘汰赛和淘汰赛的训练中，要从实战出发采用变速训练法。

2. 快慢圈的速度差控制在 2 ~ 3 秒之间，可有效地提高有氧耐力，如果差数太大，则训练效果不佳。

3. 由于滑跑距离较长，变速滑结束后可适当安排短冲练习或游戏活动。

4. 在变速长滑中，要注意按正确的动作要领完成滑跑，精练领先滑、尾随滑和冲刺的技术。

七、法特莱克训练法

法特莱克训练法又称为速度游戏训练法，是指在相当长的时间内，运动员随意变换练习速度、内容和环境的训练方法。

采用法特莱克训练法训练时，最好在野外（山地、树林），利用不同地形进行不同内容交替连接的长时间练习。法特莱克训练法主要是发展耐力，对心肺功能的提高作用显著，特别是对神经系统能起到良好的调节作用。这种训练法的随意性很大，因此要对运动员提出具体的要求和严格规定完成练习的具体任务。

（一）法特莱克训练法的构成因素

1. 距离：加速跑 50 米、100 米、200 米。

2. 强度：最高速度的 80% ~ 90%，心率 150 ~ 170 次 / 分，血乳酸 2 ~ 3 毫摩尔 / 升。

3. 方式：可选不同地形做些提高强度的练习，如各种跳跃动作、基本功动作和分解动作等。

（二）法特莱克训练法的运用

1. 法特莱克训练法多在野外风景优美、空气新鲜的环境中进行，在持续练习中，在全年任何周期都可以使用。

2. 进行练习前，一定要预先了解完成路线的情况和做好准备活动，并要避免采用不熟悉的动作练习，以确保安全。

3. 结伴或集体形式进行练习效果会更理想。在练习过程中，要充分动脑选择加速和提高强度的内容。

4. 法特莱克训练法是调节训练紧张度的良好方法。

八、项目体力定型训练法

项目体力定型训练法是美国著名速度滑冰运动员埃里克·海登采用的独特训练方法，是用场地的方式，全力以赴模拟比赛全程的训练方法（在半径为 5 ~ 10 米、直道为 20 ~ 40 米的椭圆形场地上，采用低姿势直道快速跪推屈腿走和向左倾斜略带交叉步形的弯道跪推屈腿走完成练习）。

（一）项目体力定型训练法的构成因素

1. 距离：200 米、300 米、500 米、1000 米、10000 米。在半径为 5 ~ 10 米，直道为 20 ~ 40 米的椭圆形场地上进行训练。短距离需使用小场地，长距离则使用大场地。

2. 强度：比赛强度的 80% ~ 100%，心率 180 次 / 分，血乳酸为 4 ~ 8 毫摩尔 /升。优秀运动员甚至可以达到心率 200 次 / 分，血乳酸为 10 毫摩尔 / 升左右。

3. 方式：从起跑模仿动作开始，按比赛强度要求，采用低姿势快速跪推屈腿走进行全程练习，直至冲刺到终点，全程计时完成。

4. 间歇时间：每完成一项后充分休息。

（二）项目体力定型训练法的运用

1. 在全年各周期均可使用，在赛前量强并举阶段采用对提高有氧与无氧混合机能的效果显著，是一种强度很高的专项体能训练法。

2. 采用项目体力定型训练时，要充分地做好思想动员，并认真做好如同参赛一样的准备活动。

3. 在训练中，要发扬顽强拼搏的精神，克服“极点”，提高耐受乳酸的能力。

4. 在一次课的训练中，原则上进行一短一长两项全程练习，认真计时，提高运动员的实战能力。

5. 按轮滑场地的起终点，进行不同项目的模拟训练。

九、变换训练法

变换训练法是指在有目的地改变训练环境、条件、内容、方法、手段及其相互组合的情况下进行训练的方法。采用变换训练法时，由于训练环境等条件的变化，刺激了运动员机体对各种环境及条件的应变能力，有助于提高运动员应对不同比赛条件的适应能力。在运用变换训练法的过程中，速度、时间、距离、负重量、技术和动作组合等都是可变换的因素，由此可增强运动员的空间感、速度感和节奏感，从而提高其技术水平和应变能力。变换训练法具有训练条件多变的特点，十分便于控制和调节训练负荷。因为这种训练法具有多变性，所以还能提高运动员训练的兴趣，有助于消除运动员由于长时间在固定环境和条件下训练而产生的枯燥感、单调及厌烦等情绪，提高训练质量。同时，还可以提高中枢神经系统的调节能力，消除训练所造成的疲劳积累。

（一）变换训练法的构成因素

1. 距离：可随意选择（根据训练环境条件选定）。
2. 强度：根据训练目的选定，以灵活多变为宜。
3. 方式：变换训练环境、条件等一定要与训练目的相结合，不可盲目进行。

（二）变换训练法的运用

1. 运用变换训练法要明确训练的目的性，如变换环境、内容、方法及手段的目的是为了消除疲劳的积累，还是为了改进和巩固技术。明确训练的目的性，才能发挥变换训练法的作用。

2. 变换训练法多用于调整训练周期和大运动量训练阶段。

3. 采用变换训练法时，由于训练环境和条件的变化，会激发运动员的训练热情，提高训练的积极性（兴趣），教练员应利用这一有利因素提高训练质量。

4. 变换训练环境和地点，要事先做好准备工作，有计划地实施。如进行转地训练，则需派相关人员提前准备妥当，不宜让运动员在非常疲劳的状态中度过旅途生活等。

十、测验、比赛法

测验、比赛法就是按竞赛规则要求，在教学训练过程中，组织教学测验、比赛或参加正式比赛，以达到大强度训练和检查训练效果及适应比赛的目的，提高运动员的参赛竞争实力。

测验、比赛法需在摸拟比赛的条件下进行，它是提高运动员积极性和主动性的有力手段，也是发展专项素质、巩固技术、培养战术意识和顽强意志品质的特殊方法。

参加正式比赛对运动员是一次综合考验，是任何其他训练法无法比拟的。

（一）测验、比赛法的构成因素

1. 距离：短于比赛距离的组合或全程。

2. 强度：各段落成绩相加等于或高于最好成绩。血乳酸与心率指标与比赛该项目的指标相同或近似。

3. 间歇时间：间歇时间很短，在 5 ~ 15 秒之间，距离较长时间歇也可稍长，最好保持在 5 ~ 15 秒之间。

4. 完成方式：主项或比赛项目。

（二）测验、比赛法的运用

1. 选用测验、比赛法时，必须做好准备工作，创造一定的气氛才能收到预想的最佳效果。其中最主要的一点，是锻炼运动员参赛的心理素质。

2. 在赛前减量期中使用。

3. 在平时训练过程中，定期组织教学测验也是很必要的。尤其是在青少年运动员的训练中，经常组织安排教学测验，可明显地提高学员的参赛能力。

4. 参加正式比赛的次数和参赛目标的确定，要根据运动员的具体情况。比赛有主有次，参赛目标一定要灵活，但不能忽略重大比赛才是参赛的最终目标。

5. 参赛经验的积累是运动员成长过程中的精华，必须养成认真分析总结每次测验、比赛的经验和教训。

第三节　速度轮滑运动员的体能训练

在当代竞技体育领域中，体能训练越来越受到重视，并逐渐显示出重要的作用和意义。它不仅是完成高质量技术动作和提升运动竞技能力的必要条件和基础，而且是运动员承受大负荷训练和高强度比赛，以及防伤防病最有效的方法与路径。因此，无论是追求强身健体的轮滑爱好者，还是立志为国争光的速度轮滑运动员，都应把体能训练作为训练活动的核心内容之一。

体能训练分为一般体能训练和专项体能训练，一般体能训练是专项体能训练的基础。二者都必须与技术训练、战术训练、心理训练和智能训练直接或间接地联系，否则所获得的已提高的体能训练水平就无法顺利地向专项训练过渡与转换，也很难体现在比赛成绩上。

实践表明，当体能训练、项目特征和个体特点结合得不够紧密，训练方法、手段的筛选和负荷结构的设计与实际需求相互脱离时，训练就达不到预期的效果。反言之，不但专项训练手段要从专项出发，一般体能训练手段也是从专项出发进行选择时，体能训练的实际效果才会非常理想。因此，体能训练的针对性、高效性、可持续发展性显得极为重要。在进行速度轮滑运动的体能训练时，正确地确立训练目标非常重要，训练目标要具有可达性、现实性、专门性和挑战性。

速度轮滑运动涉及人体的力量、速度、耐力、灵敏、协调和柔韧等多种基础性运动素质，而滑跑不同项目(长、中、短)又有不同的特殊要求，因此速度轮滑运动员的体能训练必须体现出综合性和专门性的和谐统一。青少年轮滑爱好者要想成为佼佼者，必须进行科学而全面的体能训练才有希望攀登高峰，高水平运动员的再提高也必须提高体能训练的针对性，即结合项目特征与个性特点，来选择正确的训练方法和安排合理的负荷结构。

一、速度轮滑运动员的一般体能训练

体能训练是发展各种身体素质的训练过程，根据速度轮滑运动的项目特点和运动员体能的要求进行体能训练才能取得预期的效果。

(一) 力量训练

力量素质是人体的肌肉系统做功时克服或对抗阻力的能力，肌肉力量是人们完成各种动作的动力源泉。速度轮滑运动员力量素质水平的高低，对其速度、耐力等素质水平有着重要的影响，也是掌握和发挥轮滑滑跑技术的重要基础。力量素质主要包括最大力量、快速力量和力量耐力等。决定人体力量素质水平的因素很多，包括身体形态和遗传因素、神经生理学因素、动作技能因素，以及心理学因素。速度轮滑运动员的力量训练，是挖掘人体多方面的综合潜力，并使上述诸多因素达到最佳整体效益的实践过程。重视力量训练是现代速度轮滑训练的显著特点（表 4–4）。

表 4–4　力量训练分类

<table>
<tr><td>专项关系</td><td colspan="7">一般力量训练</td><td colspan="8">专项力量训练</td></tr>
<tr><td>训练名称</td><td colspan="3">负重练习法</td><td colspan="2">实心球瑞士球</td><td colspan="2">联合力量训练器</td><td colspan="4">陆地专项基本功</td><td colspan="4">轮滑专项</td></tr>
<tr><td>训练手段</td><td>杠铃、杠铃片</td><td>哑铃、壶铃</td><td>徒手力量</td><td>基本练习</td><td>结合专项设计的专项动作</td><td>单一动作</td><td>成套动作</td><td>各种卧蹬、抗阻蹬板</td><td>橡皮筋牵拉动作</td><td>拖轮胎或重物</td><td>等蹬动练习器</td><td>最大用力蹬地滑跑</td><td>克服人为加阻滑跑(增大阻力、推进力)</td><td>负重滑跑</td><td>结合技术各环节的力量特点滑跑</td></tr>
<tr><td>备注</td><td colspan="3"></td><td colspan="2"></td><td colspan="2"></td><td colspan="4">发展动力性与静力性相结合的专项最大力量、快速力量和力量耐力非常重要。详见各种基本功动作</td><td colspan="4"></td></tr>
</table>

速度轮滑属周期性运动项目。在最短距离的场地300米个人计时赛中，运动员在全程中完成的蹬地动作次数男女分别达到34～35复步和35～36复步(其中弯道滑的蹬地次数占总次数的65%)；而马拉松滑跑则需蹬地动作为6500～6700次。滑跑速度完全依靠参与完成蹬地动作的肌群所产生的推进力。因此，肌肉力量成为制约滑跑速度的重要因素之一。速度轮滑运动员的蹬地动作属于以远端支撑为主的线运动（边滑进边蹬地），肌肉工作的性质属于克制性的动力做功，又是“线蹬地”持续性静力做功性质，呈动静结合的典型特征。运动员滑跑不同的项目距离需要不同性质的力量，短距离需要快速力量和爆发力，而长距离项目则主要是需要力量耐力。另外，在特定的滑跑姿势下，髋、膝关节伸肌中必须具有慢肌纤维，用以保持稳定的滑跑姿势，同时也要有快肌纤维以完成蹬地动作。由此可见，速度轮滑运动确实是“全能”运动项目。换言之，速度轮滑运动员无须过早地选择和确定自己的主攻项目，应有效地利用时间、物质等因素，主攻全能，这样才会得到更多的回报，成为长短兼备全面发展型的选手，成为速度轮滑运动的强者。

在进行力量训练时，重点应放在发展原动肌的力量和力量耐力方面。近几年的科研结果指出，速度轮滑运动员为了滑得更快，须具备高水平的力量素质，特别是专门性的局部肌肉耐力。

在滑跑过程中，参与完成运动动作的主要肌肉群，是上体的腰肌（静力性做功）、大腿的前部肌群（动静结合做功）、臀部肌群（静力为主做功）和小腿的后部肌群(动静结合做功)。

1. 几种练习方法在速度轮滑力量训练中的运用

(1) 等动练习需在特制的等动练习器上进行训练，完成动作的速度相对稳定，动作各阶段的阻力相等，肌肉在做动作的全过程中都能产生最大的力量。等动练习能体现速度轮滑“线蹬地”的专项用力特点，训练效果突出，等动训练法在国内外已广泛采用。

(2) 动力性练习，发展全身及局部肌肉的力量和力量耐力效果明显。动力性练习器材多种多样，练习中采用轻或中等负荷、多次数及循环练习法，能有效地发展速度轮滑运动员所需要的速度－力量素质、专门性的局部肌肉耐力，也能改善呼吸系统及心血管系统的机能状况和提高神经过程的功能。实践证明，青少年运动员进行基础训练和专项力量训练时，应主要采用动力性练习法。

(3) 静力练习和慢速练习对发展力量素质也有较好的训练效果（图4–3—图4–5）。其特点是所需时间短，见效快。

正面	 1	 2	 3

图 4–3　双腿并拢静力性颠踏地

图 4–4　双腿交替静力性颠踏地

图 4–5　靠物静力蹲（也可以双人背靠背完成练习）

（4）负重练习（在肩、腰或腿上负沙袋，如图 4–6）、超等长练习（跳深，如图 4–7、多级蛙跳、负重蹲跳等）、退让练习和电刺激等方法可以发展肌肉力量。

图 4-6　沙袋及负重弓步练习（可做向前、向后、向侧弓步）

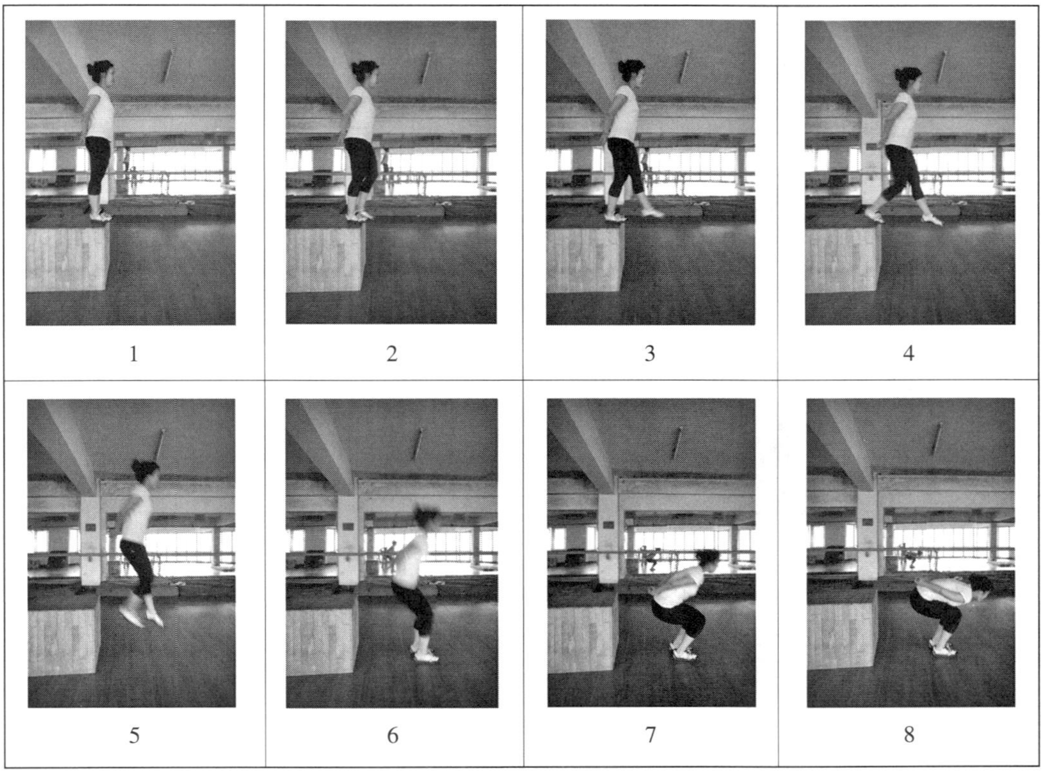

图 4-7　跳深

2. 速度轮滑运动员力量训练的最新方法

速度轮滑运动员提高速度 - 力量素质水平，需要进行协调的训练，首先要加强局部肌肉耐力的训练（大腿伸肌）。为此，推荐采用三组专门性训练手段。

（1）第一组：肩负杠铃，可结扎力量训练腰带（宽皮腰带），做各种站立蹲起，或者利用力量联合器、台阶卧蹬架等做卧蹬、坐蹬和有一定角度的蹲起。这组练习主要是为了发展局部肌肉耐力的力量组成成分（图 4–8—图 4–17）。

图 4–8　台阶负重提踵

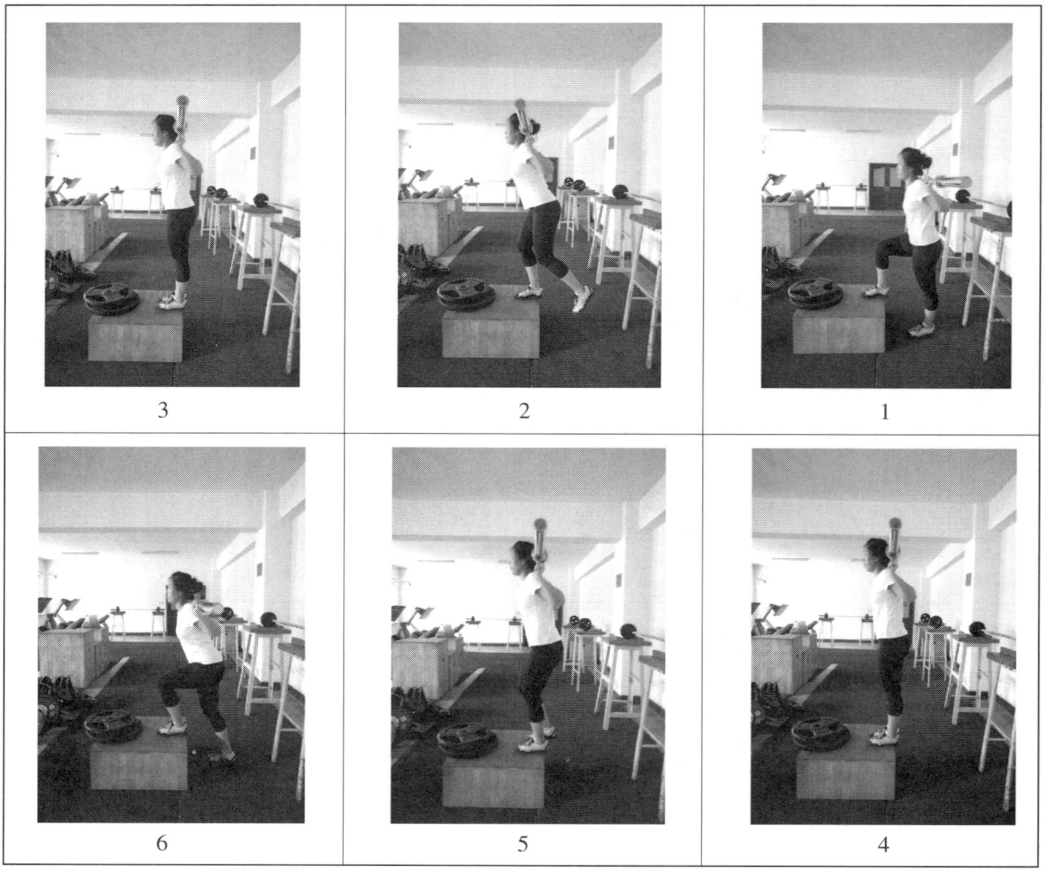

图 4–9　台阶负重双腿交替蹬起下落

3　　2　　1

图 4–10　台阶负重双腿交替跳起接下落

1　　2

图 4–11　负杠铃（中等重量）双腿交替深弓步

正面　　侧面

1　　2　　1　　2

图 4–12　胸前双臂持杠铃蹲起

图 4–13　肩负杠铃原地向前弓步

图 4–14　肩负杠铃原地向后弓步

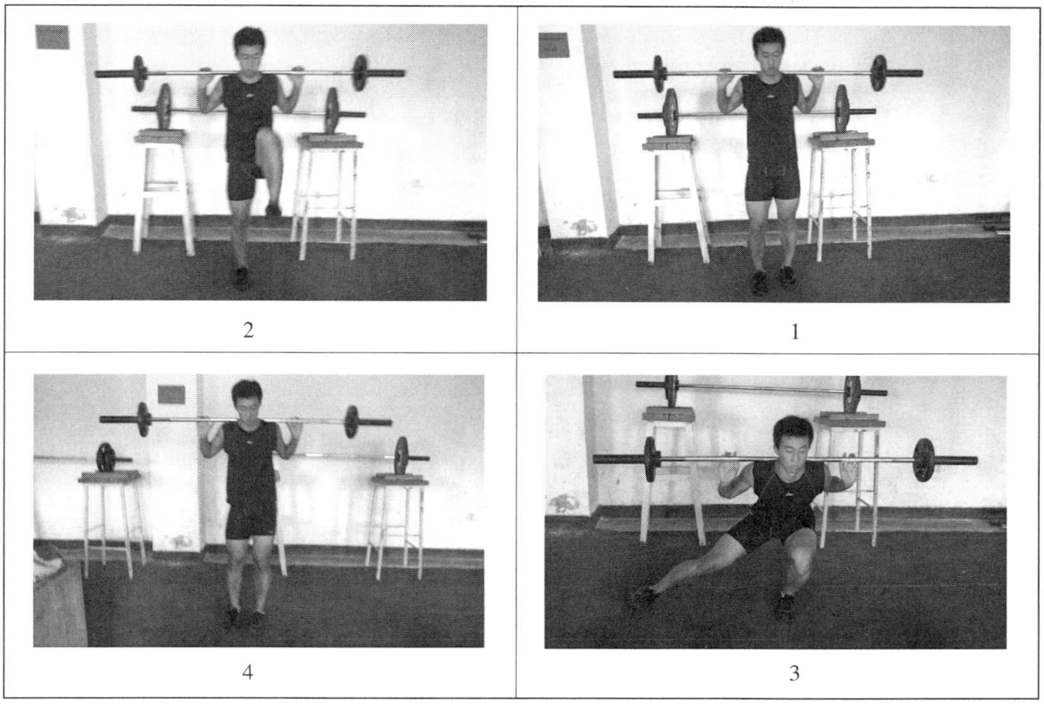

图 4-15　肩负杠铃原地向侧弓步蹲起

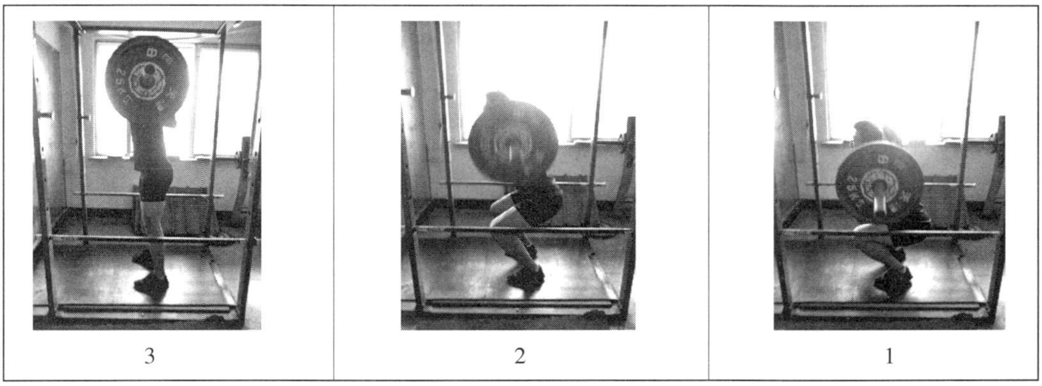

图 4-16　肩负杠铃（大重量）深蹲起

图 4-17　卧蹬

采用成组重复法，具体方案如下：

①选定能做 3 次动作的重量（最大力量的 90% ~ 93%），做以下的成组练习：做 2 ~ 3 个动作休息 30 ~ 45 秒，再做 2 ~ 3 个动作休息 40 ~ 60 秒，再做 2 个动作休息 60 ~ 90 秒，最后再做 1 ~ 2 个动作。总共完成 2 ~ 3 组组间休息时间为 8 ~ 10 分钟的练习。

②选定最大重量 70% ~ 80%的杠铃，做 3 次 10 ~ 15 个慢速动作的成组练习。次间休息时间由 4 分钟逐渐压缩到 1.5 ~ 2 分钟。总共完成 4 ~ 6 组组间休息时间为 6 ~ 8 分钟的练习。随着训练水平的提高，完成最后一组的最后一次后，在同伴的帮助下再做 2 ~ 3 个附加的动作。

③做负不同重量的成组练习。用最大重量 70% ~ 80%的杠铃做 10 ~ 15 次慢速动作和用最大重量 50% ~ 60%的杠铃做 10 ~ 15 次较快频率的动作。两者间由休息 4 ~ 6 分钟逐渐压缩到 1.5 ~ 2 分钟，总共完成 4 ~ 6 组组间休息时间为 8 ~ 10 分钟的练习。

④每组由 3 个不同重量组成的练习。用最大重量的 70% ~ 80%做 10 ~ 15 次慢速动作，用最大重量 60% ~ 70%做 15 ~ 20 次慢速动作，用最大重量 50% ~ 60%做 10 ~ 15 次不太快的动作，但是都具有最大爆发用力性质。每个重量间休息的时间由 4 分钟逐渐压缩到 2 分钟，总共完成 2 ~ 4 组组间休息时间为 8 ~ 10 分钟的练习。

开始时先采用上述①、②方案，尔后换成②、③方案，最后用③、④方案。在所有方案中都必须严格组间休息时间，并在组间休息时做低强度的不连续的跳跃练习或做其他肌群的力量练习。

（2）第二组：负重和跳跃动作练习。主要是发展局部肌肉耐力的动力性组成成分。

①肩负杠铃半蹲跳。杠铃重量因人而异，但要保证在 10 ~ 15 秒内做 10 次蹲跳。采用间歇法，具体方案如下：

A. 在一回中完成 8 ~ 10 次蹲跳（最大强度用力）。开始阶段每组做 5 ~ 6 回，回间休息 60 秒，逐渐压缩回间休息时间为 30 秒，最后压缩到 10 秒。每组中的回数可增加到 10 ~ 12 回，总共完成 2 ~ 3 组组间休息时间为 8 ~ 10 分钟的练习。

B. 在 20 ~ 30 秒为一回的练习中完成次极限用力和适宜频率的半蹲跳。开始时每组做 4 ~ 6 回间歇时间 60 秒，尔后压缩到 30 秒，与此同时，每组中的回数逐渐加到 10 回。完成 2 ~ 3 组组间休息时间为 10 ~ 12 分钟的练习。

在进行上述两个方案训练时，主要靠增加负重重量（蹲跳频率保持不变）和靠保持负重重量不变而逐渐加快半蹲跳的频率来提高训练强度。

②跳跃练习，采用以下方案：

A. 次极限用力的向前跨跳（图 4–18）：开始跳 50 ~ 60 米，逐渐增加到 120 ~ 150 米。初做时重复 3 ~ 5 次，尔后逐渐增至 10 次间歇为 30 ~ 40 秒的田径小步放松跑。共完成 2 组带休息时间为 10 ~ 15 分钟的练习（前 4 ~ 5 分钟做小步放松跑，后 2 ~ 3 分钟做轻松跨跳和竞走）。

图 4–18　大跨步跳

B. 两腿交替跳跃（每腿连续跳 2 ~ 3 次），做爆发蹬跳动作，向前冲跳不要太明显。开始跳 100 米，逐步增加到 200 米。初做时重复 3 ~ 4 次，尔后增至 6 ~ 8 次，间歇时间为 4 ~ 6 分钟（参见图 4–18）。

为提高局部肌肉耐力，采用山坡跑和山坡跳跃练习是较为有效的训练手段。另外，骑大传动比的自行车也是较好的办法。

（3）第三组：主要是发展局部肌肉耐力的爆发性和速度 – 力量性组成成分，采用组重复法。

①负杠铃蹲起（与第一组相同，见图 4–8—图 4–17），采用以下两个方案：

A. 最大重量 50% ~ 60%，每组做 2 ~ 3 回，25 ~ 30 次蹲起。要求低频率，但要注重最后用力至提踵，用不同的脚形完成（图 4–19）。回间歇由 4 分钟逐渐压缩到 1.5 ~ 2 分钟。总共完成 2 ~ 4 组，组间休息时间为 8 ~ 10 分钟。

负杠铃深蹲起	 3	 2	 1
提踵不同的脚形	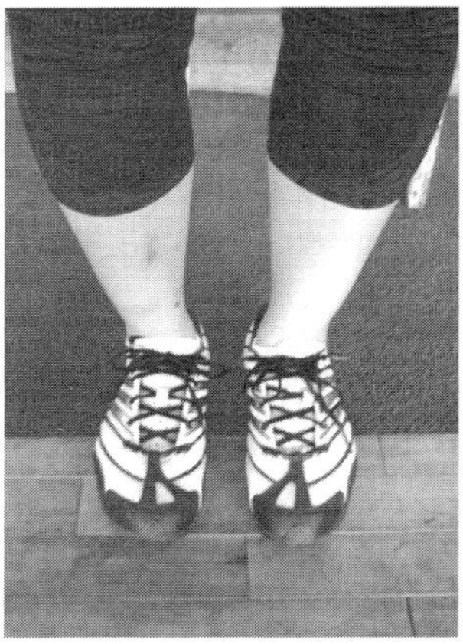 “11”形	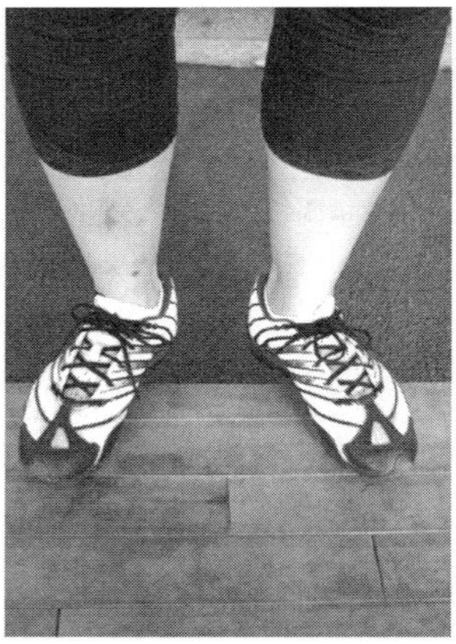 “V”字形	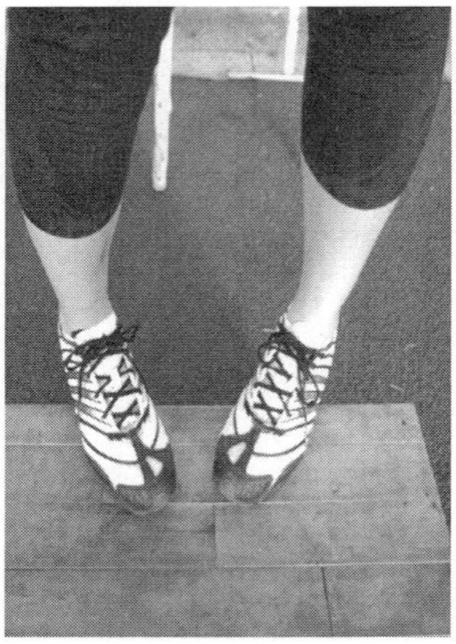 “A”字形

图 4–19　负杠铃深蹲起（可进行提踵或不提踵练习）

B. 最大重量 30% ~ 40%，动作频率高。每组做 2 ~ 3 回 40 ~ 50 次蹲起，回间歇由 6 分钟逐渐压缩到 2 ~ 3 分钟。总共完成 2 ~ 3 组，组间休息时间为 10 ~ 12 分钟。

②原地爆发跳

A. 蹲立起跳，一腿跳接另一腿跳（图 4–20），浮腿做积极的摆抬动作，完成 6 ~ 8 跳为一组，组间按自我感觉休息，总共完成 3 ~ 5 组组间休息时间为 6 ~ 8 分钟的练习。

B. 蹲立起跳，一腿连跳两次接另一腿连跳两次（动作同图 4–20），做 4 ~ 6 个为一组，总共完成 2 ~ 4 组组间休息时间为 8 ~ 10 分钟的练习。

图 4-20　一腿跳接另一腿跳

③快速跳跃练习

A. 原地起跳的 50 米快速的大跨步跳（计时），自由休息，完成 4 ~ 6 次为一组，总共完成 2 ~ 4 组间休时间为 8 ~ 10 分钟的练习（见图 4-18）。

B. 原地起跳的 50 米快速的单腿双跳的大跨步跳（计时），自由休息，完成 4 ~ 6 次为一组，共完成 2 ~ 4 组间休时间为 8 ~ 10 分钟的练习。

为了发展力量耐力，促进全身肌肉力量发展，改善呼吸、心血管系统的机能，建议多进行有氧全面力量操的循环训练（表 4-5）。其方法是把 8 ~ 10 个动作编排成组，依次完成动作，每个练习动作之间不休息（仅有换动作的时间），做完全部动作为一个循环，共完成 3 ~ 5 次循环。根据速度轮滑运动的特点，每个动作可做 20 次左右，要求动作规范，训练时心率保持在 140 ~ 150 次 / 分。

表 4-5　有氧全面力量操循环训练范例（组间休为轻松跑步和放松动作 3~5 分钟）

1	用 20 公斤杠铃杆做提拉至胸前动作 20 次
2	用 10 公斤壶铃做深蹲跳 20 次
3	用 5 公斤杠铃片或哑铃完成蹲起姿势的双摆臂动作 20 次
4	用 10 公斤沙袋进行负重弯道向左倾斜支撑静力计时练习，每腿 15 ~ 30 秒，两腿交替完成各 10 次
5	用 20 公斤杠铃杆做推举或开并腿跳推举动作 20 次

续表 4-5

6	橡皮筋牵引取向左倾斜滑跑低姿势后，做单腿支撑蹬地动作，每腿 10 次，双腿交替完成
7	双手持 10 公斤杠铃片于胸前取深蹲姿势后，完成蹲起的同时将杠铃片推举至头上，全身呈上举杠铃片的直立状态，完成 20 次
8	肩负 40 公斤杠铃杆，取双腿开立姿势完成 90° 向左右的转体动作 20 次
9	负 10 公斤沙袋完成 50 ~ 100 米跪推屈腿走的短冲动作
10	100 米大跨步跳＋50 米加速跑

3. 速度轮滑运动员力量训练应注意的问题

（1）应紧密结合速度轮滑滑跑技术动作及用力特点来安排力量训练。速度轮滑主要需要速度 – 力量和力量耐力。常用的一般力量训练方法有杠铃练习、哑铃练习、实心球练习、健身球练习、克服体重练习等，统称为负重练习法。采用和滑跑技术动作结构相近的一些练习，即各式各样的基本功动作练习，能取得比较理想的训练效果。尤其是通过负沙袋和橡筋牵引等方法，提高基本功动作的练习强度、难度和逐步增加训练负荷，是提高力量训练水平的有效方法。

（2）安排力量练习要注意区别对待。区别不同运动员的个性特点，区别长、中、短距离对力量性质需要的特点，区别直道、弯道滑跑技术的特点。进行力量训练时，加强与弯道技术有关的力量训练，能更有效地提高训练效果。

（3）力量练习要细水长流，连续不断。一般可以每周进行 3 次，每次训练持续 45 ~ 75 分钟。每次力量训练后休息一天，或安排其他性质的练习，保证肌细胞的恢复和再生，使肌肉更强壮。在全年不同时期可以有所侧重，但不要完全终止力量训练。研究表明，两周完全不练力量，力量就会显著下降。

（4）力量练习要防止副作用。力量练习安排不当会带来副作用，甚至出现伤害事故。首先，要做好准备活动，与伸展练习相配合，注意负重力量练习时的身体姿势，配合正常的呼吸和关注力量训练的安全措施等；其次，在力量训练时还应注意趣味性，安排循环练习或组合游戏，可使力量训练的效果更佳。

（5）力量训练程序要合理。在力量训练的安排上，应遵循大肌群在前、小肌群在中、力量耐力练习在后的原则。速度轮滑运动员进行力量训练时，不仅要对身体最主要的 7 个肌肉群进行有序的练习，而且要对协调肌肉群加强训练，这是非常重要的力量训练原则。对身体最主要的 7 个肌肉群进行力量练习的顺序是：第一，腹部肌群（图 4–21）；第二，大腿肌群（图 4–22）；第三，胸部肌群（图 4–23）；第四，背部肌群（图 4–24、图 4–25）；第五，肩部肌群（图 4–25）；第六，肱二头肌群（图 4–26）；第七，肱三头肌群（图 4–26）。在协调肌肉群的力量练习时，应重点练习腰背肌肉群和大腿后部的肌肉群。

垫上举腿	 1	 2	 3	 4
两头起	 1	 2	 3	 4
腹肌牵引	 双腿交替提膝		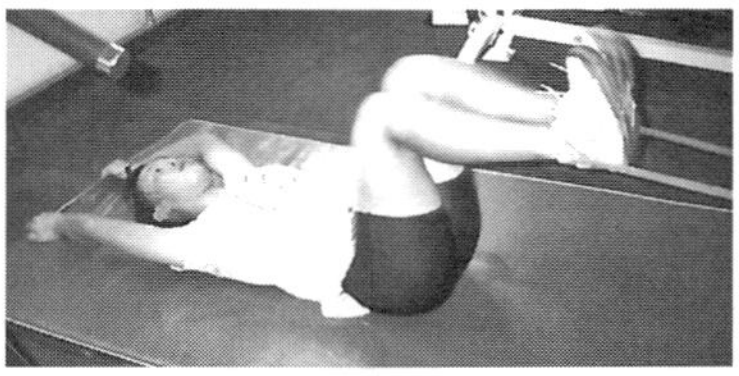 双腿提膝	

图 4-21　腹部肌群练习

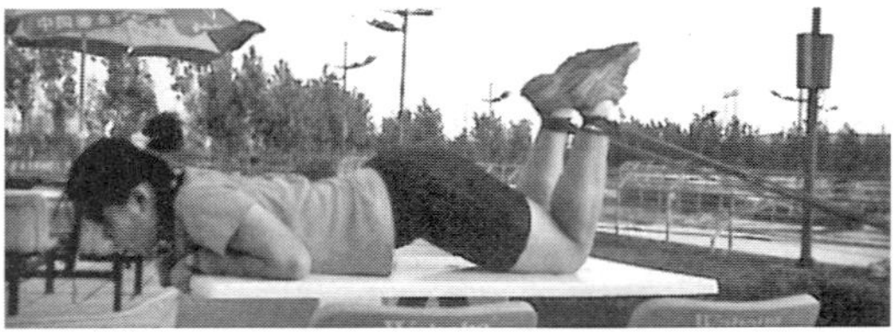

图 4-22　髌骨韧带及股后肌群练习

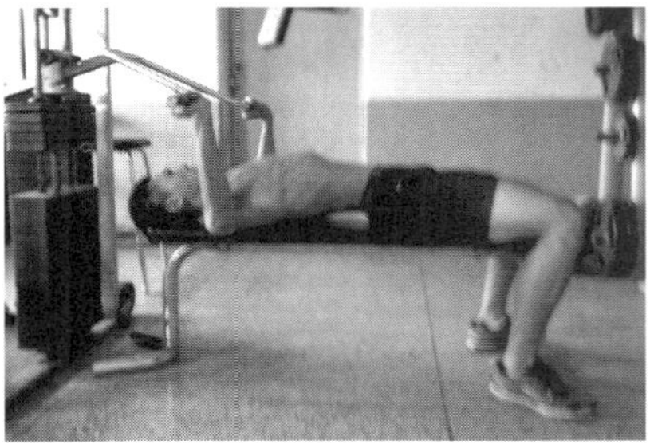 1	 2

图 4-23　胸部肌群练习

图 4–24　背腰肌群练习

背面　　侧面

1　2　1　2

图 4–25　肩、背部肌群器械练习

1　2

图 4–26　肱二头、肱三头肌群练习

速度轮滑运动员必须适当地进行静力性力量训练，它能有效地强化动作，增加控制动作肌群的神经冲动，提高刺激强度。静力性力量训练动作的选择应以滑跑姿势下的单、双腿静力支撑平衡动作为主，静力练习的负荷以静力练习时间和负重量度为依据进行调节，并与肌肉牵拉动力性放松活动相结合，这样有利于保持或提高肌肉弹性。陆地专项力量训练要注意动力性和静力性力量练习的交替和结合，并突出狠抓弯道静力支撑力量训练的重点（图 4–27）。

图 4–27　弯道静力支撑动作

（二）速度训练

速度轮滑顾名思义是比滑跑速度的轮滑运动项目。速度素质是一种重要的身体素质，它是人体快速运动的能力。速度素质按不同的表现形式，可分为反应速度、动作速度和位移速度。在速度轮滑运动项目中所表现出来的速度素质，是上述三种表现形式的综合体现，即动作速度、身体位移速度、专项速度（表 4–6）。良好的速度素质有利于运动员掌握更加合理和有效的滑跑技术，使肌肉快速收缩完成蹬地动作产生更大的输出功率和推进力量。速度素质的发展水平，在很大程度上取决于肌肉力量和弹性、关节的灵活性和运动技术水平。少年速度轮滑运动员提高速度素质的敏感期是 8 ~ 12 岁，15 ~ 16 岁之后又会出现一次高峰。在速度敏感期年龄阶段，少年神经系统发育趋于完善，可塑性强，速度训练有利于改善和提高神经系统的灵活性和协调性。随着力量素质发展敏感期的到来，肌肉发育成熟，速度的提高将转向主要依赖肌肉力量的增加、技术动作的水平与技术效率的提高三个方面。需要指出的是，由于速度素质发展潜力在较大程度上受遗传因素的影响，因此，在速度轮滑运动员各个时期的选材过程中，先天速度能力是重要的早期观测指标。

表 4–6　速度训练分类

速度素质	动作速度		身体位移速度					专项速度			
解释	起跑动作速度	冲刺动作速度	短冲训练	牵引训练（增大推进力或增大阻力）	动作频率训练： 1. 最佳频率训练 2. 频率节奏训练	动作速度训练	不同客观条件下的速度训练	起跑反应速度	滑跑途中应变技、战术反应速度	滑跑动作转换衔接技巧： 1. 进出弯道 2. 接力技巧	冲刺反应速度
备注	1. 速度与力量结合形成速度力量体能 2. 速度与耐力结合形成速度耐力体能 3. 速度为提高专项耐久力提供更大的潜力 4. 速度很大程度受遗传影响 5. 滑跑步长与步频决定途中滑速度，注重每次蹬地动作的效果，配以合理的频率是提高运动成绩的主要原因										

1. 速度训练的生理基础知识

速度轮滑运动员进行速度训练的主要目的，是提高滑跑速度和蹬地动作的力量水平（爆发加速度推弹力），特别是在快速滑跑中发挥最大力量的能力；增加肌肉输出功率，提高大脑神经冲动控制动作的效率；提高人体运动感知觉和空间定位能力；提高滑跑技术质量和缩短动作反应时。教练员和运动员都需要了解速度训练的生理基础知识。

（1）肌肉的基本生理特性。每一块骨骼肌都是由结缔组织、肌肉组织、神经和血管组成，并且接受来源于中枢神经系统神经冲动的控制。在每一块骨骼肌内部有成千上万根纵向排列的肌纤维，在这些肌纤维内部具有两种能够产生收缩功能的蛋白质成分，它们之间相互牵拉，引起肌肉收缩。在中枢神经系统神经冲动的支配下，这些蛋白质之间不断地牵拉和放松，使肌肉收缩，加上骨骼肌各个组成部分协调工作，牵动骨骼使运动员完成所需要的身体动作。

（2）肌肉的牵张、收缩周期。肌肉的牵张、收缩周期是指肌肉从被拉长到出现收缩的时间过程，就像双手快速拉长一根皮筋，突然同时松开手时看到的情景。当肌肉在收缩前被拉长再立刻进行收缩时，肌肉产生的力量输出会明显增加。因此，这也是速度训练中需要注意的关键问题。实践表明，速度训练能够显著提高肌肉的牵张、收缩周期产生的动作效果。

（3）肌肉酸痛问题。当我们进行一种新的速度练习时，尤其在练习后 24 ~ 36 小时，经常会出现肌肉酸痛的情况。这是肌肉在被牵拉阶段所引起的肌肉内部微细损伤造成的，减小这种肌肉内部微细损伤发展的唯一有效方法，是使肌肉逐步适应训练负荷，并需要保证速度练习之间有足够的恢复。为此，建议年轻运动员每周不要进行超过两次的速度训练，并且保证每次速度训练之间有 2 ~ 3 天的间隔。

2. 滑跑速度训练

（1）短冲训练。短冲训练主要能发展无氧代谢能力，并以磷酸原供能系统为主。短冲距离 50 ~ 100 米，可以发展绝对速度，并对提高快速力量和动作速度有明显效果（图 4–28）。

图 4–28　跪推屈腿走短冲

(2) 牵引训练。在摩托车牵引导滑装置诱导下，最大限度地提高滑跑速度，使滑跑速度有所突破，并获得新的速度感。在平面公路上练习效果最佳。牵引距离不超过 200 米，重复次数上限为 8 ~ 10 次。牵引速度应控制在比本人最高滑跑速度快 10% ~ 20%的范围内。如果太快，运动员会失去滑跑的速度感而产生一种被拖着滑跑的感觉。

(3) 动作频率训练。在保证蹬地动作效果的基础上，动作频率的快慢就决定了滑跑的速度。因此，动作频率训练是速度轮滑运动员速度训练的重要手段之一。常用的方法有两种，即最佳频率训练和频率节奏训练。

①最佳频率训练：滑跑频率不是越快越好，过快的滑跑频率会以降低蹬地动作效果为代价，这反而会使速度下降。在训练中，应不断地摸索、寻找适合每个运动员在比赛中的最佳滑跑频率。最佳滑跑频率训练的核心是要处理好蹬地动作频率、滑步步长、滑跑速度三者之间的关系，以找到三者的平衡点。

②频率节奏训练：合理的滑跑频率节奏，对体力分配、保持滑跑速度起重要作用，在速度轮滑场地赛中，滑跑弯道的频率节奏明显地比滑直道高。

(4) 动作速度训练

①起跑动作速度训练的主要方法：听不同信号训练起跑反应、起跑启动的第一步、集体起跑抢位和完整的起跑技术练习等。

②冲刺动作速度训练包括训练冲刺身位（占位）、选定正确的冲刺动作和完成冲刺动作（箭步送轮或前踢小腿送轮）。

(5) 培养放松能力的动作速度训练。培养运动员轻松自如地快速滑跑，不过分紧张又不受外界条件的影响，会使滑跑动作更加完善。在动作速度训练中，经常用“注意放松”“放松完成”“放松滑”和“会放松也是一种能力”等口令或语言提示运动员进行速度训练。

运动员的速度素质发展常有停滞不前的情况，原因是在多次反复进行速度训练中，惯用单一的方法、手段和同样的频率完成练习，以致形成了一种所谓的“速度定型”。这样，即使其他身体素质和意志品质都有新的提高，但速度素质仍很难再提高。运动员冲破已形成的条件反射联系而使“速度定型”向新的、更快的节奏过渡，并不是很容易的事。为使运动员顺利实现这个过渡，提高滑跑速度唯一有效的办法是简化练习的条件，如采用集体滑练习法、集体起跑比赛、起跑后的加力冲滑、顺风加力冲滑、沿下坡路面加力滑跑、以男带女冲滑和以大带小冲滑等方法，使运动员突破已形成的“速度定型”，获得更高滑跑的速度感。速度轮滑运动员还应重视起跑动作的反应速度训练，可用起跑发令枪做信号，多次地进行个人和集体的起跑练习。

3. 速度轮滑运动员速度训练应注意的问题

(1) 发展速度素质的训练是提高运动员神经系统灵活性的过程。运动员精力充沛、情绪高涨、神经系统灵活性高，发展速度的可能性也高。为此，在速度训练中应有意识地制造激励的训练气氛认真做好准备活动，以确保安全地达到训练效果。

（2）在速度训练中，尽量采用计时方式。在速度练习之间要保证运动员身体疲劳完全消除，训练内容的安排要充分考虑运动员的可接受程度，真正做到区别对待。

（3）在速度训练中，要采用正确的技术动作，使速度练习内容循序渐进地衔接，先易后难，先慢后快。弯道加力加频滑是专项速度训练的最好方法，它不仅能练技术，还能提高滑跑弯道的能力。

（4）尽量以大幅度动作完成练习，当达到最高速度后，要学会放松地完成高速滑跑动作。

（5）速度训练方法中的若干练习动作都适用于速度轮滑运动员的速度训练，如各种摆臂动作（图 4–29）、各种单腿支撑平衡动作（图 4–30）、田径跑的基本功动作、大步屈腿走拉橡皮筋、单 / 双腿过栏架跑、拖轮胎跑、缓坡上坡跑、拖人（降落伞）跑、沙滩跑、下坡跑、身体前倾起跑、跑台阶、陡坡上坡跑、弓箭步纵跳（图 4–31）和双摆臂动作协调性动作等。

图 4–29　两种摆臂练习

浮腿于前位　　浮腿于侧位　　浮腿于后位

图 4-30　三种单腿支撑平衡动作

图 4-31　弓箭步纵跳

(三) 耐久力训练

速度轮滑运动属于周期性耐久力运动项目，发展耐久力对速度轮滑运动员来说是至关重要的。耐久力是指有机体在较长的时间内，保持特定强度负荷或动作质量持续做功的能力。耐久力有一般耐久力和专项耐久力之分（表 4-7）。耐久力与力量和速度素质的结合，就表现为力量耐久力和速度耐久力，而速度轮滑运动员的滑跑能力是二者相结合的综合体现。

表 4-7　耐久力训练分类（1）

<table>
<tr><td>专项关系</td><td>一般耐力</td><td colspan="2">专项耐力</td></tr>
<tr><td rowspan="4">解释</td><td rowspan="4">1. 运动员长时间工作的心理耐受程度
2. 运动器官持续工作的能力
3. 运动员能源物质的储备情况
4. 运动员功能节省化的水平
5. 运动员健康基础情况</td><td colspan="2">速度轮滑运动员的滑跑能力是速度耐力和力量耐力的综合体现</td></tr>
<tr><td>速度耐力</td><td>力量耐力</td></tr>
<tr><td>最大限度地动员机体的能力</td><td>克服因专项负荷所产生的疲劳的能力</td></tr>
<tr><td colspan="2">速度轮滑运动员滑跑能力是速度耐力、力量耐力的综合体现</td></tr>
</table>

一般耐久力在很大程度上决定着运动员有机体的一般工作能力和健康水平。一般耐久力是专项耐久力的基础，发展一般耐久力的核心是最经济、有效地利用已有的机能潜力。其效果取决于有氧代谢能力水平、输氧系统工作效率、利用各种身体素质程度、技术动作效果、呼吸效率以及肌肉协调能力的水平。优秀的速度轮滑运动员运动能力的提高可解释为乳酸阈水平的提高。因此，扩大有氧训练范围、提高有氧滑跑速度已成为速度轮滑运动训练的新观点。发展有氧训练水平已从单纯地提高耐久力训练水平，扩展到技术训练和速度训练。

从生理角度看，速度轮滑运动员的耐久力素质可分为心血管耐力和肌肉耐力，而心血管耐力又包括有氧耐力、无氧耐力和有氧与无氧混合耐力（表 4–8）。后者是速度轮滑运动员应具备的最主要的专项耐久力，也是专项滑跑能力训练的主线。

表 4–8　耐久力训练分类（2）

生理系统（按心血管耐力分为）		
有氧耐力	有氧与无氧混合耐力	无氧耐力
1. 氧气供应充分，运动员能坚持长时间工作的能力 2. 有氧耐力可归结为氧气的吸收、运输和利用的有关机能特性的综合 3. 有氧耐力训练的目的在于提高运动员机体输送氧气的能力，促进有机体的新陈代谢，为以后运动负荷的增加创造条件 4. 如长距离项目和马拉松所需要的耐力	1. 介于有氧与无氧供能之间的一种耐力，其特点是持续时间长于无氧而短于有氧耐力 2. 如 500 米、1000 米、接力赛、10000 米积分赛、15000 米或 20000 米淘汰赛和马拉松赛中混合耐力也占一定的比重。速度轮滑运动员应具备的最主要的耐力	1. 氧气供应不足，运动员仍能坚持在较长时间内工作的能力 2. 无氧耐力训练的目的在于提高运动员机体承受氧债的能力 3. 如个人计时赛、短冲、弯道加力滑等所需要的耐力（超越、反超越和冲刺段所需的耐力）

科学研究表明，少年时期是有氧训练的最佳阶段，耐力训练水平的发展是这一时期的主要任务。耐久力训练对少年提高心肺功能十分有利，并能为以后发展有氧耐力和无氧耐力打下良好的基础。耐久力训练是艰苦的，对提高运动员的意志品质和拼搏精神是非常有效的。

1. 一般耐久力训练

一般耐久力训练是以提高有氧供能系统效率为主要目标。在速度轮滑耐力训练中，通常采用有氧训练，首先进行以提高有氧基础能力和一般耐久力水平为目的，运用持续滑、变速滑、慢速间歇滑等训练形式，最长持续训练时间为 4 ~ 6 小时。其次，进行无氧阈训练，并用生理指标监督训练，血乳酸水平达到 4 毫摩尔 / 升，心率水平为 140 ~ 160 次 / 分，通常以包干训练和间歇训练方法为主。最后，进行最大摄氧量训练，把这种训练纳入有氧训练，是能量分类理论与实践相结合的一大突破。尽管最大摄氧量训练血乳酸值可达到 8 毫摩尔 / 升左右，但运动生理学家认为是发展有氧耐久力最好的训练。为提高运动员最大摄氧量的水平，通常采用超长距离的集体持续或变速滑跑的训练方法。

2. 专项耐久力训练

速度轮滑运动员的专项耐久力训练是以提高维持高速度滑跑能力为目标。专项耐久力的供能特点主要是依靠糖酵解供能，以乳酸值控制训练过程。速度轮滑运动员的专项耐久力水平取决于各器官和系统的训练水平和适合轮滑项目要求的生理、心理能力水平。运动员在激烈角逐中，必然产生疲劳，此时运动员发挥意志品质的作用而顽强持续拼搏的能力，对于取胜具有特别重要的意义。专项耐久力也与滑跑技、战术的合理和经济省力原则有联系。因为项目距离不同要求的专项耐久力也不同，所以轮滑长、中、短项目所需要的专项耐久力的训练方法也是有区别的。因此，应针对不同的速度耐久力的供能特点，选择训练手段与方法发展速度轮滑专项的速度耐久力。

速度轮滑专项耐久力是肌肉力量耐久力水平的表现。在滑跑中力量耐久力是对每次蹬地动作效果的保持能力，是一种保持滑跑速度的能力。速度轮滑运动员滑跑中、长距离项目时，前半程的频率节奏比较固定，但是后半程速度的保持，主要是以提高滑跑频率来实现。

专项耐久力训练是刺激无氧糖酵解供能系统，提高糖酵解供能能力和供能效率的训练，属乳酸能负荷训练。专项耐久力训练的最大特点是总负荷量高，心率、血乳酸值能达到最高水平。

当今，速度轮滑运动员进行的专项耐久力训练分为两种：一种是乳酸峰值训练，这种训练是以提高运动员最高乳酸水平和最高乳酸水平速度的训练方法。这种性质的训练每周不宜超过 3 次，因为机体中乳酸的消除需要 24 小时以上的时间。另一种是耐乳酸训练，它是非常艰苦的训练。耐乳酸训练的核心在于重复次数、组数与间歇时间。高乳酸水平的乳酸值在 8 毫摩尔 / 升以上，但个体差异较大，在实际训练中教练员应以运动员个体乳酸水平为准，负荷水平应高于最大吸氧量训练时的血乳酸水平。

不同项目的专项耐久力特点：

(1) 速度轮滑的长距离项目，尤其是马拉松项目，对专项耐久力的要求更高。因为运动员机体长时间处于需氧和耗氧的高度平衡，持续工作并不断与积累的疲劳进行斗争。由此可见，提高运动员专项心肺功能的训练非常重要。在赛程中，由于超越或反超越而加快滑跑的速度，必然出现较高的临界速度，从而引起需氧量的提高。为此，在长距离项目或马拉松的训练中，一定要在保持稳定状态的前提下，注意适当提高无氧机能的训练成分和有意识地增加滑跑的难度，并注重变速能力的强化训练，达到培养顽强意志品质的目的。在速度轮滑长距离项目和马拉松训练中，采用负一定重量的沙袋或背心的滑跑训练是一种行之有效的训练手段。另外，在耐力训练中要着重培养弯道加力滑的意识以及均匀的深呼吸习惯。

（2）速度轮滑 1000 米公开计时赛所需要的专项耐久力特点，是从起跑开始在 1分钟内耗氧量急剧增加，并很快达到最高水平和在较短的一段赛程中保持稳定。这种稳定状态，并不是由于机体不再需要大量的氧，而是由于机体耗氧量已达到生理极限。在 1000 米赛程中会出现氧债，滑跑速度越快氧债越大，疲劳也就会出现得越快。因此，在 1000 米训练中，运动员不仅要增强和改善心肺功能，而且还要改善代谢过程及耗氧能力，并更好地利用无氧能力。运动员应有意识地用最快速度滑跑，以此给机体造成新的机能性困难，使机体适应低于需要的供氧数量，以便使机体更加有效地利用这少量的氧滑完全程。这种训练是比较难受的，有时甚至有痛苦的感觉，经历这样的训练才能练出战胜自我的过硬本领。

（3）速度轮滑 500 米公开计时赛所需要的专项耐久力特点，是在供氧不足的条件下以很快的速度滑跑，其耗氧量达到极限水平。因此发展 500 米专项耐久力的主要任务之一，是改善机体无氧机制。为使运动员在尾程 50～100 米时不降速，需采用 200～600 米的段落进行重复训练，其中 400 米重复滑跑和 600 米逐渐加快滑跑是发展 500 米专项耐久力的最佳方法。

（4）速度轮滑场地 300 米和公路 200 米个人计时赛，要求运动员在有限的时间内爆发出自己的绝对速度，以极限强度滑完全程，这必然会产生非常大的氧债，肌肉中会迅速积累代谢产物，很快就会疲劳，滑速因之也会降低。可见 200～300 米个人计时赛项目，运动员滑跑的专项耐久力主要是靠机体的无氧能力来保证的。为此，在 200～300 米的训练中，只有在非常近似无氧代谢的条件下（最高速度的 90%～95%）进行短段落的重复训练，才能有效地提高运动成绩。

速度轮滑运动员的速度储备对专项耐久力的提高起重要作用。在 200～300 米个人计时赛中的最高滑速与运动员滑跑专项距离中的平均滑速之间有一定的相关性。最高滑跑速度比平均滑跑速度越高，滑跑成绩会越好。最简单的评定速度轮滑运动员的专项耐久的方法，是用滑行长距离每圈（200 米）的平均成绩与标准起跑 1 圈的最好成绩进行比较，二者之间的差数越小，说明该运动员的专项耐久力水平越高。

3. 有氧耐力训练方法

（1）匀速持续跑：发展有氧耐力。跑的负荷量尽可能大，运动时间在 1 小时以上，心率控制在 140～150 次 / 分，要求速度均匀。

（2）越野跑：发展有氧耐力。跑的速度可以适当变化，心率控制在 150～170 次 /分，运动时间 2 小时左右，要求在空气清新、相对松软、有弹性的地面上进行（林间、公园内）。

（3）变速跑：发展有氧耐力。负荷强度由低到高，心率控制在 130～150 次 / 分或 170～180 次 / 分，练习时间在 30～60 分钟。

（4）间歇跑：发展有氧耐力。训练负荷量较小，训练中每一次练习的持续时间不长，负荷强度较大，心率控制在 170～180 次 / 分，在身体尚未完全恢复的情况下进

行下一次练习，心率在 120～140 次 / 分。整个训练的持续时间至少 30 分钟以上，练习之间采用积极性休息，如放松走和慢跑。

（5）法特莱克速度游戏：发展有氧耐力。在野外、丘陵、山地、平原的地形条件下，由练习者自己控制距离不等的快跑、慢跑、匀速跑、加速跑交替进行的连续练习。多用于调整训练课或过渡训练期。

（6）高原训练：激发机体的补偿机制，发展有氧和无氧耐力。世居海拔 1600 米以上高原的运动员，在系统的高原训练中，需要选择海拔更高的高原，进行 4～6 周的系统训练，再回到居住地训练 3～6 周，尔后下平原训练 3～4 周后，参加重大比赛。世居平原的运动员定期上海拔 1900～2500 米的高原训练 4～6 周，尔后回到平原训练 3～4 周后，参加重大比赛。注意解决高原训练能量消耗大、易疲劳、恢复时间长，以及训练过程难以控制等问题。也可以采用“仿高原训练器”和“低压氧舱”等训练设备，模仿高原训练的环境和条件进行训练。

4. 无氧耐力训练方法

（1）固定间歇时间滑：发展抗乳酸无氧耐力。采用 80%～90%的练习强度，心率达到 180～190 次 / 分，一次练习的持续时间和距离稍长，但练习的重复次数不宜过多。间歇时间不变，可采用段落相等或不等的练习，如果段落不等，则练习顺序由短到长，在最后一组练习时也要基本保持规定的强度。

（2）逐渐缩短间歇时间滑：发展抗乳酸无氧耐力。采用 80%～90%的练习强度，心率达到 180～190 次 / 分，一次练习的持续时间逐渐缩短。可采用段落相等或不等的练习，如果段落不等，则练习顺序由短到长，在最后一组练习时也要保持规定的强度。

（3）短段落间歇滑：发展无氧耐力。可采用 50～100 米距离，间歇时间 1 分钟左右，采用 95%以上的大强度练习并保持其训练强度，较多地重复练习，组数根据练习者情况而定。

（4）长段落间歇滑：发展无氧耐力。可采用 200～400 米距离，间歇时间 2 分钟以上，采用 95%以上的大强度练习并保持其训练强度，练习的重复次数可以较多，组数根据练习者的情况而定。

5. 有氧与无氧混合耐力训练方法

（1）反复滑：发展有氧与无氧混合耐力。采用 80%以上的强度，每组反复滑 200 米、400 米、600 米 3 个距离 4～5 次，每组练习之间休息 20 分钟。以预定的时间滑完全程，也可以采用以比赛项目的四分之三距离进行练习。

（2）间歇快滑：发展有氧与无氧混合耐力。以接近 100%的强度滑完 200 米后，接着慢滑 1 分钟，以快慢结合方式组成间歇练习组，反复训练 10～30 组，训练有素的优秀选手甚至可以反复 50～100 组。根据练习者的实际情况增减和调整训练负荷。

(3) 力竭重复滑：发展有氧与无氧混合耐力。采用比赛项目的半程以上距离或稍长距离，以100%的强度全力滑跑若干次，两次之间充分休息。短距离运动员可以采用200米距离，中距离运动员可以采用800～1600米距离，长距离运动员可以采用5000～20000米距离。

(4) 俄式间歇滑：发展有氧与无氧混合耐力。先固定练习中间的休息时间，随训练水平的提高逐渐缩短休息时间。如在滑500米练习中，用规定时间滑完200米后，休息20～30秒，如此循环反复训练，当运动员的能力可以缩短练习中间的休息时间时，调整休息时间为15～25秒。

(5) 短距离重复滑：发展有氧与无氧混合耐力。采用400～600米距离，每次练习强度为80%～90%，进行反复滑。注意速度分配的准确性，可以采用全程或半程的速度分配计划。

(6) 持续接力滑：发展有氧与无氧混合耐力。采用200～400米的全力接力滑，每组4～5人轮流接力。注意安全和练习过程中的协调配合，如果练习者人数多也可以分成若干组进行训练比赛。

在全年训练中，速度轮滑运动员应循序渐进和分阶段地发展耐久力，逐步转向专项耐久力的训练。新年度开始应持续进行2～3个月的一般耐久力训练；尔后进入建立专项基础的阶段，即进行连续性质的中等强度的专项大负荷量的训练，持续时间3～4个月；再转入降量提强的训练阶段，持续时间为1～1.5个月；最后是专项训练和参加比赛阶段，持续时间为2～3个月。

(四) 柔韧性和关节灵活性训练

柔韧性和关节灵活性对速度轮滑运动员有着特殊的作用，它不仅影响滑跑动作的幅度，还影响完成滑跑技术动作的效果。因此，发展专项柔韧性和关节灵活性是速度轮滑运动员训练的重要组成部分。

髋关节柔韧性、膝关节和踝关节的柔韧性、灵活性影响滑跑蹬地动作和收摆腿动作的质量，肩关节的灵活性影响滑跑摆臂动作效果。速度轮滑运动员的专项柔韧性和关节的灵活性，影响动作幅度和动作效果，也会影响滑跑速度。对速度轮滑运动员来说，要重点加强与髋关节相关的肌肉群的柔韧性练习。在滑跑中对抗肌拉伸的放松能力越好，对主动肌完成滑跑技术动作的阻力就越小，滑跑动作也就会越省力。运动员柔韧性和关节灵活性的提高主要靠日常训练的不断积累。

柔韧性可分为三类：第一，一般柔韧性，即不考虑专项特点情况下的身体屈、伸和转体，提高各关节的灵活性等；第二，专项柔韧性，即滑跑动作要求的关节灵活性及肌肉、韧带的伸展程度；第三，主动柔韧性和被动柔韧性。发展柔韧性方法的特点是在完成动作过程中，动作幅度达到个人的极限程度，肌肉和韧带尽可能地拉长到最大限度（表4–9）。

表 4–9 柔韧性训练分类

专项关系	一般柔韧素质（关节的活动能力）		专门柔韧素质（与专项运动技术相关）		
专项关系	按完成柔韧练习时的动作方式分		按柔韧素质的表现和身体状况分		
名称	主动柔韧素质	被动柔韧素质	动柔韧素质	神经 – 肌肉本体促进	静柔韧素质
解释	运动员靠自己的力量将肌肉、肌腱、韧带等软组织拉长	肌肉、肌腱、韧带等软组织在外力帮助下被拉长	动力性拉伸，或称为伸展练习（肌肉长度有变化）	是一种由练习者和同伴互相配合，通过一系列的主动和被动的动力、静力拉伸步骤，能够避免被拉伸肌肉牵张反射现象的发生和获得更大拉伸效果的训练方法	静力性拉伸或称为伸展练习（肌肉长度不变，紧张度增加）

柔韧性练习方法有三种：第一，动力性、静力性和“神经 – 肌肉本体促进”；第二，动力性拉长，指在活动中拉长肌肉、韧带的方法；第三，静力性拉长，指在定位中拉长肌肉、韧带的方法。

“神经 – 肌肉本体促进”，指练习者和同伴互相配合，通过一系列的主动和被动的动力、静力拉伸步骤，能够避免被拉伸肌肉牵张反射现象的发生和获得更大拉伸效果的训练方法。实践表明，采用静力拉伸练习和“神经 – 肌肉本体促进”拉伸练习的训练效果更好。

进行柔韧性训练时，拉伸力度要逐渐加大，其程度以运动员的自我感觉为依据。练习时不可用力过大、过猛。练习的负荷量要因人而异，每个练习达到最大拉伸状态的持续时间可保持 10 秒左右，动作时间可稍长。静力拉伸练习是当关节伸展到最大限度时，停留在相对固定位置的时间可控制在 30 秒钟左右。柔韧性训练间歇时间的基本原则，是保证运动员在完全恢复的情况下开始下一组练习。此外，练习之间可以积极性休息的原则来调节训练过程，间休时可做些肌肉放松练习或进行按摩等，为下次练习加大关节活动幅度创造有利条件，使训练达到更好的效果。

髋关节、臀部肌群、大腿前部、大腿后部、大腿内侧、小腿后侧肌群及跟腱柔韧性练习示例如图 4–32—图 4–37。

动作一	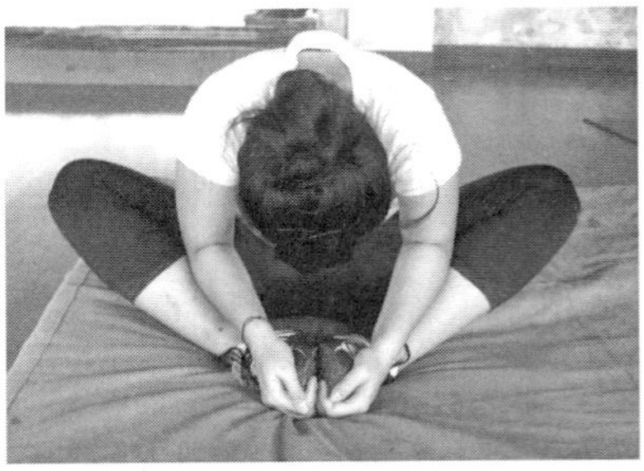	
动作二		
动作三		

图 4-32　髋关节柔韧性练习

动作一	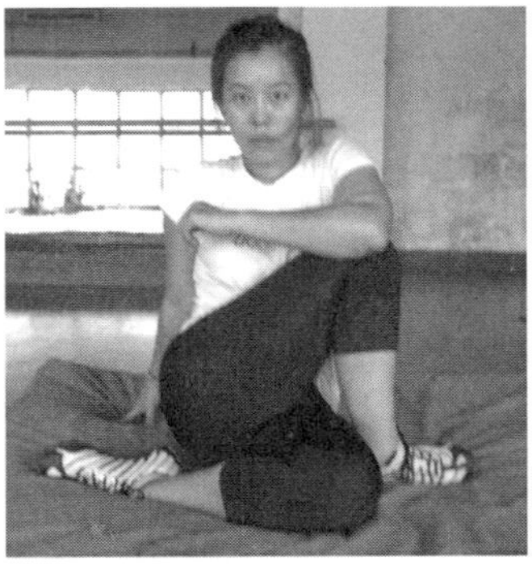	

动作二	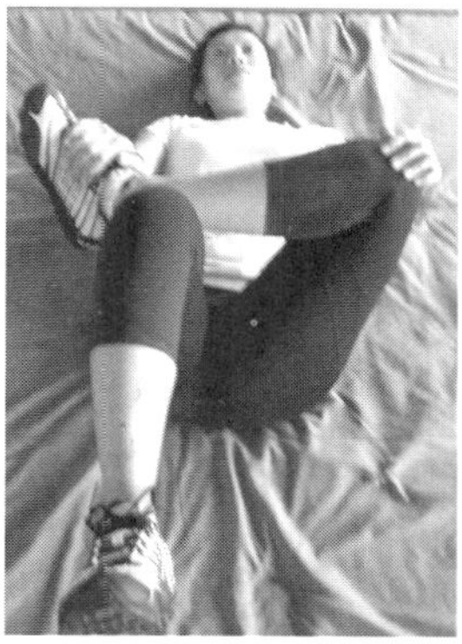	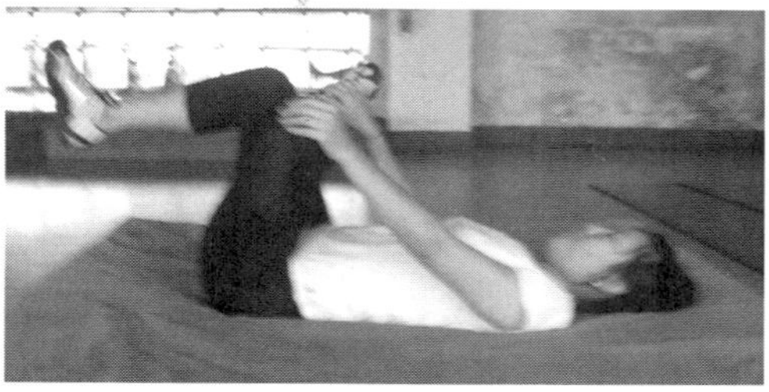
动作三		

图 4-33　臀部肌群柔韧性练习

动作一		
动作二	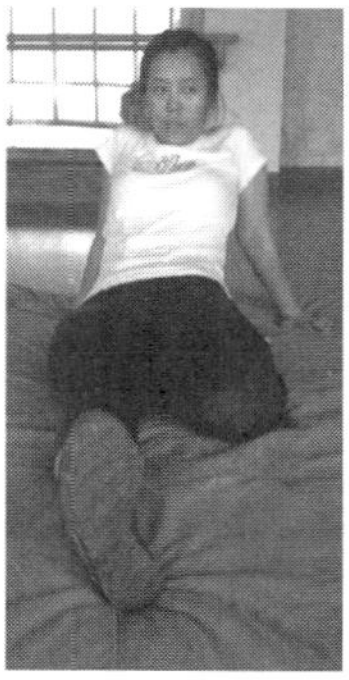	

动作三			
动作四	 1	 2	 3
动作五	 1	 2	 3

图 4–34　大腿前部肌群垫上及陆地柔韧性练习

动作一	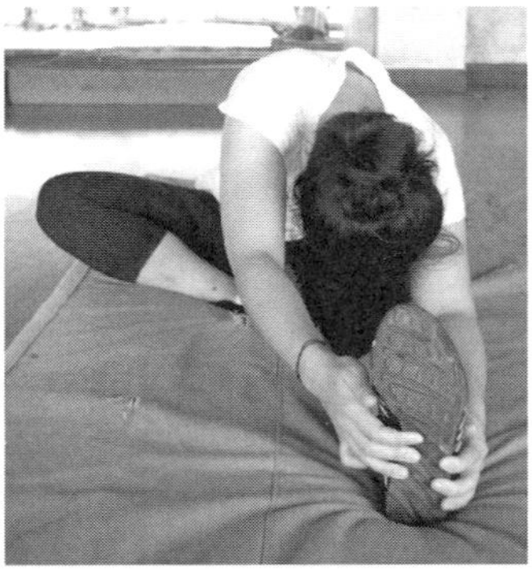	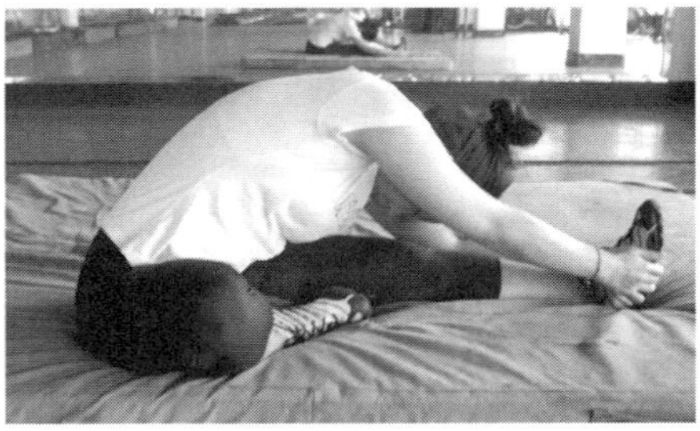

动作二			
动作三	 1	 2	 3

图 4–35　大腿后部肌群垫上及陆地柔韧性练习

动作一	
动作二	

动作三		
动作四		

图 4–36　大腿内侧肌群垫上及陆地柔韧性练习

动作一	 1	 2	 3
动作二	 1	 2	 3

图 4–37　小腿后侧肌群及跟腱陆地柔韧性练习

柔韧性练习隔日进行一次最为理想，间隔时间长会使柔韧性水平下降。为此，在全年训练中的各个阶段都应安排有一定数量的柔韧素质练习。要想把肌肉韧带练得柔而不软、韧而不僵，必须注意柔韧性练习后的肌肉韧带放松，并把柔韧性练习与力量练习结合起来。进行柔韧性练习时要根据外界温度的高低，用适宜的准备活动做保障，这样既可提高练习的效果，又能起到防止损伤的作用。在一天之内柔韧性训练时间安排在下午较好。

根据少年儿童的生理解剖特点，在 7 岁前应抓紧进行柔韧性训练，并在 12 岁前使其柔韧素质得到较好的发展。应特别注意进行柔韧性训练要考虑专项特点的需要，并做到适可而止，以免影响其他素质的发展和影响运动员体形的正常发育。

根据女运动员的生理解剖特点，在进行柔韧性练习时，一定要考虑到她们的骨骼比男子细而短，骨密质的厚度较男子薄，坚固性差，抗压抗弯能力较弱的特殊性。

关节的灵活性和柔韧性是紧密联系的，但又不能相互替代。发展速度轮滑运动员的关节灵活性要与发展关节柔韧性相结合，充分利用关节柔韧性的优势，增加关节活动范围，提高关节活动的灵巧性。虽然速度轮滑运动对关节灵活性的要求是全身性的，但重点是腰部和腿部各关节的灵活性（图 4–38）。

图 4–38　全身核心肌肉协调能力练习

关节灵活性练习前要充分做好准备活动，应与关节柔韧性练习相结合。关节灵活性练习的关键是练习时关节要充分放松，应在强调关节活动幅度的前提下，提高关节活动的速度和变换关节的活动方向。练习时要循序渐进，逐步提高要求，避免运动创伤的发生。关节灵活性练习要经常进行，但活动强度要适当。关节灵活性和关节柔韧性的发展应与肌肉力量的发展结合起来，以利于提高肌肉的弹性和提高滑跑技术动作的幅度。

（五）灵敏性训练

发展灵敏性对速度轮滑运动员来说也是非常重要的。灵敏性对滑跑动作的高度协调有着决定性的作用。速度轮滑运动员在高速集体滑跑中，对突然出现的情况要迅速做出判断并立刻做出适当的应变动作，这就是常说的应变能力，其核心就是灵敏性。在紧张激烈的竞赛中，灵敏性对保护运动员的人身安全起着不可替代的作用。灵敏性通常与运动员的信心有直接的联系，而信心又是运动员不可缺少的心理素质。在比赛中会遇到各种意外情况，有可能使运动员合理的滑跑技、战术遭到破坏，如果运动员的灵敏性好，就会迅速采用应变手段恢复滑跑的平稳性，调整滑跑动作，不致影响运动成绩或者是降低意外情况带来的不良后果。

在速度轮滑的训练中，应安排一定的活动性游戏和进行一些球类活动，以提高运动员的灵敏性。另外，常采用一些迫使运动员发挥随机应变的能力、迅速而又准确地从意外中摆脱出来的练习，对发展灵敏性是很有益的。当然，体操、技巧、各种跳跃、跨栏跑和通过障碍的接力跑等，都是发展灵敏性很好的练习内容。这些全面性多样化的练习，不仅能提高灵敏性，还能发展其他素质和培养勇敢果断的心理品质。除此之外，对活跃训练气氛和提高训练兴趣也有很大帮助。

踝关节灵敏性练习示例如图 4-39。

脚跟脚尖		双脚平行	
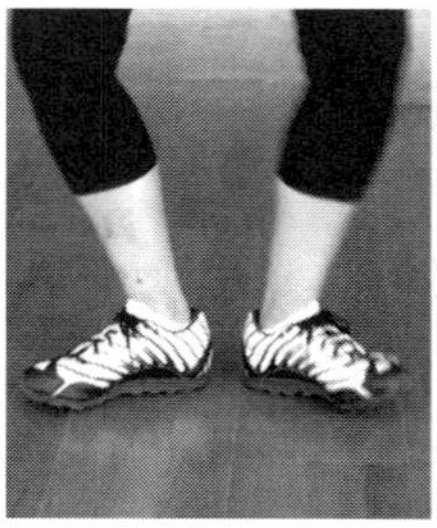	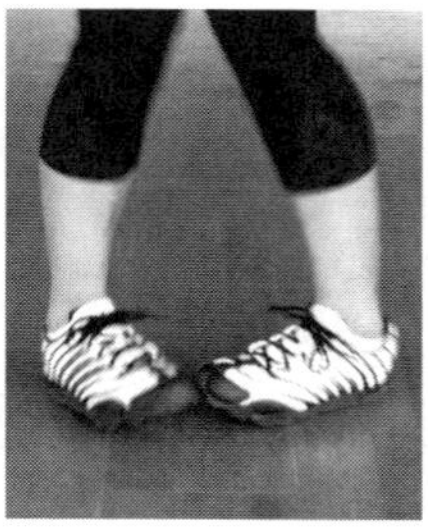	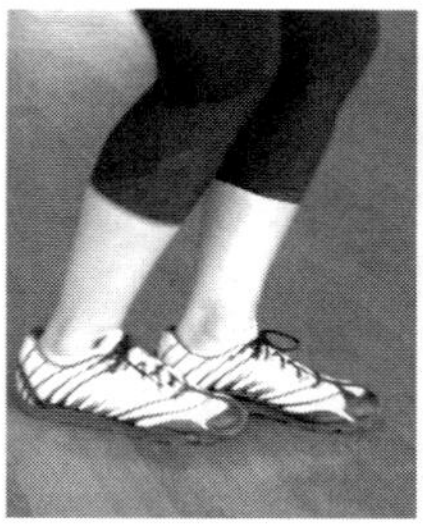	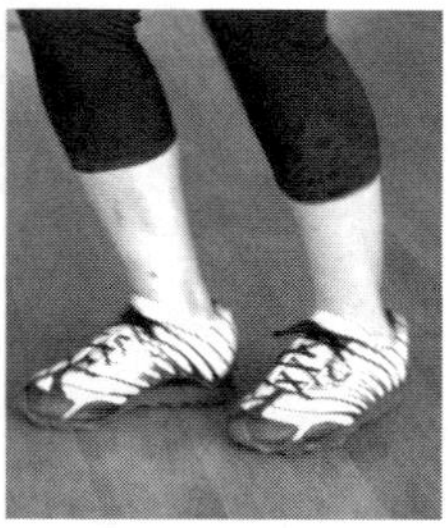
1	2	1	2

图 4-39　两种踝关节灵活性练习

二、速度轮滑运动员的专门性体能训练

在速度轮滑运动中，滑跑技术动作都是神经肌肉系统参与做功和输出功率的结果。它既不是单纯的力量，又不是单纯的速度和耐力，而是三者的组合。它们在长、中、短不同距离的项目中所表现的比值不一样，由此构成了不同项目的速度－力量、速度耐力和力量耐力的结构特征。为了有效地提高运动员体能训练的针对性，选择和设计练习内容时，就必须与速度轮滑运动项目特征相结合。在速度滑冰和速度轮滑这两个相互交融的运动发展过程中，界内人士创造设计了丰富多彩的专门性体能训练手段和基本功动作。国内外无数优秀速度轮滑运动员为了不断地提高运动成绩，年复一年认真刻苦地磨炼，并不断创新训练，挖掘自身潜能，攀登新的高峰。

（一）速度轮滑运动员的基本功动作

明智的教练员都很重视专项体能基础训练。各种带专门性动作特征的基本功动作，是基础训练中的核心内容。运动员掌握了基本功动作，在后续的学习滑跑基本技术中将它们任意组合以解决遇到的各种问题，可帮助运动员打下理论与实际教学相结合的基本功功底。如果运动员能把基本功动作纳入教学和训练之中，持之以恒地坚持操练，他们会受益匪浅。因为操练基本功动作不仅有助于学习和掌握技术，而且会非常有效地提高速度轮滑运动员所需要的专门性体能。近年来，速度轮滑基本功动作越来越向着创新性、高效性和精化性的方向发展。

1. 速度轮滑技术形成的教学过程

速度轮滑技术的形成是一个多年磨炼的系统工程，运动员需要经历以下四个紧密相连接的教学过程：

（1）学习和掌握基本功动作，打好基本功基础。

（2）学习和掌握基本技术，打好基本技术基础。

（3）学习和掌握实用技术，使长、中、短项目的技术规范化。

（4）形成适合自身特点的独特滑跑技术风格。

在此过程中，运动员基本功功底打得越牢固，基本技术基础越规范，那么掌握滑跑不同项目的实用技术就越标准，并且能在较短的年限内形成适合自身特点的滑跑技术风格，但是切不可急于求成。

2. 基本功动作构成因素

（1）在速度轮滑特定滑跑姿势下完成的动作。

(2) 参与完成动作的主要肌肉群与速度轮滑技术动作所需要的肌肉群相近似或完全一致。

(3) 完成动作的结构与速度轮滑技术动作结构相仿或完全一致。

(4) 练习动作的用力方向与速度轮滑技术动作的用力方向基本相同或完全一样。

(5) 完成动作的神经肌肉用力性质方面与速度轮滑是相同的。

3. 速度轮滑运动的各种基本功动作

(1) 基本姿势基本功动作

①从双腿双脚并立姿势开始（背部放松，双臂放松伸直紧贴身体，双手互握置于背后），做上体前倾至肩背稍高于臀部或呈水平的蹲曲动作，膝盖前弓，使身体重心投影线位于双脚之间的偏后部位，抬头向正目视前方，保持蹲曲基本姿势不变。然后，做身体重心前后左右的移动动作，体会身体重心与支撑腿之间的位置感觉。还可以做腿部蹲曲程度的变化，体会蹲曲度高低与膝盖前弓程度之间关系，蹲曲度越低，膝盖前弓程度越大，运动员需始终保持身体重心处于一个合理的位置（图 4–40）。

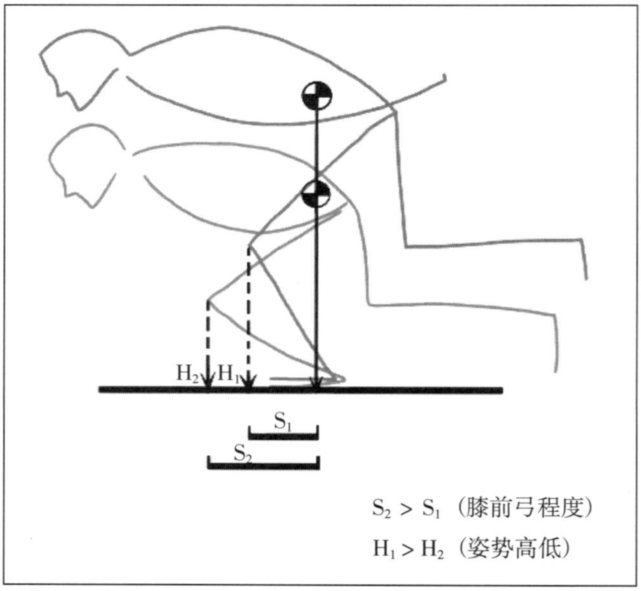

图 4–40　基本姿势蹲曲度与身体重心的关系

（在保持身体重心投影线通过轮滑鞋中后部位置不变的情况下，S 与 H 之间关系）

②取基本蹲曲姿势后，做向前上方跳起动作，在空中保持双腿并拢和上体的姿势不变（图 4–41），落地后呈稳定的基本蹲曲姿势，保持数秒后，再次向前上方跳起而后落地，连续完成若干次。

图 4–41

③取基本蹲曲姿势蹲稳后，做向前、向后、向左和向右的跳起动作（图 4–42）。在空中均保持双腿并拢和上体姿势不变，每次落地均呈稳定的蹲曲姿势后，再做下一个方向的跳起动作，连续完成若干次。

向前、向后跳

向左、向右跳

图 4–42

④取基本蹲曲姿势蹲稳后，做向右（左）90°、180°、360° 的跳起转体动作。在空中均保持双腿并拢姿势，上体呈抬起姿势（有利于加快转体速度）。落地时，上体恢复到原位，双腿蹲曲呈基本姿势（图 4–43）。

图 4–43

⑤在台阶上取基本姿势稳定后，向前上方跳起，在空中保持姿势不变，下落着地后呈稳定的基本蹲曲姿势（图 4–44），再上台阶蹲好重复完成。

图 4–44

⑥取双臂放松位于双膝后抱紧（双手互握肘部）的团身蹲曲姿势后，做向前脚踩画线的行进动作（每步约为一脚）。保持抱紧团身姿势不变。抬头向正，目视前方（图 4–45），每步均要求准确到位，臂勿抬起，向前行进规定的距离。

图 4–45

⑦取基本蹲曲姿势后背手，保持上体姿势不变，先做原地的腿部蹲起动作，处理好姿势高低与膝前屈程度的关系，姿势低膝前弓程度大（图 4–46）。完成几次后，两臂屈肘，胸前交叉，再做一次向上的爆发性跳起动作，配合上体抬起会跳得更高，落地后迅速而自然地呈稳定的蹲曲姿势（图 4–47）。

图 4–46

图 4–47

(2) 支撑平衡能力基本功动作

支撑平衡能力是学习和掌握速度轮滑技术的基础。支撑平衡能力的构成因素，有前庭器官功能、踝关节与膝关节的柔韧性、髋关节的灵活性、参与支撑平衡肌肉群的力量和控制身体重心的肌肉感觉。其中，前庭器官功能属神经系统功能，简单的检测方法是直立双臂前平举，目视前方站稳后，一腿屈膝抬起，另一腿保持站立姿势不动（图 4–48）。闭目计时，保持稳定状态的时间越长，平衡能力越好。另一种测试方法是手臂和上体姿势同上个动作，但两脚取前后站立，保持在一条纵轴线上的姿势（图 4–49），采用睁眼目视前方和闭目操练两种方式，完成平衡站立练习，保持平衡稳定性时间长者为佳。

双脚平行单脚站立

图 4–48

双脚前后呈一线

图 4–49

①取基本姿势，做使身体重心偏前、偏后、偏左、偏右的移动之后（图 4–50①—④），呈左（右）腿单腿支撑平衡状态（身体重心适中稍偏后）。接着，右（左）腿放松抬离地面做向同侧向后方的伸腿动作（向侧呈蹬地动作结束抬离地面状态，向后呈后引腿状态），然后右（左）腿收回与左（右）腿并拢，回到双腿并拢的基本姿势（图 4–50⑤—⑦）换腿完成上述动作。

图 4–50

②取基本姿势，在上述动作①的基础上，以单腿支撑维持平衡保持数秒（静力支撑），改变为单腿支撑蹲起或蹲跳数次（动力支撑），也可以单腿支撑蹲起、蹲跳和静蹲三种方式搭配组合完成，而且这样效果更好。可进行浮腿置于身体后位或侧位的双腿交替练习（图 4–51）。

图 4–51　浮腿于后位及侧位的蹲起或蹲跳

③右（左）腿直立背手站稳，左（右）腿稍屈膝向前抬起，右（左）腿单腿站立，上体正直，做右（左）腿单腿的蹲起动作（图 4–52）。动作要缓慢，支撑腿的膝盖前弓，保持两腿不出现 X 形或 O 形。完成数次后，换腿继续练习。这个动作也可以侧身站在台阶边上进行练习，由于向前稍抬起的非支撑腿，能降到台阶下方，支撑腿的蹲起动作幅度明显加大，有利于提高单腿支撑维持平衡肌肉群和韧带的力量。

图 4–52　台阶上的单支撑平衡

④取基本姿势，左（右）腿支撑维持平衡，右（左）脚稍抬离地面后做向前踢小腿动作，脚尖翘起（图 4–53），尔后放松收回经双腿并拢状态再向后伸出，稍停留后，再收回呈双腿并拢基本姿势。完成动作要缓慢到位，一腿可重复几次，双腿交替进行。

图 4–53

⑤取直立背手姿势，一腿站立，另一腿的脚背置于台阶（或木凳）上，呈屈膝状态（图 4–54）。然后上体向前倾，立腿协调配合下蹲，当上体前倾至背稍高于臀或接近水平状态、下蹲腿蹲到大腿几乎呈水平状态时，保持这个姿势数秒，然后再起立成开始姿势。双腿交替进行。

图 4–54

⑥取基本姿势做小步和大步的屈腿走。动作要领：保持上体前倾至肩背稍高于臀部或接近水平状态的姿势不变，身体重心跟进前支撑腿，后腿充分放松和尽量少地承担身体重心。前腿呈弓箭步状支撑，并将脚贴靠中线落地，即双脚呈前后排列，以双脚的内沿靠在中线上（图 4–55），为了增加前支撑腿稍向外倾斜的程度，可以用双脚的外沿靠在中线上，最好在大步屈腿走中做此动作。

图 4–55　向前大、小步屈腿走

⑦取基本姿势，做向后移步的屈腿走。动作要领：保持上体姿势不变，双臂放松背手（图 4–56），支撑腿（后坐腿）向前下方发力蹬地推动身体向后移动，当前伸腿变为后撤腿（浮腿）经双腿并拢后，继续后撤直至着地承接身体重心变成新支撑腿时，原支撑腿已在身体前方呈伸腿状态，完成了向后推移一步的动作。在向后走的过程中，也可将双臂放松前伸，但仍要使支撑腿稍偏后承担身体重心（呈稍后坐状态）。每完成一步动作都要停留片刻，以增强单腿支撑维持平衡静力性做功的能力。

图 4–56　向后屈腿走

⑧取基本姿势，将身体重心完全移压在左（右）腿上，右（左）腿微抬离地面，呈稳定的左（右）腿单腿支撑状态（图 4–57）。然后，左（右）支持腿保持状态不变，右（左）腿做向侧蹬出动作，之后再由侧位向后撤变为后引腿，接着由后位向前收拉到开始状态。这是一个由侧变后再前收的连贯绕环的动作过程，无疑会加大单腿支撑维持平衡的难度。一腿完成 2 ~ 3 次连贯绕环动作后换另腿继续练习。

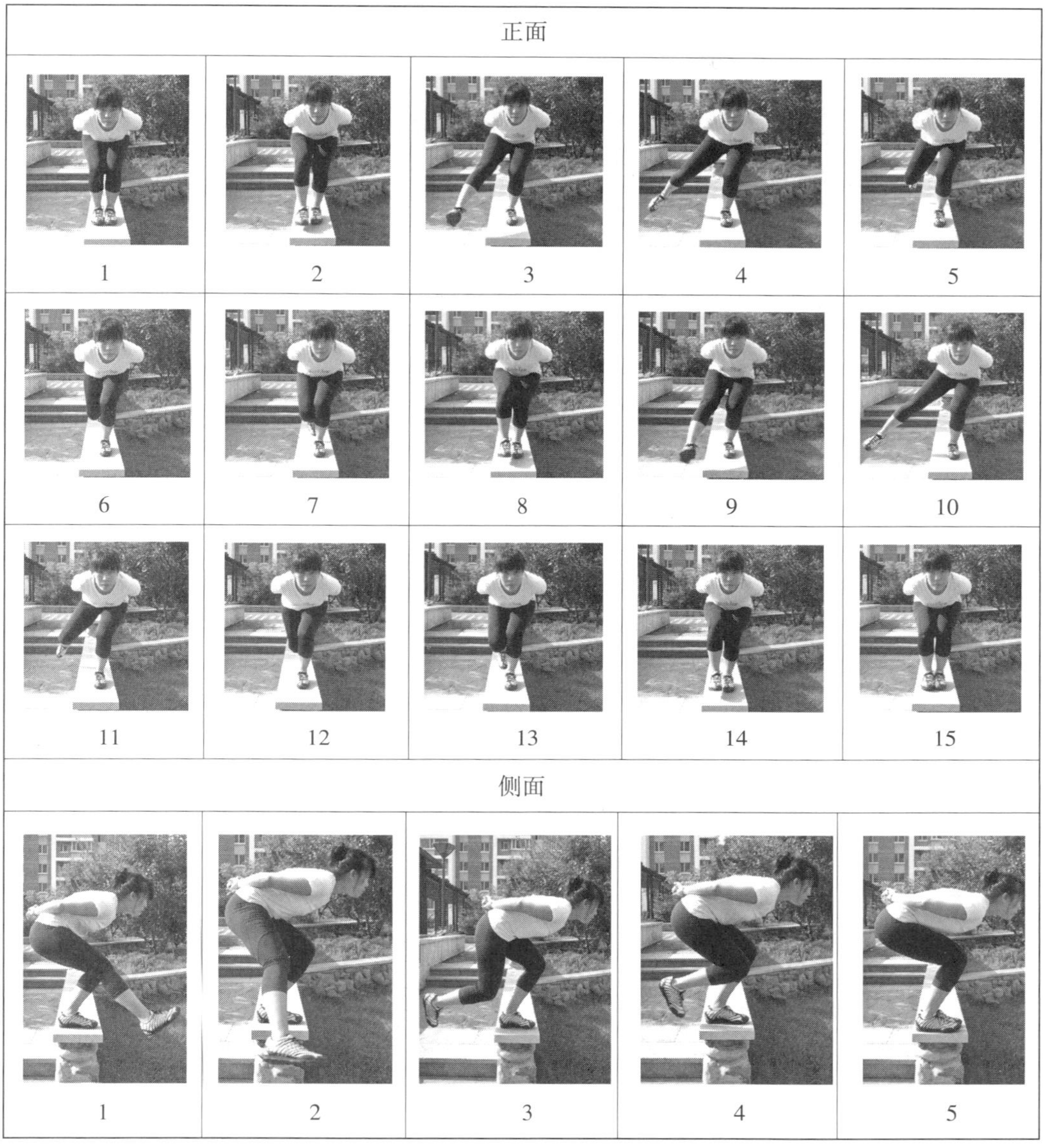

图 4–57　单腿支撑绕环

⑨取基本姿势，做原地的单腿支撑维持平衡的跳起动作。动作要领：将身体重心移压在左（右）腿上（图 4–58），脚下有踩实的感觉，然后爆发用力向下蹬地跳起，上体抬起配合，腾空瞬间双腿并拢呈空中直立状态。但落地时，左（右）腿下蹲呈单腿支撑状，而右（左）腿随下落过程也可向后（侧）伸出，呈侧蹬地动作结束抬离地面向后呈浮腿后引状态。做此动作可采用一元或多元跳起方式，双腿交换完成。

图 4–58　爆发跳起

⑩取基本姿势，上体抬起的同时，右（左）腿站立（图 4–59），左（右）腿屈膝高抬，尔后向前倾体下落左（右）腿，当左（右）脚着地后呈单腿支撑状态时，右（左）腿自然由站立腿变为放松的后引腿，左（右）腿坚持数秒后，右（左）后引腿向前收回与左（右）腿并拢呈起始的基本姿势。双腿交替完成。

图 4–59　高抬腿前弓步支撑

⑪取基本姿势，上体抬起的同时，左（右）腿呈单腿站立，右（左）腿屈膝高抬触胸（图 4–60），尔后随身体向右（左）侧倾倒并顺势落脚于体侧。此时，左（右）腿自然由站立腿变为放松的浮腿。右（左）腿坚持数秒后，左（右）腿收回与右（左）腿并拢呈起始的基本姿势。双腿交替完成。

图 4–60　高抬腿侧弓步支撑

⑫取上体前倾呈弓箭步姿势，做原地的向上跳起动作（图 4–61）。动作要领：后腿放松稍屈膝，当前腿用力向下蹬地跳起在腾空瞬间，两腿迅速换位，当再落地呈弓箭步支撑时，上体自然前倾配合呈起始的基本姿势。连续交换前后腿完成练习。

3　　2　　1

图 4–61　弓箭步跳起

⑬为提升训练难度，可选择在平衡球上做单腿支撑平衡动作，或做上述 12 个支撑基本功动作和分解动作。双腿交替多次重复，可以帮助少年运动员迅速提高技术水平。

（3）蹬地动作的基本功动作

蹬地动作是产生向前滑进的动力源泉。蹬地动作的质量取决于以下几个方面：第一，轮皮与地面之间的支点牢固，使用全轮刃（五轮或四轮）蹬地；第二，向体侧方向完成蹬地动作；第三，在向前滚动的支点轨迹线上完成“线蹬地”动作而不是“点蹬”；第四，参与完成蹬地动作肌肉群的神经肌肉用力性质，具有爆发加速度推弹的特点；第五，控制和利用自身体重完成蹬地动作。为此，要求运动员带着上述轮滑的意识进行蹬地动作的基本功操练。

①原地移动身体重心（图 4–62）：取双腿分开基本蹲曲姿势，完成蹬移身体重心的基本功动作。动作要领：双腿开立宽于肩，将体重移压在右（左）腿上，呈三点（鼻子尖、膝盖和脚尖）一线支撑。然后，保持上体姿势不变做向右（左）侧下方的慢速蹬地动作，平稳地将身体重心推移向左（右）腿。当右（左）腿蹬地动作结束，身体重心完全落在左（右）腿上，鼻尖、左膝、左脚尖呈三点一线的支撑状态时，再向右（左）做，反复练习。移动身体重心一定要准确到位，在推移过程中身体不要有起伏。随着对动作掌握程度的提高，可以逐渐加快蹬地动作的速度和加大蹬地动作的力度。

1　　2　　3　　4　　5

图 4–62　原地移动身体重心

②移动重心蹬地（图 4–63）：取基本姿势，身体重心位于两脚之间。当右（左）脚抬离地面，即失去支点后，身体会很自然地向右（左）侧倾倒，与此同时，左（右）腿承担着身体重心并及时地做蹬地动作。在边倾倒边蹬地过程中，应尽量将身体控压在左（右）腿上，并将右（左）腿尽量抬起控制于胸下。左（右）腿蹬地动作结束的同时，右（左）腿落下着地承接身体重心。然后，左（右）腿放松收回与右（左）腿并拢呈起始基本姿势。可向一侧连续做，也可向左右两侧交替进行练习。

图 4–63　移动重心蹬地

③向一侧连续蹬地（图 4–64）：取单腿支撑另腿呈后引姿势蹲稳后，当后引腿向前做收腿动作时，身体会自然产生向同侧倾倒的趋势，与此同时，支撑腿随倾倒感觉迅速做蹬地动作。在蹬地过程中，尽量将浮腿控制于胸下，随蹬地动作结束，浮腿着地承接身体重心变为支撑腿。向一侧连续做若干次后，双腿换位进行练习。

图 4-64 向一侧的连续蹬地

④连续侧向蹬跳（图 4-65）：取基本姿势，做原地并腿向内倾斜侧向跳。动作的要领：左（右）脚稍抬离地面，身体会立即向左（右）侧倾倒，右（左）腿借助于倾倒用力向侧下方蹬地跳起，在腾空瞬间，双腿尽快并拢，待右（左）腿落下着地时，双腿紧贴呈向内倾斜支撑，右（左）腿做富有弹性的下沉动作。然后，右（左）腿再借下沉动作的反弹力做积极的蹬地跳起动作。这样在原地非常有节奏地向左和向右连续完成侧向跳。

图 4-65 连续侧向蹬跳

⑤取基本姿势，做原地大幅度的滑行模仿动作。动作要领：尽量利用体重以最大力量做向侧的蹬地动作和控制浮腿尽量减小侧跨的反支撑动作。在完成练习过程中，保持整体姿势不起伏（图 4-66）。

图 4-66 原地滑行模仿动作

⑥取基本姿势，在上述动作⑤的基础上，尽量利用体重以最大力量做向侧后方的蹬地动作，并尽量控制浮腿前摆着地时不出现明显的反支撑动作。每步动作向前上一脚掌的距离。这个动作还可以做向侧前方的蹬地动作，每步动作会向后退一个脚掌的距离(向前和向后的滑行模仿动作)，如图 4–67 所示。

图 4–67　向前、后的滑行模仿动作

⑦取基本姿势，做原地、向前和向后的滑跳模仿动作。完成动作的协调关系与滑行模仿动作相同，唯一不同的是每次蹬地动作的力度更大，能使身体跳起腾空（图4–68）。在腾空过程中尽量将浮腿大腿控制于胸下，当浮腿落下着地时，又以非常富有弹性的下沉动作完成动作，并借助于下沉动作的反弹力又开始下一次的具有爆发加速度特点的蹬地跳起动作。滑跳模仿动作两脚着地点之间的距离大致为 1.4 ~ 1.8 米（依据运动员的身高和能力），每分钟适宜的滑跳频率为 40 跳。

1 2 3

图 4–68 滑跳模仿动作

⑧取基本姿势，做原地和向后的大幅度侧向跳动作。基本动作要领与滑跳模仿动作相同。最主要的不同点是更注重每跳向侧蹬移的距离，最大距离可达到 200 ~ 240 厘米，每分钟适宜的频率为 20 跳左右。在沙坑中完成侧向跳动作效果更好。采用肩负 5 ~ 8 公斤长形沙袋，如图 4–69 所示，双手拉住沙袋两端，将沙袋固定在肩上做侧向跳动作（见图 4–68），能更有效地增强蹬地动作的力度。

图 4–69 肩负沙袋姿势

⑨取基本姿势，在模仿蹬板、模仿拉盒架上做滑行模仿动作，蹬板阻力和拉盒的重量均可调节。动作协调关系与滑行模仿动作相同，练习时须注重每一次蹬地动作的质量。

(4) 收摆腿和下轮着地动作的基本功动作

①取基本姿势，一腿支撑，另一腿放松做收、摆腿动作。先做向侧的蹬伸动作(脚置于地面之上，图 4–70①)，然后将蹬伸腿抬离地面，做由侧方向后收（引）腿(适当内转)，直至小腿接近平行地面和大腿垂直地面（图 4–70②)。再做稍向前踢小腿动作，将浮脚送出，并以脚掌后半部先着地（图 4–70③)，然后过渡为全脚掌着地，最后收回呈基本姿势（图 4–70④)。双腿交替支撑完成练习。

图 4–70 收腿与下轮着地分解动作

②取基本姿势，向前做 45° 角的大步幅侧后蹬地的屈腿走（图 4–71)。动作要领：蹬地腿向侧后方用力蹬地，将身体向着偏离中线 45° 角的方向推进。当浮腿着地时，上体也紧跟浮腿所示方向摆肩到位，并呈准确的“三点一线”支撑状态。此时，落在后面的浮腿（原先的蹬地腿）以膝领先积极地向支撑腿收回，并不停顿地继续向前侧方（又一个 45° 角方向）摆动向前送腿。在此收摆腿过程中，支撑腿又完成了一次向侧后方用力蹬地的动作与其相协调配合。浮腿要充分放松，动作要跟进到位。

图 4–71 45°角的大步幅侧后蹬屈腿走

②取基本姿势，做大步幅的跪推式屈腿走（图 4–72)。做向后的跪推动作时，应呈显爆发用力的特点，并充分地将腿蹬直，与其协调配合的前跨脚的外侧靠近前进方向的中心线，着地后呈向外倾斜支撑状态。从后面观察此时跪推腿的脚尖自然地勾向前支撑腿的小腿。当浮腿向前收摆经双腿并拢后，随另一腿的跪推动作积极向前摆送腿，前跨脚着地（脚外侧靠前进方向的中线）即承担身体重心。

图 4-72 大步幅的跪推式屈腿走

③取基本姿势，做分节拍的收腿动作（图 4-73）。右（左）腿支撑稳定平衡，左（右）腿呈放松后引状态。按自我暗示口令完成动作：数 1 时，将后腿收至呈大腿垂直地面，小腿平行地面；数 2 时，把大腿尽量向胸下抬起；数 3 时，将浮腿小腿稍前踢在超出支撑脚半脚处靠近支撑腿着地，身体重心也随之前移，成为新的支撑腿。双腿交替进行练习，可锻炼单腿支撑平衡能力。

图 4-73 分节拍的收腿（与单支撑）

⑤取基本姿势，在进行滑跳模仿动作练习时，重点关注收、摆腿动作的完成质量。注意向前摆腿动作要以稍向前踢小腿为结束动作，此时浮脚要保持水平状态，绝不允许有屈脚动作，并准备好以脚掌偏后部位做着地动作。浮腿大腿要养成与其小腿始终保持几乎相垂直关系（见图 4-68）。

（5）摆臂的基本功动作

①取直立姿势，做原地或进行间摆臂与高抬腿相配合的协调性动作（图 4-74）。动作要领：向前上方摆臂时，自然屈肘，摆至中线。向后摆时，自然伸臂，位于身体侧后方。高抬腿动作是以膝领先向异侧肩方向尽量抬至触胸程度，与此同时，支撑腿随着另腿的抬起动作而顺势提踵。摆臂动作与高抬腿动作的协调配合关系同平时走路、跑步，但必须做到以膝领先高抬与异侧臂前摆时的肘关节在体前中线处接触（呈前交叉状）。应尽量加大向前内上方摆臂动作的力度，要始终注意提着身体重心完成动作。随着熟练程度的提高，可适当加快完成动作的频率，这有助于提高团身动作和运用腰力的感觉。

右腿	 1	 2
左腿	 1	 2

图 4–74　双摆臂高抬腿（呈前交叉）协调性

②取双臂下垂位于体侧、双腿并拢的基本姿势，做原地的摆臂动作。动作要领：做向下蹬地动作的同时，右（左）臂前摆屈肘至中线处，左（右）臂摆向侧后方，此时呈双腿直立，但保持上体前倾姿势不变（见图 4–29）。然后，随基本姿势的下蹲，双臂放松自然回落到下垂状态。当重复练习时，双臂连续交换前后位置。随熟练程度的提高，逐渐加快完成动作的频率。在连续练习中，要注重前臂肘关节与异侧膝关节的交叉协调关系。检查动作是否正确的方法，是保持基本姿势不变，将前摆屈肘的手臂由前方向后下方收回肘关节时，肘关节会顺其自然地与同侧膝关节相触。

③取双腿并拢、背手或双臂放松下垂位于体侧的基本蹲曲姿势，做移动身体重心的双摆臂动作。做动作时，左（右）腿做蹬地动作推移身体重心向右侧转移的同时，左（右）臂向前摆至中线，右（左）臂向侧后摆至稍高于背部。此时右（左）腿呈现“三点一线”的支撑状态（图 4–75）。在完成练习的过程中，身体重心的转

移一定要准确到位，不出现起伏现象。前臂肘关节要与异侧膝关节保持交叉协调的状态。

1　　2

图 4–75　横向移动重心的双摆臂

④取基本姿势，借助于橡皮筋做双摆臂动作（图 4–76）。选择适宜长度的橡皮筋 1～2 根，双脚踩住橡皮筋的中段，两手分别握紧橡皮筋的两端后呈静力蹲曲姿势。之后，有节奏地进行拉橡皮筋的双摆臂动作练习。摆臂动作的要领与前几个动作相同。

准备　　拉橡皮筋练习中

图 4–76　牵引橡筋的双摆臂

⑤取基本姿势，双手分别持小号杠铃片、哑铃或手腕绑沙袋等重物，按上述动作②和③的摆臂要领，完成负重的摆臂动作练习（图 4–77）。

图 4–77　手持重物的两种双摆臂

⑥取一腿蹬地结束、另一腿静力支撑的基本姿势，做原地双摆臂动作协调性练习。动作要领：左（右）腿蹬地结束，右（左）腿静力支撑，左（右）臂呈前摆到位状态，右（左）臂侧后摆。当右（左）腿用力向下蹬地的瞬间，快速跳起并迅速向侧蹬伸出去，与此同时，左（右）腿以膝盖领先从侧位迅速向身体重心投影点处靠拢，左（右）脚准确地落在原右（左）腿静力支撑点上。随熟练程度的提高，在保证动作质量的前提下，可以尽量加快动作的完成频率（完成动作过程中尽量做到身体不起伏），如图 4–78 之“动作一”。

⑦一腿在长木凳上取蹲位，另一腿呈蹬地动作结束状态置于地面，做双摆臂的协调性动作。动作要领基本上同上述动作⑥，唯一有别之处是在完成动作的过程中，双腿由地面向凳上跳落时，需要更注意团身收腹，使动作顺畅地完成（图 4–78 之动作二）。

原地（平地）快节奏双摆臂协调性				
动作一	 1	 2	 3	 4
长凳上双摆臂协调性				
动作二	 1	 2	 3	 4

图 4–78 双摆臂协调性动作

(6) 静力支撑的基本功动作

速度轮滑运动员对静力性力量训练应给予足够的重视。在特定滑跑基本姿势下进行的单腿支撑平衡的静力性练习，对专项肌肉群来说是强度很大的练习，有时可达到极限程度的刺激。因此大脑皮质细胞很容易疲劳。由于肌肉较长时间做等长收缩（肌肉紧张度增加），造成供氧不足，肌肉中产生大量乳酸，氧债明显，所以肌肉很快就会疲劳。经常进行静力性练习，有利于提高肌肉的抗酸能力和培养顽强的意志品质。

①取基本姿势，在原地做静力颠踏动作。动作要领：保持基本姿势不变，关键要保持膝关节并拢且角度不变，双脚要同时向下用力使身体颠起，用全脚掌有节奏地颠踏，频率越快难度越大。要始终保持姿势不变形，双膝并拢而且角度不变，双脚并拢同时做颠踏动作（见图 4–3）。

②取基本姿势，在原地做静力性抬大腿颠踏动作。保持基本姿势不变，双腿交替做抬大腿的颠踏动作，颠起与踏地都用全脚掌。在颠踏过程中，要始终保持膝关节角度不变。动作节奏鲜明，频率越快难度越大，疲劳也越快。从外观看很像在特定姿势下的“原地小步跑”（见图 4–4）。

③取基本姿势，做各种基本动作时有目的地适当延长单腿支撑维持平衡的时间，以提高静力支撑的能力。

④取双腿并拢半蹲曲姿势，做静力性练习（图 4–79）。在保持原姿势不变形的情况下，坚持 10 ~ 15 分钟，这时膝关节会分泌出一种关节液，对关节起润滑作用。在坚持过程中，逐渐出现酸感，到一定时间双脚会失去知觉（麻木感），当出一身透汗后，双脚马上会恢复知觉。这种与极限挑战的练习，不仅能提高肌肉的抗酸能力和静力支撑能力，而且能锻炼意志品质。

图 4–79　静蹲姿势

⑤取背靠墙的腿部蹲曲姿势，做保持姿势不变的静力性练习（见图 4–5）。做动作时，保持背部放松紧贴墙面，腿部蹲曲程度以大腿呈水平状为准。为了延长静蹲的时间，可做双臂放松下垂、前举、侧举、上举等动作，以转移注意力。

⑥在长凳一侧取基本姿势，做向另一侧的跳越动作（图 4–80）。做动作时，用力蹬地跳起并越过长凳落到另一侧，呈双腿并拢蹲曲姿势，坚持数秒后，再跳起落到原起跳侧。腾空时，要保持双腿并拢，并尽量团身收腹，以保证安全越凳和着地蹲稳。

图 4–80　侧向越凳蹲跳

⑦借助于器械和重物进行各种基本功动作练习时，有目的地增加单腿支撑平衡静力性做功的持续时间和训练的比重，是提高单腿支撑平衡静力性力量的最佳选择。

（7）弯道技术的基本功动作

①取基本姿势后，做小圆周的屈腿走动作（图 4–81）。在屈腿走过程中，逐渐加大跪推蹬地动作的力度，这样在越走越快的情况下，就会自然产生离心力。为了能沿圆周继续完成动作，必须加大身体向圆心倾倒的程度，在迈腿动作中右腿做出越过左腿的交叉压步动作。姿势要由高变低，屈腿走的步子要由小变大。

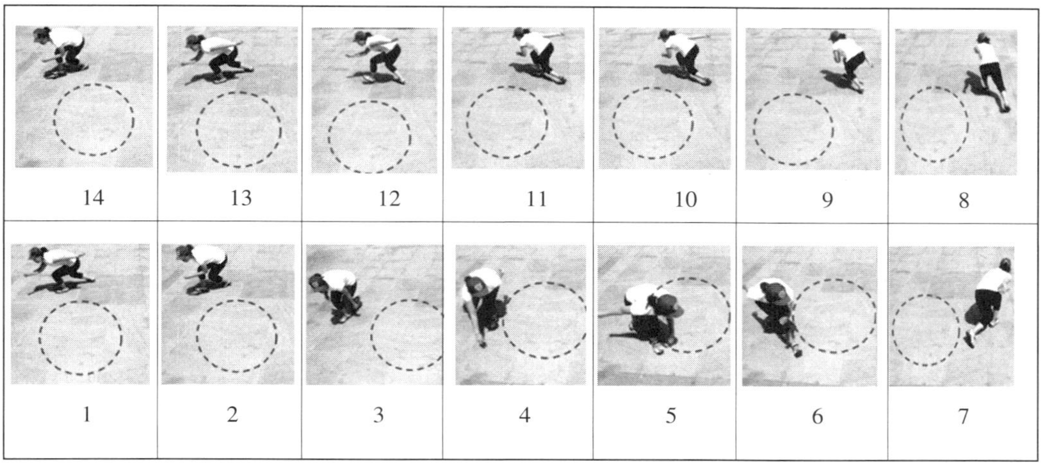

图 4–81　沿小圆周屈腿走

②手扶物体取向左倾斜基本姿势，做弯道单腿蹬地和收回的动作（图 4–82）。做动作时需注意左（右）腿向左倾斜支撑，右（左）腿做向右侧的蹬伸腿动作，然后再以膝盖领先收回到原地。一腿连续完成若干次后再换腿完成动作，也可以两腿交替进行练习。

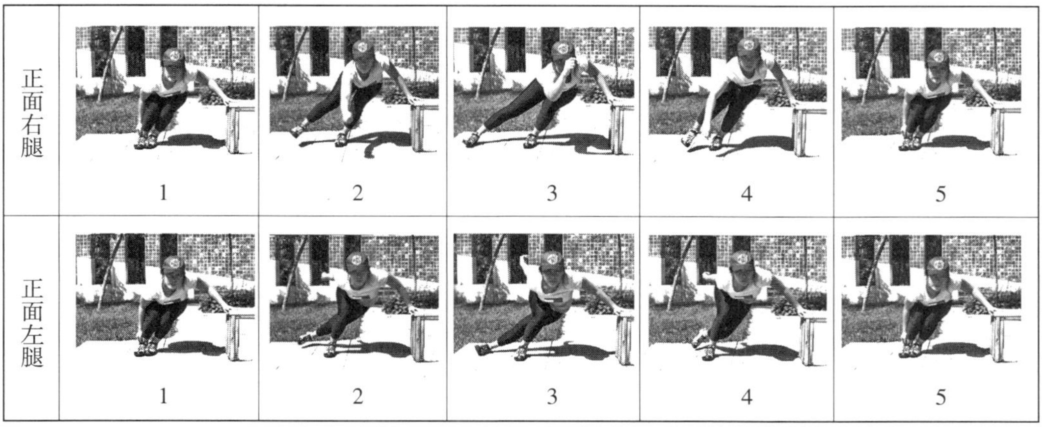

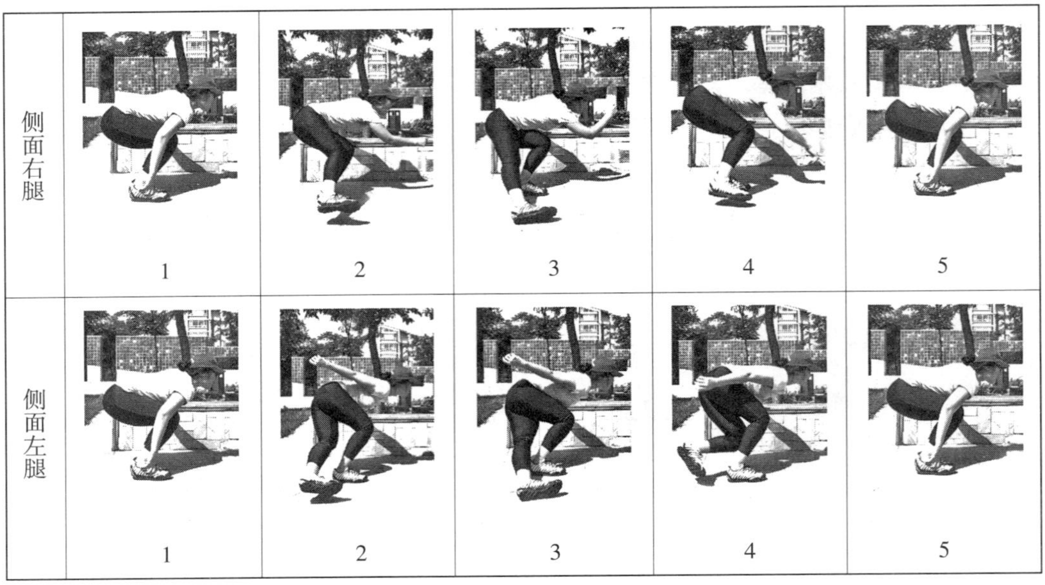

图 4-82　弯道蹬地和收腿连续动作

③在台阶上取向左倾斜的基本姿势，做弯道滑行模仿动作（图 4-83）。右腿蹬地结束抬离台阶位于体侧，左腿在新上的一个台阶上呈向左倾斜支撑状态。当身体向左失去平衡时，左腿开始做向右的蹬地动作，推移身体向左加大倾斜程度。与此同步，右腿放松以膝领先向左腿收回，并越过左腿呈交叉压步状态。当左腿结束蹬地的瞬间，右腿着地于又一个新台阶，并承担身体重心变成支撑腿。按上述动作要领的要求，连续做台阶弯道交叉压步。在完成动作过程中，要尽量创造和保持身体向左不断倾倒的团身姿势。蹬地动作要强而有力，浮腿要充分放松，无论左脚还是右脚着地时，都要踩在台阶的外沿处。

图 4-83　台阶弯道滑行模仿

④在台阶上取向左倾斜的基本姿势，做弯道滑跳模仿动作（图 4-84）。动作要领与上述动作③的区别是蹬地动作的力度明显更强，能使身体腾空（保持团身姿势）。着地时，要有意识地做下沉动作，使动作富有弹性，并要借助于着地下沉动作的反弹力提高蹬地动作的质量。

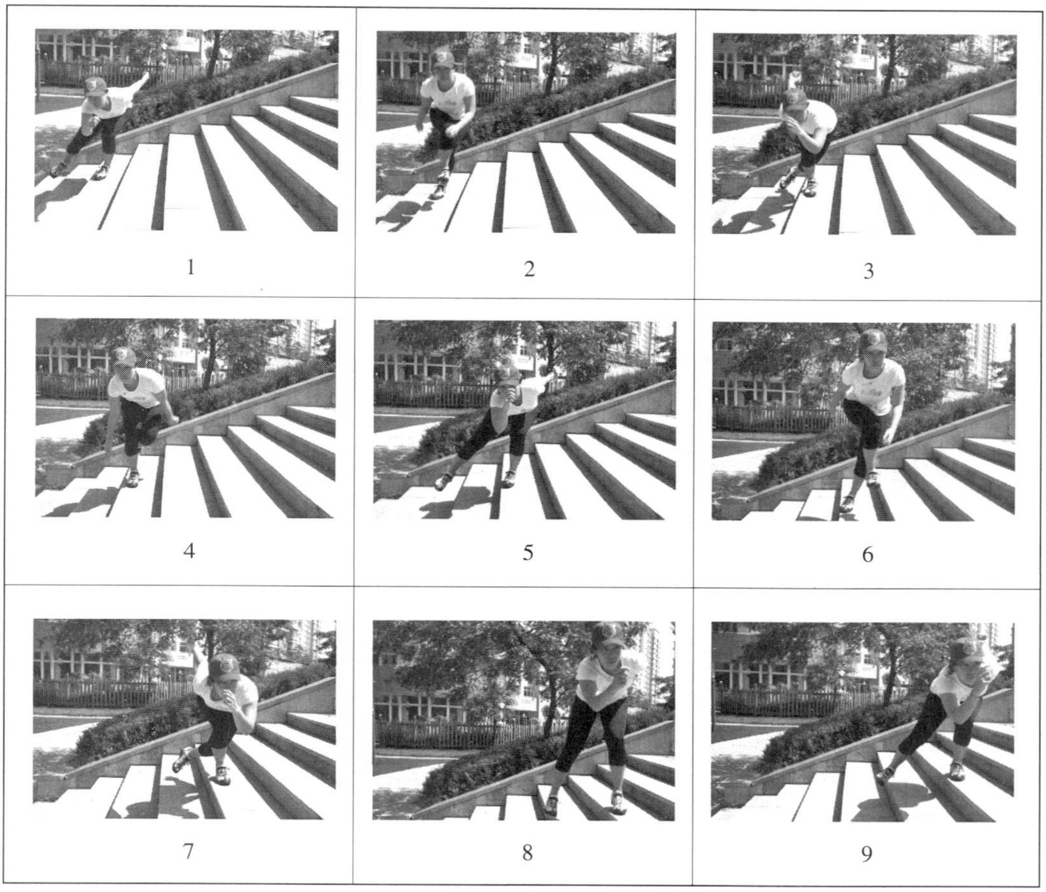

图 4-84　台阶弯道滑跳模仿

⑤取直立姿势，做屈伸交叉压步动作（图 4-85）。动作要领：右腿向右侧用力摆抬，放松下落过程中屈膝，向前越过左支撑腿形成向左的交叉步落地。然后与左支撑腿做下蹲动作（右脚着地时右膝尽量呈“前内顶”状态，右小腿明显向左前方倾斜）。左腿深蹲将重心转移到右腿后自然弯曲位于右腿的后下方，左膝与左脚背几乎接触地面。最后起立回到起始姿势。此练习的关键点，首先是右腿向右侧摆抬的动作幅度越大越好；其次是深蹲后右腿承接身体重心，右小腿向左前方做“前内顶”的动作。

图 4–85　摆右腿下落呈交叉压步

⑥取直立姿势，做左腿向右侧用力摆抬动作，放松回落过程中，随身体向左倾倒，左腿屈膝侧跨，做向左倾倒的着地动作并承接身体重心（图 4–86），此时右支撑腿随身体向左倾倒自然变成位于右侧的浮腿。最后，起立恢复到起始姿势。练习的关键与上述动作⑤类似，首先是左腿向身体右侧的摆抬动作幅度越大越好；其次是左腿着地承担体重呈深蹲曲团身姿势，保持数秒后再起来。

图 4–86　摆左腿下落呈左腿向左倾斜支撑

⑦弯道技术所需要的专门柔韧性动作练习（图 4–87）。取左手扶地、右腿在前左腿在后交叉压步深蹲姿势后，以右手压在右膝上用力向左推压右小腿向左倾斜。在保持上体团身姿势不变的情况下，左臂也要尽量向左倾斜。

图 4–87　弯道专门柔韧性练习

⑧用左臂支撑地面呈身体侧向地面的交叉压步姿势，做有节奏地交叉压步动作（图 4–88）。在保证每次交叉步动作到位的前提下，完成动作的频率越快越好。

图 4–88　弯道加快频率练习

⑨原地向左和向右的交叉压步动作协调性动作（图 4–89）。做动作时，无论向左还是向右做交叉压步动作，均要求在前的支撑腿小腿向前内方向倾斜，后腿须向正外侧蹬伸，呈弯道蹬地动作结束状态。以前支撑腿做向侧下方强而有力的蹬地动作，使身体跳离地面，就在腾空时双腿完成交叉换位。完成动作时，动作频率应由慢到快，并保证每次跳起双腿换位迅速而到位。

图 4–89　左右两侧交叉压步跳

⑩在上述⑨动作的基础上，可以用交叉跑代替蹬跳动作来转换两侧交叉压步。做向左和向右的交叉压步时，可以选择性地用手扶地以维持身体平衡（图 4–90）。

图 4–90　左右两侧跑动交叉压步

⑪取站立基本姿势，做向左连续抬右腿的交叉压步动作（图 4–91）。动作的要领：身体向左倾斜，在行进间向左侧做交叉压步走，右腿以膝领先朝着左肩向上方抬起，并与左支撑腿协调配合。然后，右腿于左腿外侧直腿着地，并承担身体重心，与此同时，左腿抬离地面，向左收至与右腿呈并拢状态。按上述动作要领继续做右腿连续向左的交叉步练习，并要逐渐地降低基本姿势。如运动员的蹲曲姿势达到深蹲程度时右腿仍能按要领抬起完成动作，则为最佳。

图 4–91　逐渐降低蹲曲度交叉压步

⑫取向左倾斜的基本姿势，做向左侧移动的弯道滑行模仿动作（图 4–92）。动作要领：左腿向左倾斜做向右侧蹬地动作的同时，右腿以膝领先向左肩方向提拉，于左腿前形成交叉压步。当左腿结束蹬地动作时，右腿下脚着地，此时呈现出右膝呈“前内顶”状态（右小腿明显向左前方倾斜），并承担身体重心；左腿呈屈膝状态，左小腿的外侧几乎触及地面，身体呈明显的团身状态。随后，右腿接着向右侧做蹬地动作，并不断向左倾斜移动，左腿顺势以膝领先向右膝内侧靠拢。当右腿结束蹬地动作时，左腿于身体重心投影线（点）处下脚着地，承担身体重心。这时，左腿处于明显向左倾斜的稳定支撑状态，而右腿放松屈膝位于身体右侧，呈蹬地动作结束后的状态。按上述动作要领，连续完成动作。

图 4–92　弯道滑行模仿

⑬取基本姿势，做弯道滑跳模仿动作（图 4–93）。动作要领：当左腿向左倾斜用力蹬地跳起时，右腿放松以膝领先向左肩方向积极地完成收腿动作，并越过左腿呈双腿交叉状态，以小腿“前内倾”要领着地时，承担体重。随身体继续向左倾斜的趋势，右腿开始蹬地跳起，与此同时，左腿积极与其协调配合，以膝盖领先向右腿靠拢收腿，并呈向左倾斜的状态着地承担身体重心。在向左连续滑跳过程中，蹬地动作应具有爆发用力的特点，每腿着地都应尽量下沉压低蹲曲度，有弹性地完成滑跳动作。另外，肩和臀部应随着滑跳的位移同步向左横移。建议每分钟完成 40 跳。

图 4–93 弯道滑跳模仿

⑭取深蹲曲基本姿势，做快速弯道交叉压步动作（图 4–94）。动作要领：身体向左倾斜，按上述动作⑪⑫的姿势，做快节奏的弯道交叉压步动作。始终保持团身和向左倾倒的趋势，完成动作的频率越快越好。

图 4–94 快速弯道模仿动作

⑮取向左倾斜的基本姿势，做弯道单、双摆臂动作。动作要领：右臂单摆时，向前摆向弯道标志线方向，微屈肘，摆至脸部水平线位置；后摆向侧后方，将臂摆直，

也可以稍屈肘，略高于背部（见图 4–82）。前后摆都要体现加速完成动作的要求，并与腿部动作协调配合。双摆臂时，右臂前摆动作较直道右臂前摆稍偏左。但左臂摆动以前臂为主，做小幅度前后摆动，上臂放松紧贴上体即可（见图 4–92）。

⑯取基本姿势，利用台阶做自上而下的退让性单腿支撑弯道后交叉压步动作（图 4–95）。为使身体保持向左倾斜姿势，两腿做自上而下的着台阶动作时，必须向左倾斜支撑。浮腿放松微屈膝控制于身体的右侧，起维持平衡的作用。每次着台阶的支撑动作都应有意识地做下沉动作，像压弹簧一样富有弹性。在跳下的过程中，右腿支撑时左腿于右腿的后面呈反交叉压步状态。

图 4–95　台阶（自上而下）退让性弯道模仿

速度轮滑运动员所采用的基本功动作有很多，为了保证练习的效果，必须注意以下总的基本要求：

第一，基本姿势。支撑腿膝关节角应为 90° ~ 100°，并结合个体形态特点，选择合适的上体前倾角度；身体重心投影线应通过支撑脚的后半部，体现出低姿势和稍后坐的特点；上体肌肉放松，躯干要成流线型；头向正，目视前方。

第二，移动重心。移动重心前，上体应平稳地位于支撑腿上，浮腿回收到胸下，脚掌稍抬离地面，脚尖略向上抬起，脚跟也可轻轻接触地面；重心移动开始于上体，而不是腿部先跨出；整个上体稍向支撑腿内侧移动一点儿，压力集中在支撑脚内侧上；上体与臀部为整体，同时向侧方移动；当倾倒、重心移动开始后，支撑腿变为蹬地腿，而浮腿抬起，模仿着地的滑进动作准备成为支撑腿；上体与髋部保持平衡，并与地面平行，头部继续朝向前方。

第三，蹬地动作。全脚掌与地面接触并且脚要踩实，向侧下方用力蹬地；蹬地结束时，脚掌有些外翻，但脚的内侧要始终与地面接触；蹬地时，另一只脚抬起，脚尖稍向上，向侧移动，但脚尖始终朝着前方；在移动重心和蹬地的同时，浮脚侧移的程度要恰到好处；当浮脚着地的瞬间，上体位于两腿之间，这与轮滑时的技术是不同的；浮脚全脚掌着地，脚尖朝前方。上体继续侧移直至胸部处于支撑腿正上方，蹬地腿充分向侧方蹬直，此姿势与轮滑蹬地结束姿势是相似的。

第四，收腿动作。用力蹬地结束后，腿部立即放松，同时做流畅的收腿动作；上体停留在支撑腿的正上方；浮腿内收，脚不离地面；两大腿靠拢时，脚尖稍拖地并绕向后面；这时可以假想脚穿轮滑鞋，然后像轮滑着地动作那样，轻抬脚，踢小腿并送向前方；脚要控制在胸下跟随大腿移动；两大腿贴近，浮腿继续前移；浮脚超过支撑脚时，脚掌着地，继续前移，脚尖向上翘起，此动作是模仿轮滑的下轮着地动作。此时，浮脚已经经过支撑脚，要向内移动重心，接着又开始做蹬地动作。整个动作过程都要注意保持上体、双肩、髋部的平稳性，避免出现起伏和扭摆动作。

速度轮滑运动员在陆地上进行基本功动作练习时，一定要带着“轮滑的意识”完成模仿动作，这样才能更快地将陆地基本功的训练成果转化到轮滑技术中。

（二）速度轮滑运动员的专门性体能训练手段

1. 电动跑台

在速度轮滑运动员的体能训练中，使用的电动跑台有两种：一种是 MS—502 型体育综合训练台（图 4-96）；另一种是轮滑 / 自行车 / 骑行台。

孙显墀与哈尔滨东安机械厂合作设计研制的 MS—502 型体育综合训练台，滚动台的规格为宽 1 米，长 3 米。滚动台面的两侧均有与台面齐平的供运动员站立的固定板面，30 厘米宽，3 米长。电动转速可调，最高转速为 10 米 / 秒；跑台前端的升降角度也可调，最高为 15°。这个训练台的使用方式有两种，即电动方式和蹬动方式。

图 4–96 1981 年全国速度滑冰冠军赛男子 1500 米冠军马太山在 MS—502 型体育综合训练台上做屈腿走（左）和弯道蹬动动作（右）

采用电动方式时，运动员能在跑台上进行走、跑、上坡跑、屈腿走、蹲跳走和手扶栏杆侧身弯道模仿动作等。电动跑台有一定的转速，所以运动员完成动作的蹬动（展腿）速度必须略快于台面的转动速度，这样腿部才能获得有牢固支点的肌肉感觉。电动练习时，还可调节训练台的角度。采用在 15° 角的台面上练习，会像在山坡上训练一样，无疑有助于增加训练的难度和提高训练的强度。

采用蹬动方式进行练习时，是由静止状态进入蹬动的转动状态，会自然产生惯性速度。因此，运动员完成蹬动动作时，必须注意加速度用力的特点，即蹬动动作的蹬动（展腿）速度和完成动作的频率要越来越快，这样脚下才能始终有牢固的支点。但无论是电动还是蹬动，运动员在跑台上练习，都能感到如同轮滑一样的滑跑滋味，即脚下的支点是离身体重心投影线而去，从身体姿势到肌肉用力性质更接近于轮滑的专项特点。蹬动练习时，完成动作的用力程度较大（克服静态阻力），有时为了加强力量训练的效果，可以向台面的后端施加阻力。

在 MS—502 型训练台上进行电动或蹬动的弯道模仿动作和屈腿走的训练是非常有效的训练手段，在速度轮滑运动员的训练中，可多采用。

轮滑、滑冰滑行台是最近几年出现的新式训练器械。速度轮滑运动员可以不受天气和场地因素影响，在室内电动滑行台上进行滑跑训练。轮滑滑行台可以让运动员提高滑跑技术，还可以提高专项机能的水平。由于轮滑鞋滑行的特性，在间休时，运动员仍可站在电动的台面上，手可扶前面的栏杆。在滑行台上进行双蹬技术的滑跑训练，也是非常好的创新。

这种供轮滑、滑冰的滑行台（图 4–97）一般规格为 2.5 米宽、3 米长，跑台两侧均有与台面齐平的站板，外侧有护栏。跑台前方有手扶栏杆，上方备有安全保护带。另外，在跑台的正前方可安装镜子供运动员观察自己的动作。

图 4–97　轮滑、滑冰滑行台

2. 固定自行车台

速度轮滑运动员使用固定自行车台进行训练时，根据训练任务，可以调节骑行速度和阻力。经常应用固定自行车台进行高速度的练习，可以有效地提高腿部蹬踏频率。将固定自行车台的练习与其他训练手段搭配，可以组合成各种循环训练。因在固定自行车台上练习的姿势和参与完成蹬踏动作的主要肌肉群与轮滑专项的特点十分近似，所以使用固定自行车台训练是提高运动员专项体能的有效手段之一。

速度轮滑运动员可以利用固定自行车台（图 4–98）进行逐组递增阻力的定时重复训练，它能非常有效地使运动员提高抗乳酸能力，帮助运动员解决在比赛中后程降速的问题。

图 4–98　固定自行车台

3. 自行车

速度滑冰界有不少优秀选手是速度滑冰运动和自行车运动的两栖运动员。当今，又涌现出速度轮滑和速度滑冰的两栖运动员、速度轮滑和自行车的两栖运动员，还有短道速滑和大道速滑的两栖运动员。这足以说明，自行车与速度轮滑和速度滑冰及短道速滑这四个运动项目之间的密切相关性。

采用自行车进行有氧耐力长时间或长距离的训练，甚至可以持续 4 ~ 5 个小时以上。对速度轮滑运动员来说，这是非常重要的基础耐力训练，是其他任何训练手段都无法替代的。

利用自行车进行有氧与无氧混合训练时，运动员所产生的疲劳感与速度轮滑所产生的疲劳感觉是相同的，肌肉疲劳早于呼吸系统对运动能力起限制的作用。这种性质的自行车训练，不但能非常有效地提高肌肉群耐受乳酸的能力，而且可以使运动员的意志品质得到锻炼。

速度轮滑运动员进行自行车的短距离训练，一方面能明显地提高髋、膝部屈肌和伸肌的收缩速度，另一方面还能有效地增强腿部力量，提高动作频率。如果速度轮滑运动员在自行车训练中，采用集体编队骑行、尾随强者、顺风快骑或在较缓的下坡路上骑行等方法，进行尽量延长保持高速骑行时间和距离的训练，会明显地增强保持速度和提高动作频率的能力。在进行专项体能训练时，可以把自行车不同段落的骑行与其他训练手段（各种基本功动作、跑、跳、力量练习）搭配成各样的循环训练，也是提高机能的好方法。另外，为了打好有氧耐久力基础，可有计划地组织多日自行车拉练。在拉练过程中，运动员会经历不同的环境，大家同甘苦，使运动员的心智更加成熟。

条件允许时，速度轮滑运动员也可以参加自行车运动的比赛，增加自身对参与不同运动的比赛经历。需要特别指出的，安全问题是进行自行车训练的重中之重。运动员必须佩戴头盔和护手，对骑行训练的路线要事前做好调查。运动员还要亲自检查自行车的安全性，训练后注意及时检修保养，以备再用。

4. 滑行板

速度轮滑运动员使用的滑行板有两种，即平面滑行板(图 4–99）和凹形滑行板。滑行板表面必须光滑，为了提高滑度，需要经常用家具上光蜡加以保养（涂于滑行板板面）。滑行板的构成很简单，用五层胶合板或用树脂板和塑料板做板面，钉在基础木框上即可。滑行板的规格以保证运动员正确而充分地做蹬地动作为准（长度为 2 ~ 4 米），其宽度以能保证运动员做完整的收腿动作为准（60 ~ 100 厘米）。滑行板两端的挡板是用 10 厘米 × 10 厘米木方做的，挡板的内侧粘有泡沫塑料或海绵类的材料，用以缓和脚与挡板接触时的冲撞力。挡板两端和滑板边缘有间距为 10 ~ 20 厘米的孔眼，用于调节滑板的长度。

图 4–99　平面滑行板

训练时，运动员首先要穿上厚毛绒袜或将毛袜套在鞋上，再上滑板进行训练。另外，还需要准备一条毛巾，用以及时擦去脸上或滴在板上的汗水，以免运动员因踩到汗水而跌倒。在滑行板上操练的动作要领有四点。

(1) 基本姿势：从侧面观察时，运动员蹲曲膝关节呈 90° 角，根据运动员的形态特点，髋关节呈 50° ~ 70° 角，上体前倾程度应使身体重心投影线通过脚的后半部。在整个练习过程中，运动员要始终保持低姿势不变形。

(2) 蹬挡板（地）动作：直接侧蹬，腿要完全蹬直，完成蹬挡板（地）动作后，脚应平放在滑板上，并尽量少承担身体重心。蹬挡板（地）的最后用力一定要体现迅速的爆发用力特点。

(3) 滑行动作：在滑行板上操练，运动员会获得实际滑动中静力支撑的感觉。在滑动中，两脚平放在滑板上，蹬地腿向侧伸出，支撑腿稍偏向上体外侧。这个动作与轮滑的实际情况略有不同，因为毛袜子在滑板面上是横向滑动，而轮滑鞋是向前滑（滚）动。在滑动过程中，要保持支撑腿的脚尖朝向前方。

(4) 收腿动作：当运动员触到挡板时，支撑腿就吸收了产生的冲撞力，同时上体移向支撑腿并使大腿位于胸下，这与轮滑滑行的技术一样。在收腿的整个过程中，浮腿始终不抬离板面。浮腿内收时，膝盖朝下方，脚掌前内侧承担浮腿的重量。双腿靠拢时，浮腿的大腿置于胸下，两膝两脚迅速靠拢。浮腿控制在身体下面，脚贴滑板面向前侧方滑动，并保持姿势不变。当浮脚脚尖稍翘起前移贴近支撑脚继续向前移动 15 ~ 20 厘米时，脚跟与滑板接触，这个动作和轮滑滑行时是十分近似的，还能使运动员保持适宜的后坐姿势。当浮腿在另一腿迅速开始做强而有力的侧蹬动作的同时，又成为新的支撑滑动腿。在整个收腿过程中，要保持深蹲姿势不变，收腿动作应做得协调流畅。

速度轮滑运动员还可以采用凹形滑行板、拉盒蹬板和蹬阻滑板等训练器(板)进行专门性体能训练。训练中可以变换速度、强度、难度（负重练习、斜面滑板向上滑），根据训练器材的特点、训练任务、目的和运动员的个体情况灵活选用。

各种滑板训练的主要作用，是有益于提高侧蹬动静结合的力量和侧蹬技术，发展大腿外展肌群动静结合的力量及伸展的能力，培养低姿势操练的习惯和保持姿势不变的能力，形成正确的收腿动作和着地动作。

5. 橡皮筋牵引基本功动作（降落伞、轮胎）

橡皮筋对速度轮滑运动员来说是非常好的训练器材。因为橡皮筋弹力很好，用它做牵拉练习，可把它拉伸至原长度的四倍，能满足各种强度、难度和阻力练习的要求。速度轮滑运动员使用橡皮筋进行专门性体能训练的主要练习如下：

（1）固定一端橡筋牵引弯道滑行模仿动作（图 4–100）。将橡皮筋一端固定，另一端系在运动员的腰部，取向左倾斜的深蹲姿势。在克服橡皮筋拉力的情况下，运动员完成向左产生位移的弯道滑行模仿动作（向身体右侧做蹬地动作）。橡皮筋的拉力就像是滑弯道时产生的离心力，运动员每向左完成一步动作，橡皮筋的拉力就会加大，而且会越来越大，运动员就必须不断地加大身体向左倾斜支撑的程度和增强向右蹬地动作的力度，创造与逐渐加大的离心力相等的向心力（在高速滑中能紧扣弯道滑跑的能力）。

图 4–100　橡筋牵引弯道模仿动作

目前，在短道速滑的陆地弯道训练中，也会采用无弹性训练带（图 4–101）。无弹性训练带的特点在于运动员可保持在自身最大倾斜度的条件下进行弯道的滑跳模仿动作（跳起换腿）练习，如图 4–102 所示。这不同于用弹性橡皮筋的加阻力训练，而是等阻力训练。

图 4–101　无弹性训练带

图 4–102　训练带牵引弯道模仿动作

（2）双人配合的牵引弯道模仿动作（图 4–103、图 4–104）。做动作时，一端系于腰部，另一端与同伴相连。拉伸前的橡皮筋长度 4 ~ 5 米。运动员朝着同伴用力相反的方向完成向左倾斜的交叉压步动作，同伴取面对操练者的向后倾斜的姿势，将橡皮筋拉紧，使之达到合适的拉力。在练习中，两人要始终保持橡皮筋拉紧时的距离，这样才能保持拉力不变（图 4–103，运动员采用的是无弹性训练带；图 4–104，运动员采用的是橡皮筋）。

图 4–103　双人配合牵引弯道模仿动作

图 4–104　双人配合牵引弯道模仿动作

（3）固定一端的弯道静力支撑蹲起动作（图 4–105）。运动员在橡皮筋被强力牵拉状态中，取向左倾斜的单腿静力支撑深蹲姿势，在保持姿势不变的前提下，完成慢速的单腿支撑蹲起动作。在完成练习过程中，运动员要始终保持总体姿势，即两肩平行、两侧臀部平行和向左倾斜程度不变，但蹲起的动作速度可变。浮腿动作与蹲曲腿动作要同步协调配合，双腿动作必须规范到位。这是提高腿部向左倾斜静力支撑能力和维持静态平衡能力的最佳练习。

左腿	 1	 2	 3
右腿	 1	 2	 3

图 4-105　弯道单腿静力支撑蹲起

（4）固定一端（远离身体）单腿静力支撑，另一腿完成向支撑腿靠拢的收拉动作（图 4-106）。左腿保持向左倾斜深蹲姿势不变，右腿在牵拉到一定程度的前提下，以膝盖领先向着左肩方向用力完成收腿并拢动作，或交叉压步动作。当右腿支撑时，左腿在右腿的后下方向收腿至双腿并拢的状态。可单腿多次重复与双腿交替完成此动作。

右腿	 1	 2	 3
左腿	 1	 2	 3

图 4-106　牵引单腿收拉动作

（5）单人将橡皮筋固定于一端或双人配合用橡皮筋牵引做起跑动作。将一端系于练习者的腰部或双肩部，另一端与其身后的同伴相连，两人把橡皮筋拉到适宜的程度。在保持两人之间距离和牵拉程度不变的前提下，练习者完成从预备姿势开始的起跑练习，其身后的同伴与他紧密配合。

速度轮滑运动员还可以使用橡皮筋做以下几种练习：做自行车牵引弯道滑跑、圆心牵引弯道加速滑跑、蹲起力量练习（代替杠铃）、腹肌牵拉力量练习（仰卧）、腰肌牵拉力量练习（俯卧）、保护膝关节的动作（牵拉向前上方踢小腿）、大腿后部肌群的力量练习、一腿支撑另一腿完成向前用力收拉至双腿深蹲并拢和向后方用力蹬伸的动作等。优秀运动员为了强化训练还可以用无弹力训练带牵拉各种型号的汽车轮胎，进行弯道牵引模仿动作、短冲和大步跑推屈腿走的训练。

6. 山地和沙滩

（1）山地训练。速度轮滑运动员可以在不同坡度的山地路面上进行各种专门性体能训练。首先，可模仿轮滑弯道交叉压步动作（向坡下侧蹬的弯道步伐）。由于重力的作用，运动员会有一种被向坡下推的支撑感觉，而这一点就起到了类似滑弯道时受离心力的作用。为了克服重力下推的作用，运动员就要完成向后外侧（下坡方向）强而有力的蹬地动作，把自己一步一步地蹬上山坡。另外，可以在坡路上进行屈腿走上山坡的练习，还可以在陡坡路面上进行起跑和短距离的冲坡练习。

山地训练（速度耐久力）是最为艰苦的无氧代谢训练，因此在进行山地速度耐力训练时必须考虑以下几点：

①山地跑对心肺功能要求较高，对各种供能方式，特别是无氧代谢和大腿肌群能力要求较高。为此，在进行山地训练前，应在平地进行 2～3 个月的艰苦训练，尔后转入山地训练。

②山地训练的课次以每周 1 次为宜。因为山地跑既要推动身体向前，又要向上，使前进速度受到限制，经常进行山地练习会降低速度。

③训练中需要注意，最大用力程度训练与长时间间歇的配合，会获得最高乳酸效果。进行山地跑（屈腿走）时，浮腿向前上高抬，支撑腿向后下跪蹬，有利于提高股四头肌的力量。

还要指出的是制定山地训练计划时应包括不同作业距离、作业时间和不同坡度的各种练习。在跑的过程中，应加入短冲起跑、屈腿走、前跨跳、弯道交叉跳或者跳台阶的练习。建议一次训练的时间为 2 小时左右，总负荷为 6～10 次不同距离的山地练习，两次之间的休息可达 8～10 分钟。

（2）沙滩训练。沙滩训练一般为两种：一种是沿海滩的有氧代谢跑，这是令运动员感到非常舒服的训练；另一种是进行沙滩上的各种跳跃性质的体能或基本功动作练习。由于沙滩会吸纳运动员蹬地时的冲力（重力），从而缓解了对关节的冲击力，在这种情况下，再继续做蹬地动作时，就有脚下支点软绵绵的感觉，为了能保证练习动作的腾空高度，运动员必须用最大的力量蹬地，这就是在沙滩上进行训练的可取之处。当运动员在沙滩上练习后，再在平地上进行同样的练习时，会有一种轻松感（相对于沙滩，脚下支点更牢固）。沙滩训练中的速度性跳跃和用最大力量的侧向跳是非常有效的专门性体能训练手段。

7. 爆发力训练手段

爆发力是速度与力量相结合的产物。速度轮滑运动员每次蹬地给予地面的压强，决定了爆发力的大小。蹬地爆发力越大，滑行距离越长，速度也越快。优秀的速度轮滑运动员离不开爆发力和腿部动作速度两个因素，有些选手腿部动作速度特别快，另一些选手则具有非常大的爆发力（蹬地频率较低，但每次蹬地爆发力大，每步滑行距离长）。研究表明，采用动力性练习方式进行速度 - 力量训练，可以提高一般力量和爆发力，可以改善运动员快速起跑能力，提高加速能力和应变速度能力，增强每次蹬地动作的力度。

增强爆发力与提高四肢完成动作速度有着密切关系，如重点是发展专项肌肉群的爆发力，则应负大重量或采用大阻力进行训练，并用中等力量练习频率。采用逐渐增加负荷的办法和一般的间歇要求，只起提高最大力量能力的作用，并不能有效地发展运动员的爆发力。

（1）爆发跳动作

①深蹲向上的高爆发跳（图 4–107）。以团身深蹲的准备姿势开始起跳，尽量垂直向上跳起，落地再还原为准备姿势。

图 4–107　向上爆发跳

②深蹲向上团身的高爆发跳（图 4–108）。以团身深蹲的准备姿势开始起跳，在尽量垂直向上跳起的过程中，在空中快速收腹呈团身姿势（最佳动作标准），落地后还原准备姿势。

图 4–108　向上团身爆发跳

③深蹲向上的横分腿爆发跳（图 4–109）。以团身深蹲的准备姿势开始起跳，在跳起腾空时，双腿向两侧充分打开，双臂展开，双手尽量分别触到脚（最佳动作标准），落地后还原准备姿势。

图 4–109　向上分腿爆发跳

④正面连续跳越障碍爆发跳（图 4–110）。动作要领：取半蹲曲姿势，向前上方跳起后，迅速屈腿收腹在空中越过长凳。落地后，以最快的速度再次起跳，连续跳跃越过长凳。

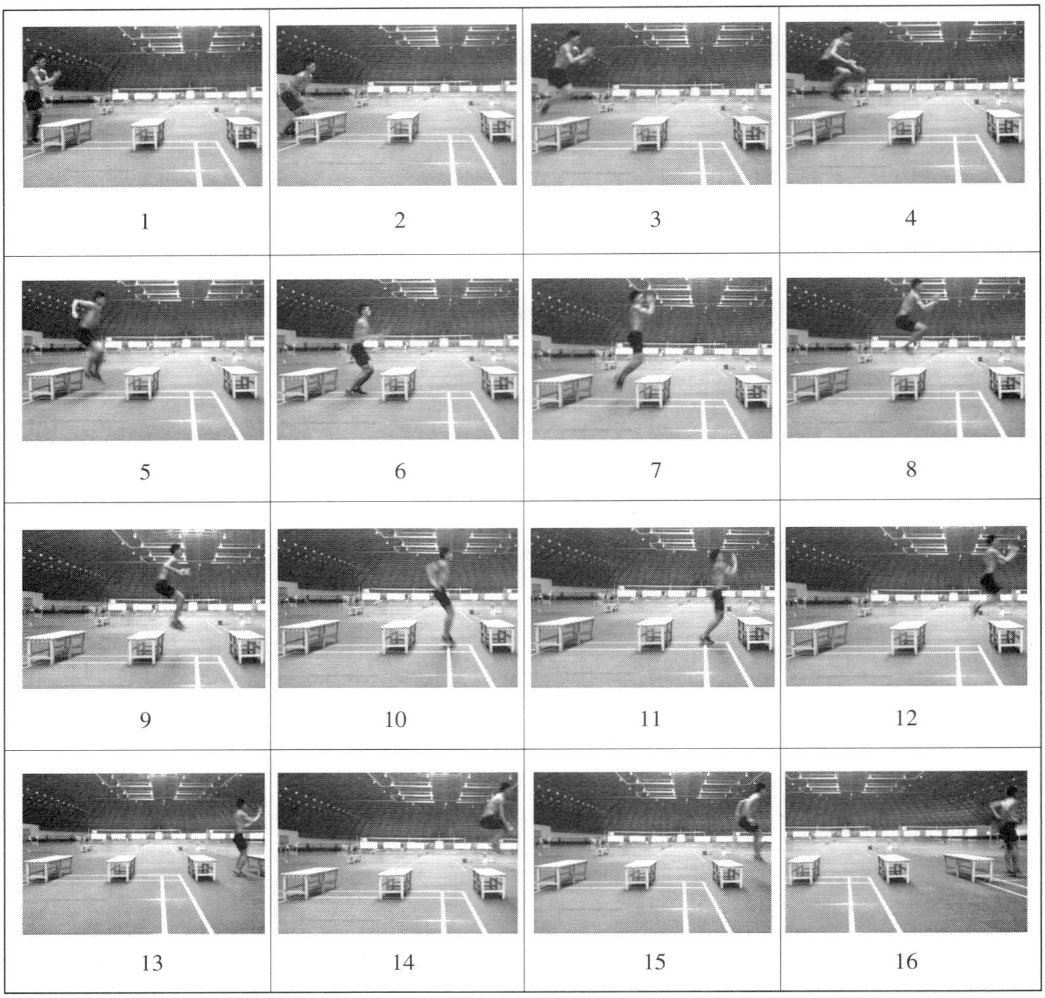

图 4–110　前越障碍爆发跳

⑤侧向连续跳越障碍爆发跳（图 4–111）。动作要领：取半蹲曲姿势，向左（右）侧倾倒用力蹬地向侧起跳后，迅速屈腿收腹在空中越过长凳。落地后，身体继续向左（右）倾倒，接着以最快的速度向左（右）侧连续跳跃越过长凳。一侧跳跃完成后，换方向完成另一侧跳跃。

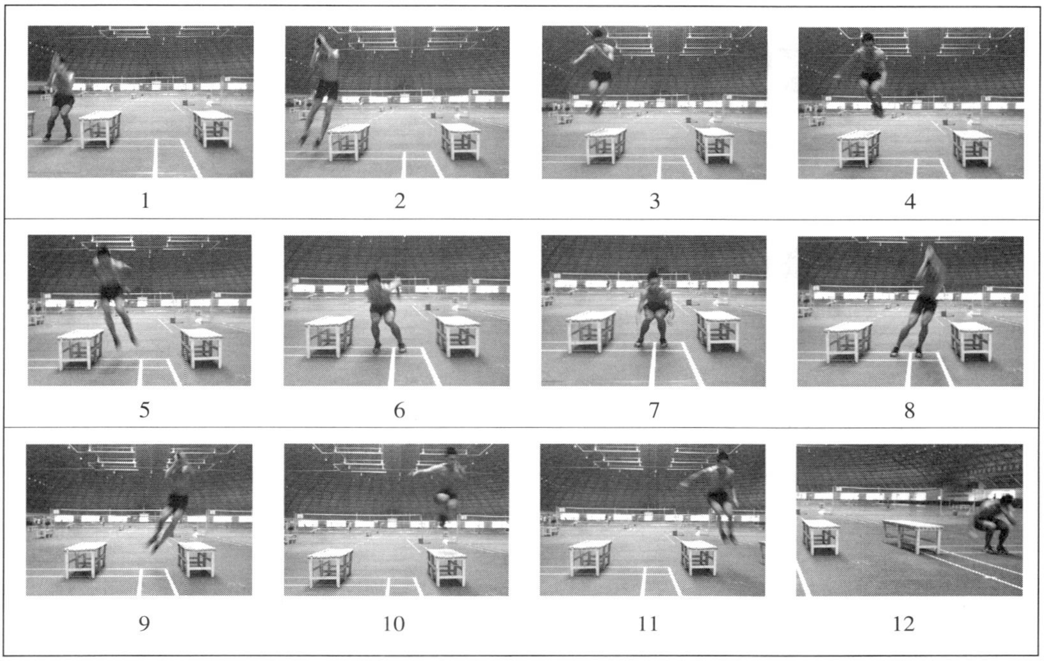

图 4-111 侧向连续越障碍爆发跳

(2) 爆发跳动作的训练要求

①起跳前，运动员需具备取稳定的深蹲曲或半蹲曲团身姿势的能力。

②起跳时，用自身最大的腿部力量向下或向侧蹬地。

③在腾空过程中，尽量提高身体重心，收腹屈腿要迅速，空中动作规范到位。

④完成爆发跳动作要高度动员精神能量。

⑤连续完成的爆发跳动作，需尽量缩短落地后的停留时间，迅速反弹完成下一个跳起动作。

⑥每个动作最多重复 5 ~ 8 次，每组间应让运动员充分放松休息。

8. 联合健身器材和训练镜

(1) 联合健身器材（图 4-112）

在速度轮滑运动员的体能训练中，有条件的单位应充分使用联合健身器材进行全身各种肌肉群和韧带的力量练习。在使用联合器械、等动器械的练习中，要突出保护膝关节专门柔韧性的练习（如图 4-22 中髌骨韧带练习动作），并逐渐增加阻力，优秀选手应加阻到自身能力承受的极限程度。另外，也要注意加强大腿后部肌肉群的力量练习（见图 4-22 中股后肌群练习）。

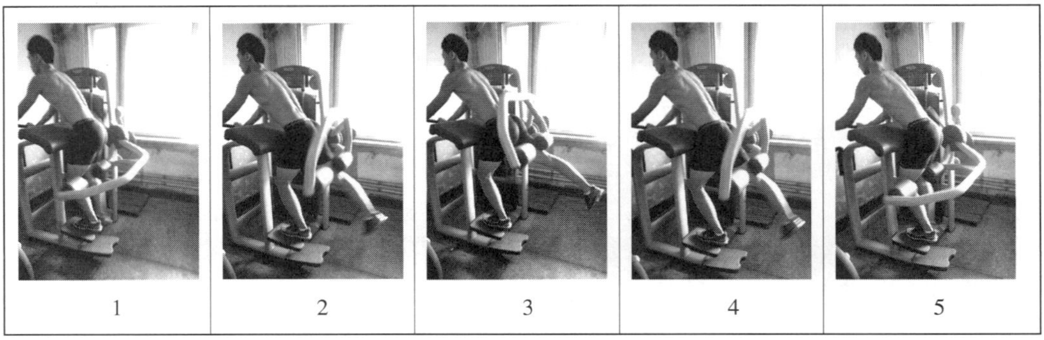

图 4–112　等动力量练习

（2）训练镜

在进行各种模仿动作和基本功动作训练时，如果运动员面对训练镜（图 4–113），可以更清楚地看到自己动作的每一个细节，有利于精准技术动作，提高运动员的技术水平。

图 4–113　镜前模仿练习

第四节　速度轮滑运动的战术训练

随着速度轮滑运动的不断发展，运动员的训练水平和运动成绩不断提高，比赛竞争的激烈程度也越来越高，在决定胜负的诸因素中，战术因素起着至关重要的作用。

速度轮滑运动的战术，是依据项目特点和竞赛规则，教练员通过对比赛的双方状况的分析研究，结合临场变化的实际情况，所采用的以战胜对手或创造最佳运动成绩为目标的个人或集体配合的具体谋略和滑跑方法。

速度轮滑的竞赛由场地赛和公路赛两大类别组成。比赛的方式除场地 300 米个人计时赛和公路 200 米个人计时赛以外，其他所有项目的比赛都是集体出发，属于有身体接触的多人同场竞技，比赛结果是以到达终点的先后顺序为判定胜负标准的运动项目。因此，在速度轮滑比赛中，尤其是在势均力敌的情况下，运动员实施战术得当与否，往往对比赛的胜负起决定性作用。灵活、机动、快速、准确是速度轮滑运动战术的本质特征。

一、速度轮滑运动战术的内容与特点

速度轮滑运动的战术内容按同队运动员参加某项某组比赛的人数，分为个人和集体配合两种。个人战术是一人参赛，在比赛中依靠自己的战术意识及同组参赛运动员状况、场上情况变化而采取的有目的按步骤或随机应变的谋略和具体滑跑方法；而集体配合战术则是两名或更多同队运动员在同组比赛中，为了获胜而实施的以个人战术为基础的集体默契配合的谋略和具体滑跑方法。

个人战术是运动员智力、体能、技术、战术素养和临场经验的综合体现，其表现和实施的形式是多种的、反复的、连续的，其中既有深谋远虑，也有权宜之计，最主要的是要有随机应变的指导思想。只有把设计的个人战术的实施与临场实际结合起来，才能控制比赛局面，使自己处于主动地位。

个人战术是集体战术的组成部分，只有将个人战术与集体配合战术随机结合，才能变化无穷，而且会起到积极的以己之长克彼之长的作用，会起到联手胜于单独作战的作用。

速度轮滑运动员在任何赛次的任何一组比赛中，所采用的都是若干战术的组合，比赛项目不同，战术组合的结构也有所不同，如：在 500 米短距离比赛中，可运用出发抢位—领滑—冲刺三种个人战术的组合或者是出发抢位—领滑—变速—冲刺四种个人战术的组合，也可运用尾随—超越—领滑—冲刺四种个人战术的组合。而在长距离比赛中个人战术的组合结构更是花样多多。

集体配合战术是两名同队运动员或多名同队运动员在同组比赛中，为了获胜而实施的以个人战术为基础的集体默契配合行动。采用战术的目的，是以合理的个人战术和集体配合来发挥本队的特长，在赛程中取得主动权。只有运动员的个人战术达到相当水平，集体配合战术才能配合得默契，并为同队运动员或自身创造良好的赛程环境达到预期的战术目标。

速度轮滑战术分类如表 4–10 所示。

表 4–10　速度轮滑战术分类

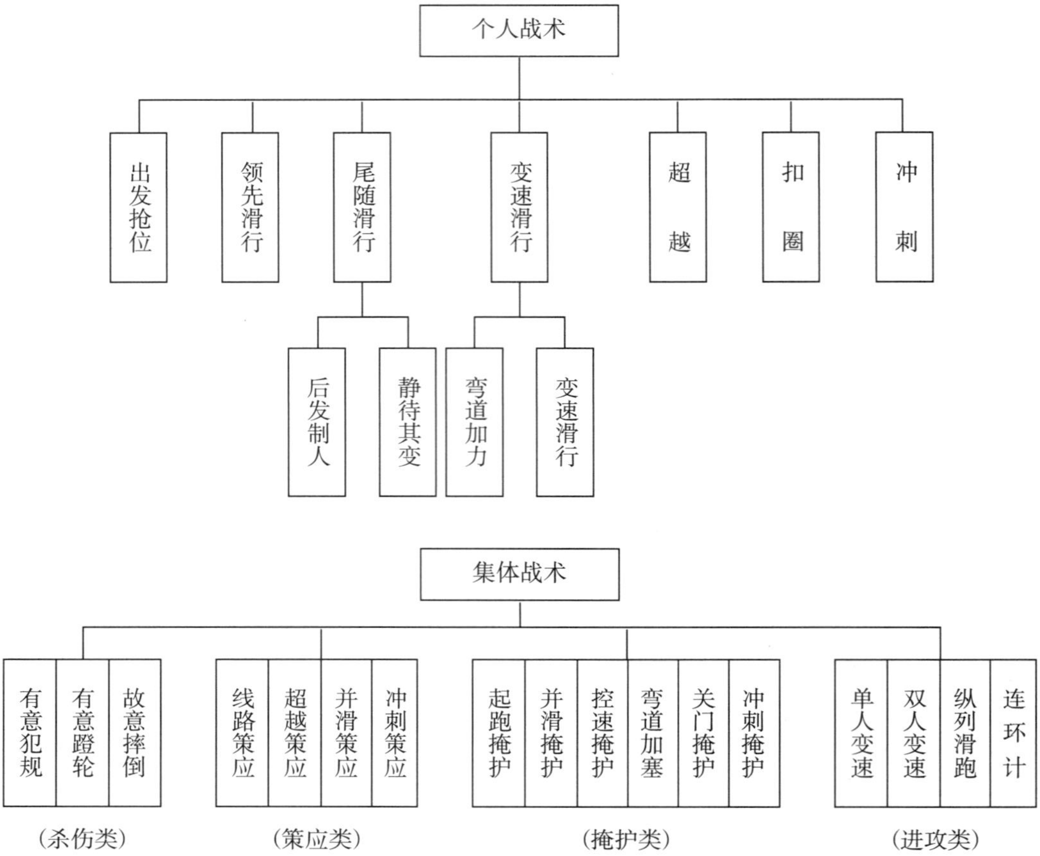

无论何种战术都是由战术基础（滑跑技术和配合方法）、战术环节（准备阶段、发动阶段、实施阶段和结束阶段）和战术细节（位置的合理布局，特长的发挥，运动员之间配合方法、位置、时间等的选择与安排）等组合构成。

战术结构的质量取决于选择战术的指导思想、战术基础及各个战术环节的衔接和战术细节的合理而切合实际。

一支高水平能打善战的速度轮滑运动队伍，运动员的年龄结构合理，才能使队伍在素质和技能结构方面具备较强的专项素质和掌握全面的滑跑技术与能力，才能在集体配合作战中合理地组织起来，并使其发挥最大的战术效力。

在速度轮滑比赛中，运动员是通过自己或集体配合的行动来达到战术的目的和实现目标的。由于比赛过程是一个复杂和多变的过程，因此，要针对临场情况，及时地围绕着理想的目标，想出若干具体针对情景的具体目标。只有具体目标完成得很好，才能保证理想目标的实现。高水平的速度轮滑运动队伍之所以能做到这一点，是他们通过反复训练和参赛的锻炼，在战术理论修养和实际运用能力方面都达到了一定的水平。具备了高水平的战术素养，才能完成高质量的战术。

尽管在速度轮滑比赛中运动员会运用各种各样的战术方案，但都是在高速滑跑的前提下实施的。运动员滑跑不同项目的速度是不同的，就滑跑全程而言，有时是先快后慢或是先慢后快，但研究证明，匀速滑和变速滑是速度轮滑比赛中最合理的实施战术的条件。

另外，在赛程中保持战术的可变性是灵活运用战术的基本要求。根据不同的比赛任务，采用不同的战术方案或变更战术方案以实现参赛目的，是战术可变性的具体体现。如以创造成绩为目的，则基本战术是以运动员的实力为主，选定个人滑跑的匀速方案，努力完成各分段距离的成绩指标，实现个人最佳成绩的突破或创造新的纪录；如以获取名次为目的，则应在认真分析研究对手的基本情况基础上，制定先发制人或后发制人的战术方案，使对手无法实施预先计划，以我为主发挥长处，造成对手被动尾随及体力的消耗，干扰和打乱其战术方案，为同队运动员或自身创造良好的竞赛环境达到战胜对手的目标。

二、速度轮滑不同项目的战术特点

（一）公路 200 米个人计时赛和场地 300 米个人计时赛

这两个项目的比赛不存在体力分配问题，运动员应把比赛的主要精力集中在滑跑技术动作的效果和滑跑动作频率上。运动员上起跑线站稳后，采用上体摆动的起跑预备姿势，在规定的时间内准确而积极地启动，充分借助于上体摆动的反作用力和双臂有力的摆动配合启动第一步。场地 300 米个人计时赛最重要之处，首先是在战术上先声夺人，起跑要快，疾跑的每步都要踏蹬有力以及由疾跑过渡到途中滑的衔接要流畅；其次是进入途中滑要按照最佳滑跑路线模式完成每个直道和弯道段的滑跑（见图 3–34），使途中滑体现出一气呵成、一搏到底的精神；最后在尾程滑跑中做好全力冲刺的准备，并以准确而稳定的冲刺动作冲过终点线。

（二）500 米计时赛

500 米计时赛最佳战术是利用起跑技能，抢占领滑位置或有利位置。抢占领滑位置可获得比赛场上的主动权，灵活自如地控制场上局面，有利于自己发挥体能、技术和实施战术，尤其是对运动员的心理有鼓舞激励作用，有利于一气呵成，获得胜利。

500 米计时赛的具体战术细节有以下几点：

第一，多人同组起跑，要注意控制好起跑占位与两侧对手之间的距离，集中注意力闻枪声而动，抢占领滑位置或有利身位。

第二，按照最佳的滑跑路线模式完成每圈的滑跑，前 300 米要快，后 200 米要拼。

第三，进入途中滑，进出弯道的技术动作要准确到位，弯道要连续完成交叉压步的加力蹬地滑跑。

第四，在后 200 米拼力快滑时，要保持动作质量，带着提前冲刺意识进入最后一个弯道滑跑，并做好出弯道就全力冲刺的准备。

第五，在最后 50 米直道上，保持低姿势下的滑跑技术动作质量，并以正确而稳定的冲刺动作冲过终点线。

（三）1000 米计时赛

1000 米计时赛是一项匀速快滑的比赛，合理的体力分配方案应是前后 500 米的成绩相差不大，5 个 200 米的滑跑速度比较均匀，体现出匀速快滑的战术模式。因此 1000 米比赛的关键是运动员控制好每圈 200 米的滑跑速度。

为了创造优异运动成绩，最佳战术是起跑抢位领滑，掌握比赛的主动权，根据自己的体能和技术水平，选定适宜的滑跑速度，前 3 圈快滑，后 2 圈拼力滑跑，体现出尾程不降速的特点，并以最快的速度和最佳的冲刺动作冲过终点线。

为了战胜对手，可选择跟滑战术，以利于节省体力。但在后 500 米赛程中，应尽早寻找超越时机并实施超越，变被动为主动，后发制人，一拼到底，夺取优胜。

1000 米计时赛的具体战术细节有以下几点：

第一，充分发挥起跑技能，抢占领滑或跟滑的有利位置。

第二，按照最佳的滑跑路线模式完成每圈的匀速快滑，尤其要注意弯道加力滑要点。

第三，认真做好进出弯道的技术动作，在入弯道前加力滑进入弯道，出弯道时用好惯性速度，尽量延长弯道滑跑距离，缩短直道滑跑距离。

第四，全程尽量保持滑跑动作节奏不变，尤其是保持弯道滑跑动作节奏恒定。随着体力的下降，为保持尾程不降速，应适当加快滑跑频率。

第五，变速滑跑战术的运用，往往能使同队运动员获胜。

第六，滑最后一圈时，尤其要保持滑跑技术不变形，带着提前冲刺意识进入最后一个弯道滑跑，并做好出弯道后就全力以赴冲刺的准备。

第七，在最后 50 米直道上，保持低姿势和动作幅度，以强有力的蹬地动作向前冲滑，最后以规范的冲刺动作冲过终点线。

（四）5000 米（或 10000 米）积分淘汰赛

5000 米（或 10000 米）积分淘汰赛是比变速能力、速度耐久力和斗智斗勇性质的长距离比赛，其战术的主要特点是合理分配体力，在此基础上，根据比赛任务、自己的体能和技术水平以及对手的情况，选择、确定战术方案。如“变速滑跑”，是采用同队的一名或两名队员先后多次变速和提高非积分圈滑跑速度的方式，来干扰或消耗对手的体力，达到本队的战术目的要求；“并滑”，用于同队两名队员在非积分圈与积分圈之间进出弯道时，以干扰或控制对手的技术发挥，掌握场上主动权，为本队在积分圈滑跑提供保证并获得积分；“纵滑”，是采用同队两名队员在高速滑跑过程中，每次进弯道前都加力滑，进入弯道后两人保持纵队滑跑方式，防范对手超越，达到掌握场上主动权实现战术目标的目的。

近年来，随着速度轮滑运动的发展，运动成绩不断提高，规则也随之不断变化。国内外优秀速度轮滑运动员在积分淘汰赛的比赛中，大多在采用明显提高非积分圈平均速度的前提下，进入积分圈的争夺方式。统计表明，积分圈的速度仅比非积分圈的速度快 2 秒左右。另外，在非积分圈的弯道滑跑中，优秀选手均采用紧贴标志线进入弯道的方法，前半个弯道是借助于惯性速度静力支撑滑进，从弯道顶弧开始，采用积极有力的交叉压步弯道技术滑跑，在适当延长弯道滑距离的情况下，自然甩离标志线，呈现出直道滑跑是由外向内的路线（图 4–114）。与此同步，在全程所有非积分圈滑跑过程中，及时地调整自己在滑跑中的占位，尽量使自己处于领先方队之中，为进入积分圈的拼搏创造有利条件。

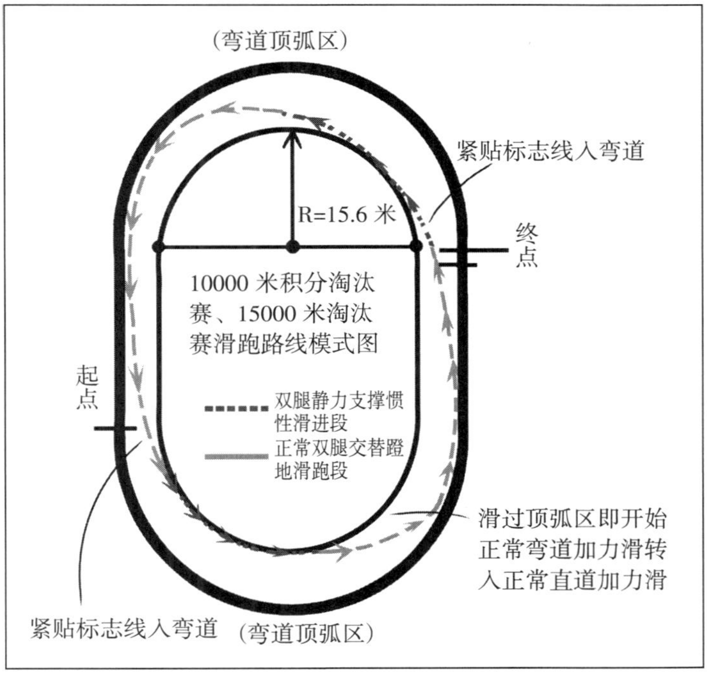

图 4–114　长距离、积分淘汰赛滑跑线路

还需要指出的是，滑跑全程的体力分配方案应以匀速为主，但是，积分淘汰赛的显著特点是高速度的变速滑。为此，在前半程的滑跑中应保持留有余力的平和滑跑方式，而在后半程要全力以赴与对手斗智斗勇，尤其要力争在最后一个积分圈中，以奋力拼搏、完美的技术和敏捷而准确的冲刺动作进行冲刺，夺取最佳积分。

（五）长距离淘汰赛

速度轮滑各项长距离（10000～20000 米）淘汰赛是运动员比拼耐久力、意志品质和展示战术水平的比赛项目。在淘汰赛中，同队两名或更多队员同场参加比赛，采用多次变速滑、领滑、跟滑、纵滑、并滑、扣圈和冲刺等战术的不同组合都是可行的。在众多运动员同场竞技，比赛场上可能随时发生意想不到的情况，由于场上情况不断变化，运动员也要随机应变，灵活运用不同的战术组合，来应对场上的变化或化解场上出现的不利局面，变被动为主动，达到战胜对手的目的。为此，运动员在竞争激烈的赛程中，必须加强对临场彼我双方情况的观察和判断，以便采取相应合理的战术，其目的性要明确，实施行动要有预见性，判断要准确无误，主动进攻带隐蔽性并出其不意，攻其不备，使对手难以揣摸，防不胜防。

在长距离淘汰赛中，运动员应本着依靠自己或团队的实力积极采用领先滑、扣圈滑、变速滑、抢位和有预谋的交替领滑等进攻类战术，也可运用特定的滑跑路线（见图 4–114）。此类战术的最大特点，是以我为主、先发制人、突出实力，所有行为均为规则所允许，不是以损人为前提的利己，施加于对手的被动或不良影响是临场实力所致，自然会造成对手被动跟滑及消耗体力，而为我队队员或自己创造获胜的良好竞赛局面。

（六）马拉松赛

马拉松赛是速度轮滑超长距离的公路轮滑赛，是参赛人数最多，也是速度轮滑传统锦标赛的最后一项比赛。马拉松赛对运动员的耐力、体能、心理素质和战术素养都有很高的要求，其中最重要的，是专项身体素质和合理分配全程滑的体能。

比赛实战表明，合理分配全程滑跑的体力和采用合理的临场技术，是在比赛中滑出好成绩的决定性因素。在马拉松赛全程滑跑中均匀分配体力是最省力的办法，而且能滑出最佳运动成绩。这种战术方案，是在运动员处于良好竞技状态时方能采用。在主要对手的终点冲刺能力较好的情况下，采用这种战术就可能处于不利地位。因此，运动员应保持途中的高速滑跑，迫使对手无法进行快速终点冲刺。采用这种滑跑战术时，运动员可用均匀的高速滑跑或突然加速冲滑来展示自己的实力。

如果是采用按名次取胜战术时，主要是保持顶住对手的高速滑跑，并保存一定的实力，以便进行决定性的冲刺。在这种情况下，运动员一般选择在尾随领滑者之后的位置，并密切注意领滑者和其他对手的动向，以便准备好随时都能见机采取行动以高速冲滑摆脱包围等。运动员最好尾随在领滑者的正后面或者略偏右侧，切不可在领滑者的偏左侧。当实施摆脱而高速冲滑时，一定要从领滑者的右侧超越（切忌与领滑者距离太近）。在上述两种战术中，冲刺能力是至关重要的。因此，在训练中应该重视对终点冲刺能力的提高，培养用最快的速度滑跑最后一段距离的优良习惯。马拉松赛的冲刺距离，一般都设定在最后的2公里左右，为此就应占据出击的有利位置。实力越强，终点冲刺的时间越早，冲刺的距离也越长。在马拉松赛中，每个运动员都会有遇到最困难的一段赛程，在这一段落中应以顽强的意志品质顶住疲劳，并力求加快滑跑的速度，采用突然的冲滑甩开对手，以削弱对手快速冲刺的能力和冲破其心理防线。为此要在这一区段的临界时刻提高滑跑的速度。这需要在训练中长时间地磨炼，练就过硬本领。临场经验表明，最适合加速冲滑超越对手的时机，是在对手加速滑跑刚刚结束，自己被对手拉开的距离已经缩短并紧跟其后，此时的对手可能无力再进行反超越了。

以上列举的战术手段，大都是属于全程高速滑跑的方案。但有时比赛一开始滑跑速度不太快，在这种情况下，所有参赛运动员都应准备进行长距离的终点加速滑跑来决定胜负。还有一种方案，在比赛开始的一段距离上，运动员以很高的速度滑跑，以甩开密集的群体，形成由几个人组成的领滑小方队，然后适时降低滑跑速度，维持已形成的拉开距离（同速滑进），接近终点时再加快滑跑速度。

马拉松赛临场情况千变万化，滑跑战术多种多样。因此，运动员在赛程中要多加思考，密切注视对手，随机应变地选择和运用合适的战术方案，以夺取比赛的胜利。

无论哪种目标的实现，运动员在赛程中都要始终使自己处在比赛群体的领滑方队之中，并要密切观察注意领滑者和其他对手的动向，以便随时都能应变，紧紧咬住领滑者或以高速冲滑克服对手的换位、舍卒保车、杀伤、阻挡滑跑路线和变换滑跑位置等具体战术的干扰。运动员参赛时运用各种战术是必要的也是很正常的事，但是应注意“害人之心不可有，防人之心不可无”。

三、速度轮滑战术训练的方法与手段

战术训练包括学习、掌握有关战术方面的理论知识和根据速度轮滑运动特点及竞赛要求的个人与集体配合战术，还包括根据自己和对手的实力考虑与制定参赛的计划，滑跑各项目的技、战术要点和个人与集体配合的具体战术方案等。

（一）战术训练方法

（1）获得战术知识的方法：阅读有关战术方面的文献资料、听讲座、参加座谈、观看影像作品、观摩比赛及现场分析讲评，以及对运动员参赛或训练课上的实际情况进行分析等等。

（2）战术教学训练的基本方法：按速度轮滑运动比赛项目的特点和参赛预定运用战术计划反复地进行操练和完成技、战术动作。

（3）战术训练的主要方法：模拟训练法，即利用模拟比赛环境和模拟策划运用的战术手段，在训练中进行演练，提高运用战术能力的技巧。

（4）战术训练最有效的方法：实战训练法，即通过测验、教学比赛，尤其是参加比赛的实战训练，提高运动员的战术运用能力。

（5）战术训练的基础方法：速度感训练，即主要是通过各种强度的计时滑，使运动员获得不同速度的运动时空知觉。教练员要向运动员准确报时，以训练运动员的速度控制能力。还要让运动员准确估计自己的滑跑速度。这是培养运动员合理分析体力和速度控制能力的战术基础训练。

（二）战术训练手段

（1）模拟积分赛练习。

（2）模拟个人计时赛的技、战术要点练习。

（3）不规律地突然加速滑跑（短冲）练习。

（4）等段落或不等段落的变速滑跑练习。

（5）领滑、并滑练习。

（6）尾随滑跑或尾随带超越的滑跑练习。

（7）集体起跑抢占领滑和有利位置的练习。

（8）弯道加速滑跑或直道加速滑跑练习。

（9）相互超越滑跑练习。

（10）战术组合练习或各项技、战术要点练习。

（11）教学测验或比赛。

（12）各项全程计时滑练习。

（13）参加各种比赛。

（14）各种游戏和接力滑练习。

（三）战术训练的基本要求

速度轮滑战术训练的主要之点在于加强运动员在竞赛对抗中的抗干扰能力、提高运动员临场随机应变能力和培养运动员机智灵活运用战术的能力。因此，速度轮滑战术训练的基本要求有以下几点：

（1）个人战术水平及战术意识是集体配合战术的基础，个人战术与集体配合战术相互促进、相辅相成，只有个人战术达到相当水平，集体配合战术才能配合得默契，完成预定计划。因此，战术训练应加强对运动员独立作战能力的培养，与此同步，要把个人能力的提高与集体配合的战术练习密切结合起来，才能有效地提高战术训练的实用性。

（2）战术训练要贯穿在体能、技术和心理等各方面训练内容之中，在提高运动训练水平的同时来培养和提高战术能力。从另一方面说，运动员战术能力的提高又必然会促进体能、技术、心理和智能能力更快地发展和提高。

（3）战术训练中要注意结合对抗性较强的手段进行演练。在多人同场竞争激烈的比赛中，不可避免地会发生身体接触，加上彼我双方运用战术也都伴随着相互的干扰和影响，因此在战术训练中采用对抗性较强的训练手段和抗干扰的训练手段进行实战情景的演练是非常必要的。

（4）速度轮滑运动特点及竞赛方式决定了在竞赛中会产生各种相互影响的干扰，在非犯规性干扰中有两大类，即技术性干扰和赛场环境干扰，而技术性干扰是比赛中时常出现的战术手段，例如：

①起跑干扰。由于速度轮滑比赛是多人同时起跑，起跑线距弯道距离短，尤其在短距离计时赛中，起跑后的排列顺序将影响到达终点的名次，所以起跑时运动员都急于冲出人群，抢占有利排位，争取首先进入弯道，而在相互争挤的过程中，不可避免地会发生轻微的身体接触或推、拉等行为，这些行为构成的干扰可使运动员的疾跑位置顺序发生变化，有时也会因碰撞而摔倒。规则规定，起跑有故意犯规行为或在弧顶前有因碰撞倒地情况时裁判招回运动员，判罚犯规者并重新起跑。因此，应进行起跑干扰的训练，使运动员掌握抵御轻微碰撞的技能，减少起跑时干扰造成的损失。

起跑抗干扰练习的方法是采用每次练习轮换占位的多人同时起跑，也可采用前后两排的多人同时起跑练习。为了提高起跑段的抗干扰能力，发挥自身优势，掌握抢位的方法和提高平衡能力，克服相互碰撞的影响，可在练习时要求运动员在起跑线上密集站位，以制造复杂的起跑环境（如在直道段上摆放标锥等）进行起跑练习。还可在不同速度、地点的条件下，进行队员之间相互轻微碰撞的练习。

②直道碰撞干扰。在速度轮滑比赛中，运动员在直道段上进行超越的较多。直道滑跑时身体左右摆动，蹬地动作幅度相对较大，当多人并排滑跑或超越对手时，跑道变得相对狭窄，极易发生接触，产生两人碰撞情况，这就要求运动员掌握灵活变向滑跑及受轻微碰撞而不失去身体平衡的技能，以及具有敏锐的观察和躲闪能力，以减小这类干扰带来的影响。

直道抗碰撞干扰练习的方法：为了提高运动员直道滑跑支撑稳定性、平衡能力和克服相互碰撞的干扰，可采用在双人直道（弯道）内侧或外侧慢速滑跑中，干扰者用上体或上肢轻微碰撞对方进行干扰的方法。也可利用器具在不同地点和不同速度情况下对对方的下肢、臀、小腿、上体进行轻微的触及碰撞干扰。触及碰撞可从内、外、后侧的不同方向进行练习。注意碰撞力量要小，时间要短，要在轻度的范围内完成练习。

③弯道超越干扰。在弯道滑跑中，当运动员在准备超越时，有时会突然发现无机会实施而减速，有时与对手并排滑跑时会因一同躲闪被甩离弯道标志块而形成干扰，虽然这种干扰是无意的，看似影响也不大，但它可使该运动员失去进入决赛的机会或在决赛中失去夺冠的可能性。

抗弯道超越干扰的练习方法是，采用弯道大幅度倾斜滑跑练习时，以右腿支撑向左倾斜或以左腿支撑向左倾斜滑跑，都是借助于加快滑跑速度的惯性向前滑进，并尽量加大倾斜程度完成练习。

另一种是抗内侧运动员超越干扰的练习，方法是在弯道区，以单人或多人的形式进行内侧超越，被超越者被超越后可能受到轻微挤压或不同程度的影响，这时要立即调整动作，保持正常滑跑。内侧超越的具体练习手段是，沿弯道标志块约离半米滑跑，听到信号后立即超越。集体纵队滑跑中每滑到弯道区时，后面的运动员要迅速连续超越前面的所有运动员。在途中完成入弯道超越或出弯道超越时，超越者要选好时机，避免发生碰撞，被超越者被超越后的收圈要避免发生碰撞或横切犯规，超越者要尽可能靠近被超越者，这样进行练习效果更好。

④冲刺阶段干扰。在赛程的最后阶段，哪怕是小的干扰都会影响运动员到达终点的名次和成绩。例如，当领先运动员在最后的一个弯道有一定程度的提速或降速、改变滑跑路线或相互挤靠干扰对手的冲刺等，都会形成冲刺阶段干扰。为提高抗这类干扰的能力，要重视冲刺阶段的抗干扰训练，同时要提示运动员选择好冲刺阶段的超越路线，并提前加速，选好最后冲刺的位置和时机。

抗冲刺阻挡练习的方法是，为提高右侧阻挡干扰情况下的冲刺能力和掌握右侧阻挡情况下的冲刺方法，可采用双人或集体练习，在出弯道时，前面的运动员有意从外侧向内（右向左）切入滑跑，造成对后面运动员的阻挡局面，此时，后面运动员要设法为自己创造机会冲向终点，并以“弓步送轮”或“前踢小腿送轮”的冲刺动作冲过终点。

⑤战术性的干扰。在速度轮滑比赛中运用合理的战术，不仅能为本人或同队队员获得战机，掌握临场主动权，而且它对其他对手也是一种干扰。如利用领滑、变速滑、配合滑跑等战术来破坏对手的滑跑技术及战术，达到拖垮对手的目的。

另外，速度轮滑发展到今天，比赛竞争更趋激烈，有些犯规战术（如“舍卒保车”）也偶有出现，这是速度轮滑运动发展过程中的必然产物。为此，运动员必须掌握防范技能，提高抵御对手用犯规战术进行干扰的能力。

通过观察分析，发现犯规多数出现在争夺较激烈的时刻，因为此时运动员之间的距离很近，甚至是在身体接触的情景下滑跑，而且一些犯规都是有准备或犯规运动员的动作领先于被犯规运动员的动作反应，被犯规者一般都处于被动状态，他们无法逃避或摆脱犯规干扰。为此，运动员要始终保持防干扰的意识，摆脱突袭来的干扰或减低干扰的影响。在多人同组比赛项目中，横切、碰撞、推人、拉人和危险冲刺等犯规现象的发生率都是较高的，在500米计时赛中，横切、碰撞等犯规干扰相对较多；在接力项目中，阻挡犯规干扰居多。

运动员在赛程中的滑跑位置不同，受犯规干扰的程度也不同：在外侧滑跑时，受到的干扰最多，受到的威胁也较大；其次是后面及内侧的运动员；在前面领滑的运动员，受到干扰的几率相对最低。

对场地不同区域发生犯规干扰的统计表明，在出弯道处横切犯规的发生率最高，在弯道弧顶处发生推人和碰撞犯规干扰相对较多，在入弯道处发生降速和碰撞犯规干扰较多，危险冲刺犯规干扰无疑是在终点处。在比赛进行中，运动员相互争夺的重点区域是，出、入弯道和终点三个区段。

另外，对比赛中超越的统计表明，速度轮滑比赛中发生超越的次数是很多的，同时还发现在超越过程中犯规率也较高。超越者犯规多，被超越者犯规少。

（5）速度轮滑运动员必须具备抗干扰的能力。为此，应进行提高抵御干扰的训练，采用的训练手段如下：

①滑跑中的跳跃练习。听、看信号完成无障碍的跳跃练习；在有障碍的现场完成双跳双落接滑进的动作练习；在有障碍的现场完成单跳单落继续滑进练习和在较快的滑跑速度情况下躲避随时出现的干扰，利用各种跳跃方式越过干扰物，完成抗干扰动作继续滑进的练习等。

②绕过或躲闪滑练习。左脚支撑向左绕过障碍；右脚支撑向右绕过障碍；左脚支撑向右绕过障碍；右脚支撑向左绕过障碍；双脚支撑向左（右）绕过障碍、用不同方式连续绕过障碍继续滑跑等练习。

③折线滑跑练习。在现场固定的地点进行折线滑跑练习；在慢滑中用外力轻触，使其改变滑跑方向进行折返滑跑练习；在直道滑跑中听信号完成折返滑跑练习；在较高速度滑跑中，适当施加外力使其改变滑跑方向进行折返滑跑练习。

④弯道抗阻力练习。利用橡皮筋阻力滑跑练习；利用木杆对运动员上体施加压力；利用队员的轻拉进行练习；利用木杆加阻挡力的滑跑练习。

⑤滑跑中快速反应练习。听信号进行突起加变向、急停、交叉步、换腿支撑、变支撑轮刃、跳跃、减速转体等动作练习。

⑥弓步滑进练习。在直道进行左（右）脚在前的大弓步滑进，由中速到快速；在弯道滑跑中按预定计划进行左（右）脚在前的大弓步滑进练习；在直道滑跑中进行连续的大弓步滑进练习。

⑦转体 360° 接滑跑、滑跑中转体 360° 接滑跑、直道滑跑中听信号或施加外力转体 360° 接滑跑的练习。

⑧突然加速并超越的练习。直道多人匀速滑跑中，听信号后突然加速，相互摆脱对手；弯道多人纵队匀速滑跑中，听信号后突然从外侧加速，相互摆脱或超越；重点练习者在纵队的后面，突然加速，其他练习者也同时加速，给重点练习者增加难度；重点练习者尾随或插入纵队中间，其他队员同时加速，重点练习者在一圈内力争完成超越任务的练习。

⑨滑跑中躲闪练习。在直道滑跑中，听信号后向左（右）侧大跨步接滑跑练习；在直道滑跑中，听信号迅速并腿侧向跳跃后接滑跑练习；连续完成上述的两个练习。

⑩重心移动练习。在滑跑中，听信号做重心后移、前移、正常滑跑的练习；直道高速滑跑，按预定方案进行重心前移、后移、正常滑跑练习；在弯道滑跑中，完成上述的两个练习。

⑪综合练习。利用教学比赛或测验的机会，安排一些先后出现的各种干扰行为。在干扰出现后，运动员应立即做出相应的反应和采取有效措施加以克服，如在有预先安排的情况下进行练习、在没有预先安排的情况下进行练习、在同时出现多种干扰的情况下进行练习等。

⑫利用恶劣天气和不良场地条件的练习。为提高运动员的适应能力，有时应利用恶劣天气进行强化训练，还应在不同的现场条件下进行必要的训练，如地面粗糙、潮湿，灯光昏暗等场地。

在战术训练中要注意全面性，运动员掌握多种战术手段才能适应临场的变化，随机应变，争取主动权。还要使运动员在掌握和具备启动战术与反战术手段和能力的基础上，逐步形成适合自己特点的战术风格和绝招，并在创新与发展潜力的新战术手段方面开动脑筋，从而不断提高战术水平。经验证明，比赛是提高运动员战术能力最好的课堂，临场比赛是运动员实施战术的有效保证。为此，有计划、系统地采用测验比赛和组织运动员积极参加比赛是战术训练最重要的基本要求。

在正常训练过程中，战术的训练也应该始终围绕着比赛的实战情况进行，使训练带有比赛的真实感。运动员带着参赛的意识进行战术训练，不仅可以提高其主观积极性和调节训练气氛，提高训练的兴趣，而且能有效地提高宏观分析问题和解决问题的能力。经历了系统战术训练的运动员，才有可能成长为优秀的速度轮滑运动员。

（四）教练员在竞赛中的指挥

在速度轮滑竞赛中，教练员临场指挥得当与否，对运动员参赛结果有着很大的相关性。教练员必须对临场多变的情况认真观察，做出准确的判断，并及时地把信息告知运动员，以达到比赛获胜的目的。

(1) 临场指挥的方法：教练员临场指挥的技巧是教练员阅历、胆略、勇气、经验和气质等综合素质的集中反映，通常采用的临场指挥方法有以下几种：

①设计参赛各项的技、战术方案。教练员根据各项目特点、分组情况和参赛任务等，制定参赛具体方案。但是，随着比赛轮次的不同和参赛过程中的变化，必须及时修正方案，以保证达到预期的参赛目的。

②运用口令指挥。教练员的指挥口令要言词简练、准确和声音要洪亮。正确的口令不仅能起到引领和提示运动员无误地实施预先设计的战术方案，而且还能起到使运动员准确应对赛程中发生的变化和激励士气的作用。

③运用手势指挥。教练员的手势指挥是以姿势助说话的方式，可以产生强化口令指挥的效果。教练员通过手势表示对运动员的信心，激励其斗志和充分显露自己与运动员默契配合的智慧。手势要挥洒自如，动作幅度要大而不过，点到为止。

④临场应变指挥。临场随时都会出现突发事件，这时首先要冷静，及时分析，果断决策，充分发挥教练员与运动员的应变能力，以保证比赛顺利进行。

⑤关注赛会各项比赛得分，掌握比赛流程情况，以利合理使用兵力和鼓舞运动员的斗志。

(2) 临场指挥的艺术：教练员的临场指挥能力，与团队参赛成功与否有很大的关系，如对各项比赛战备战术灵活变化的掌控，对调动运动员的情绪和斗志是非常重要的。为此，在千变万化、紧张激烈的比赛中，作为教练员若想指挥好比赛，首先要控制好自己的情绪，心态要平和，保持头脑冷静。此时，身教比言教更为重要。另外，调动和借助于观众的热情，鼓励运动员拼搏也是教练员临场指挥艺术的内容之一。

在赛程中，要认真观察临场彼我双方运动员的表现和战术运用情况，并在正确分析的基础上，做出精确而果断的决策，通过口令或手势及时做出正确的指挥。一旦又发生突变，则要求教练员随机应变，足智多谋地发挥临场指挥的威力，变被动为主动，使运动员放开手脚，充分发挥自己的训练水平，夺取比赛的胜利。

第五节 速度轮滑训练计划的制定

速度轮滑运动员的训练计划包括多年训练规划、全年（大周期）训练计划、中周期训练计划、小周期训练计划、周训练计划、日训练安排和课时教案（计划）等形式。

一、多年训练规划

多年训练规划是保证对运动员进行长期系统科学训练的重要前提条件和必要措施。一名少年运动员成长为优秀的速度轮滑运动员大致经历如下五个训练阶段：

（1）启蒙训练阶段。大致年龄为 6～8 岁，以锻炼身体为宗旨，培养健身体育爱好，从兴趣出发喜欢滑着玩或游戏。

（2）初级基础训练阶段。选择速度轮滑为体育特长项目，进行全面性身体训练、专门性基本功和速度轮滑基本技术的基础训练，体现“从小抓起，打好基础”的精神，打好后备力量全面而牢固的基础。大致年龄为 8～12 岁，小学生利用课余时间，进行有计划的业余训练。

（3）专项基础与提高训练阶段。进行专门性体能和专项滑跑技术的基础训练，与此同时，在突出专项为主的训练基础上，逐年提高专项训练水平和自然提高运动成绩。大致年龄为 12～18 岁，中学生或运动学校学生，进行系统的业余训练或半学半训的训练。

（4）全面与主攻项目强化训练阶段。进行专项体能与技、战术全面再提高的强化训练，尤其要突出适合个体特点的主攻项目的强化训练，走自己技术发展的道路，逐年提升专项训练水平和力争创造优异运动成绩，跻身优秀运动员行列，力争“冲出亚洲，走向世界，为祖国争光”。大致年龄为 19～22 岁或 23～26 岁的两个四年时光，进行职业化或大学在籍脱学的强化训练。

（5）竞技综合能力挖潜和保持训练阶段。在上阶段训练基础上，进一步挖掘机能潜力和完善适合自身特点的滑跑技术风格与技术创新，走以负荷、应激与恢复，周期性与节奏性，竞技状态的形成与科学调控及竞技能力的适应等原则为主导思想的微调训练路子，达到再提高的目的，最大限度地延长运动寿命。年龄可达到 30 岁以上。

多年训练规划的年限要根据运动员的年龄、训练水平和其他条件而定。制定多年训练规划时应注意以下几点：

第一，多年训练规划的主要目的，是使运动员与时俱进地按要求取得运动技术技巧和运动成绩。如根据世界最佳运动成绩预测值，来确定规划中每个年度设想提高的运动成绩指标。

第二，规划出每个年度的训练目的、任务及要求。如有时候不把提高专项运动成绩作为主要训练目的。

第三，在考虑运动员身心特点与已经达到的运动成绩的基础上，制定出年度进一步提高运动成绩的指标和提高体能训练水平的指标。

第四，本着每年度训练的主要目的、任务和手段三者需保持相互协调适宜的精神，在规划中把逐年有所变化的训练任务和手段按年度分配，并提出大致的负荷数量。例如，在训练年轻速度轮滑运动员时，主要训练手段的负荷量应当逐年增加，大致为上一年度的主要训练手段总负荷量的二分之一。优秀运动员的增加幅度在 20% 左右为宜。

第五，按年度确定掌握和提高滑跑技术水平和战术水平的任务。

第六，规划中应明确提出进行思想教育、文化学习和培养心理素质等方面的任务和内容。

第七，按年度规划出比赛日和参赛次数，并标明比赛的主次等级，尤其要标定重大比赛。

在多年训练过程中，运动员训练水平和竞技能力的变化迥异，有渐进型、突变型、跳跃型，也有的是混合型。但是，无论哪一种都与运动员个体特点和负荷安排密切相关。由于多年规划是一个总体框架理想化的安排，因此在规划基础上必须详细地制定年度训练计划。

二、全年（大周期）训练计划

当前，年度训练（大周期）的计划分为单周期、双周期和多周期三种形式：单周期是指一年训练安排为一个大周期；双周期则是在一年中安排为两个大周期；多周期则是在一年中安排为两个以上的大周期。

一年安排几个大周期为宜，这是由全年重大比赛任务而决定的。一年有一次重大比赛采用单周期，有两次重大比赛则安排双周期，有两次以上重大比赛则安排多周期。年度大周期依运动员竞技状态形成的规律划分为准备、比赛、休整三个时期。

在年度大周期中，各训练时期的时间不是随意安排的，而是有一定规律的。一般地讲，准备期为 7 个月，比赛期为 4 个月，休整期为 1 个月。但时间安排又受比赛期长短的制约，如比赛期时间长，那么准备期的时间就必然缩短一些，否则就难以在比赛时出现竞技状态。上述训练时期的时间比例值（7：4：1），这也适用于双周期的安排。

（一）全年各训练时期的任务

（1）准备期的任务，是通过一般和专门性体能及专项技术训练，使运动员初步形成竞技状态，为比赛时期的训练和参加比赛取得好成绩打好基础。

准备时期分为两个阶段，第一个阶段为一般基础准备阶段，第二阶段为专门基础准备阶段：一般基础准备阶段的任务，是获得形成竞技状态所必需的各种前提条件，即发展各种必要的体能和改进专项技术等；专门基础准备阶段的任务，是在第一阶段的基础上初步形成竞技状态，具有明显的专项化特点。

（2）比赛期的主要任务，是使运动员在比赛中形成和巩固及保持最佳竞技状态，参加标定的重大比赛，并创造年度最高运动成绩。在年度单周期中，可将比赛期分为赛前基本训练阶段和比赛阶段：赛前基本训练阶段是为参加重大比赛做好专门的准备，把准备期打下的体能训练基础转化为比赛所需要的专项能力；比赛阶段是运动员以参赛为主的训练阶段，其主要任务是保证运动员以最佳竞技状态参加比赛，获胜或创造优异运动成绩。

（3）休整期的主要任务，是消除运动员的身心疲劳，以积极性休息的方式，进行有氧代谢性质的活动，积蓄力量，为投入下年度的训练做好身心准备，保证新年度的训练是在理想的起点上开始。

（二）全年各时期训练的内容与手段

（1）准备期：一般性训练内容和手段是准备期第一阶段的主要训练内容，准备期第二阶段主要是专门性体能和专项训练内容。

（2）比赛期：对高水平运动员而言，基本是以专项体能和技、战术训练为主，在此期间内以赛促练和参加各种比赛，各种形式的测验也占有一定的比例。

（3）休整期：主要是以恢复性的训练内容为主，应进行隔日一次的有氧代谢性质的训练（越野跑、长骑自行车、滑冰、越野滑雪和游泳等）。

（三）全年各时期训练负荷与比重的安排

（1）各时期训练负荷安排：全年总负荷量的动态变化规律是与运动员竞技状态变化规律基本一致（形成、保持、消失）。年负荷量的高峰应略提前于竞技状态的形成和出现在较高运动成绩之前，每次重大比赛之前的训练均应相对地出现一次负荷的高峰。

负荷量与强度的变化，是负荷量的高峰先于负荷强度的高峰，进而转为量强并举，再变为降量提强，这种变化有利于运动成绩的提高。就各时期而言，负荷安排的基本规律是：在准备期第一阶段负荷量与负荷强度逐渐增大，其中以负荷量为主，达到全年最大量；第二阶段负荷量减少，尤其是要大量减少一般性体能训练量，与此同时，负荷强度加大，在阶段后期达到全年量强并举的高峰。进入比赛期负荷总量开始明显减少，保持相对稳定的水平，但专项训练的强度稳步提高到最高点，并尽可能地通过参加比赛来提高和延长竞技状态保持的时间。休整期负荷总的来讲是明显减少的，尤其负荷强度严格控制在有氧代谢范围之内，以利于运动员消除一年所积累的身心疲劳，但尽量使已获得的训练水平不产生明显的退降，以保证新年度的理想起点水平。

（2）各时期训练的比重安排：各时期训练的比重，是指在全年各时期训练中，一般性体能、专门性体能和专项训练三者之间的比重安排，如表 4–11（①在表的月份中用 5 分制来表示解决某项训练任务需要花费的精力和时间；②此表为速度轮滑和速度滑冰两栖运动员“全年滑”模式的全年训练计划范例）和表 4–12 所示。

表 4–11 年度训练总计划

N	全年训练的基本任务 / 训练比重 / 时期 / 月份	年度双循环周期划分											
		训练期			比赛		休	训练期			比赛		休
		5	6	7	8	9	10	11	12	1	2	3	4
1	提高一般性体能训练水平 全面发展全身的小肌群	5	4	3	2	–	5	5	4	3	2	–	5
	发展和提高有氧代谢能力	3	4	5	3	2	5	3	4	5	3	2	5
	提高动作的速度	5	4	3	2	–	5	5	4	3	2	–	5
	改善关节的灵活性和脊柱柔韧性	4	4	2	2	2	3	4	4	2	2	2	3
	改善灵巧性和动作协调能力	5	4	3	2	2	4	5	4	3	2	2	4
	提高动作的放松能力	5	5	3	–	–	5	5	5	3	–	–	5
2	提高专门性体能训练水平 发展专门性肌肉力量	5	5	5	4	3	5	5	5	5	4	3	5
	专项基础训练	3	5	5	–	–	–	3	5	5	–	–	–
	发展和提高专项耐力	3	4	5	5	5	2	3	4	5	5	5	2
	发展速度	4	5	5	5	2	2	4	5	5	5	2	2
	发展和提高爆发力	5	5	4	4	3	5	5	5	4	4	3	5
	提高专门性柔韧性	4	4	4	3	3	5	4	4	4	3	3	5
	掌握和提高放松能力	5	5	5	5	5	5	5	5	5	5	5	5
3	掌握和提高专项技术	5	5	5	4	2	5	5	5	5	4	2	5
4	掌握其他辅助手段的技术	4	2	3	–	–	5	4	2	3	–	–	5
5	战术训练	–	2	2	3	5	–	–	2	2	3	5	–
6	培养道德品质	5	5	5	5	5	5	5	5	5	5	5	5
7	培养心理素质（尤其是意志品质）	5	5	5	2	5	1	5	5	5	2	5	1

续表 4–11

N	全年训练的基本任务＼训练比重＼时期＼月份	年度双循环周期划分											
		训练期			比赛		休	训练期			比赛		休
		5	6	7	8	9	10	11	12	1	2	3	4
8	参加轮滑专项比赛	（轮滑）						（速度滑冰）					
		–	2	–	4	5	–						
9	参加兼项（速滑）比赛							–	2	–	4	5	–
		（轮滑）						（速度滑冰）					
10	保证有效的恢复	5	5	5	5	5	5	5	5	5	5	5	5
11	学习有关训练、赛前准备等的理论知识和实际本领	5	5	5	5	5	5	5	5	5	5	5	5

表 4–12　年度训练负荷量主要参数指标

训练手段＼指标＼年度		年度	
		上年度	本年度
训练日和比赛日			
训练课次和比赛			
专项训练日和比赛			
专项训练课次和比赛			
比赛日			
比赛起跑次数			
训练总时数（小时）			
专门性训练总时数（小时）			
周期性做功总负荷量（公里）			
自行车（公里）			
轮滑（公里）			
滑冰（公里）			
轮滑、滑冰总量强度分配	第一区		
	第二区		
	第三区		
	第四区		
	第五区		

以速度轮滑与速度滑冰两栖运动员采用全年双周期安排为例，全年训练的比重原则上应体现出的特征是：第一，运动员在全年训练中采用速度轮滑和速度滑冰这两种主要的专项训练手段，进行按周期的交替，相互衔接，构成“全年滑”的训练模式。第二，两栖运动员可分两种：一种是双项并重，是典型的两栖运动员；另一种是以某项为主，另一项为辅的两栖运动员。第三，在各时期中一般性、专门性体能训练原则上与专项训练应保持灵活变化的方式，同步向前推进训练过程。

三、月（中周期）训练计划与小周期训练计划

（一）月（中周期）训练计划

根据年度计划和训练的进程制定月训练计划，其内容包括训练任务、采用的主要训练手段，并将训练手段按小周期逐日分配。在月训练计划（进度表）的第一栏里，按小周期训练课安排的形式（顺序），列出本月训练课的各项练习内容，并标明练习的强度要求，最后按小周期逐日标明练习的数量。为保证训练计划的可行性和根据训练实际情况的变化进行训练，对训练计划应进行必要的修改。在制定月计划时，要把逐日采用的训练手段和练习的负荷要求等，提前一周左右制定出来。当然，在月训练计划中，还要列出要进行的思想教育和心理训练及恢复的措施等。

在训练过程中，为了便于统计，每次课后均应在计划中所规定的负荷下面填上实际完成的负荷值。

月训练进度示例如表 4-13。

表 4-13　月训练进度

N	训练 负荷 周 日 主要训练内容		第一周							第二周	第三周	第四周
			1	2	3	4	5	6	日			
1	训练课次		2	2	1	2	2	1	休			
2	技术训练	基本功										
		基本技术										
		专项技术风格										
3	体能训练	耐力										
		力量										
		速度										
		柔韧及灵敏										
4	战术训练	实战演练										
		战术研究										
5	心理训练	心理修养及素质										
		心理调节										

续表 4–13

N	训练负荷 周日 主要训练内容		第一周							第二周	第三周	第四周
			1	2	3	4	5	6	日			
6	文化课	文化外语										
		体育理论										
7	恢复	积极性休息										
		具体措施										

（二）小周期训练计划

现代运动训练非常重视小周期的训练安排，因为小周期的训练课安排，可随时灵活地调整运动员的竞技状态，以适应当今比赛增多的趋势，要求运动员时刻保持对竞技状态的要求。当今，每周训练课增多了（有时一日三次课），重视小周期是把它作为一个训练单元安排。小周期安排有利于在训练过程中灵活调控训练负荷，尤其是调控训练强度；有利于运动员调控训练比重，体现体能训练与专项训练同步推进的原则；还便于处理负荷与恢复之间的关系，有利于对训练实施有效的调整，达到科学监控的目的。周训练计划示例如表 4–14。

表 4–14　周训练计划

时间	负荷指标 训练日 训练手段	星期一	星期二	星期三	星期四	星期五	星期六	星期日
早操								
上午								
下午								
晚间								

训练小周期因其完成训练的具体任务不同，所起的作用也不一样，通常分为诱导小周期、准备小周期、比赛小周期、恢复小周期。

（1）诱导小周期：主要任务是将运动员的机体诱导到即将开始的紧张的基本训练。通常安排在准备期第一阶段的开始，因而也是全年训练的开始，使运动员机体逐渐地进入正常的工作状态。在训练内容选择上，应尽量多样化，多采用一般性体能训练手段。负荷量不大，强度也低，难度也小，使运动员全面地活动开，大致用 1～2 周的时间。

（2）准备小周期：主要任务是使运动员通过进行有计划的训练为参加比赛做好一般与专门的准备。一般性准备小周期的训练内容仍然表现为较明显的多样化特点，着重选择发展一般性体能的训练手段。而专门性或专项准备小周期的训练则是为了专项的需要，打好专项能力的基础，训练内容多以专门性体能训练手段或以专项为主安排训练。

从负荷调控方面看，准备小周期多为负荷较大的小周期，而且负荷的变化呈现由一般性准备小周期以加量为主，向专门准备小周期中以提高强度为主的小周期转化。准备性小周期以大负荷为主要特点，普遍采用两段式负荷结构，即两个负荷高峰，中间用小负荷调节。当前，更多地采用跳跃式负荷节奏，第二个高峰比第一个高峰更高，以达到较高的负荷水平。这样的节奏在两高峰中间进行调整更有利于恢复，以保证第二个负荷高峰达到更高的水平。

（3）比赛小周期：其主要任务是使运动员能在比赛中表现出最佳竞技状态和创造优异的运动成绩。

①时域调控特点：赛前诱导小周期应安排在比赛小周期前面。比赛小周期一般是以比赛日为小周期中的最后一天。由于轮滑比赛日程长，比赛小周期的跨度大致为一周时间。为使运动员能在比赛日出现最佳竞技状态，在比赛日前必须有竞技状态高潮和严格控制的负荷刺激，并根据运动员的水平掌握负荷的大小、恢复及超量恢复出现的时间（以积极性休息促进恢复）。

②训练内容安排：比赛小周期的训练内容是专项比赛内容，心理训练内容，模拟训练内容，技、战训练内容和积极性与转移性训练内容。尤其要重视促进恢复的训练安排，以使运动员的竞技状态达到最佳状态。

③负荷调控：在比赛小周期中，一定要把大负荷训练日与减量小负荷训练日交替安排。一般是赛前两天应积极性休息一天，而比赛前一天则应进行严格控制的减量活动性训练。

赛前诱导小周期的主要特点是提高训练强度，但是一定要控制量，绝不要出现量和强度同步增加的情况，而且还要增加恢复性训练课的次数，并加强恢复措施，以保证运动员出现超量恢复状况，达到提高强度课质量的目的。

比赛小周期的负荷量与强度的组合方式为加量—降强度、保持量—降强度、保持量—保持强度、减量—提强度四种。一句话，严格控制训练强度是最重要的。

④比赛调控：在诱导性比赛小周期的最后一两天，可以安排一次有一定强度的热身赛或热身性质的高强度训练，但不要过多。在比赛小周期中，不宜过多参赛或进行大强度的训练。

⑤心理及精神调控：教练员和领导不要过多地给运动员以压力，应减轻其心理紧张度和精神压力。可组织一些文化娱乐活动，占领业余时间阵地，达到调节心理状态的目的。

（4）恢复小周期：主要任务是使运动员进行较好的恢复，并为进入新周期的大负荷训练做好准备。

恢复小周期多安排在激烈、紧张的比赛后的休整期和大负荷训练后，而且多在两个大负荷周期之间安排一个恢复小周期。在每一个周期的阶段训练中，至少安排一次恢复小周期，这对运动员可起到调节体力、心理和促进恢复的作用。

恢复小周期的训练内容，应尽量多样化而且灵活。多为一些非专项训练内容，包括球类、游泳、活动性游戏、旅游、文化误乐活动等。恢复小周期的总负荷应该是最低的，尤其是强度要大幅度降低。专项训练应以技术性活动为主，量强都要控制在适宜的范围之内，以达到促进恢复的目的。

四、课时计划（教案）

首先确定训练课的性质及任务。课时计划由三个部分组成，即准备部分、基本部分和结束部分。

准备部分：主要是做准备活动和提出要求。

基本部分：是训练课的主体部分，一般分为前半部与后半部进行训练，中间有一定时间的课间休息。具体训练内容应与课的任务相呼应。标明完成练习的具体要求和间休、间歇时间等。如属技术训练内容，则应提出技术标准化要求等。课的负荷变化以由低到中再到高为宜。

结束部分：进行放松性整理活动。

教练员应认真记载运动员完成规定训练内容的情况，如运动员的表现、训练前后和课中的有关生理指标及训练日的天气情况等。课时计划表（日）示例如表 4-15。

表 4-15 课时计划表（日）

年　月　日　　　天气：

时间	训练手段	负荷指标	完成情况
准备部分			
基本部分			
结束部分			
课前准备			

第五章　速度轮滑比赛的标准场地、运动器材与服饰

第一节　速度轮滑比赛的标准场地

一、速度轮滑场地赛标准场地

速度轮滑场地赛标准场地可分为四种类型：

1. 露天标准轮滑场，如图 5–1 所示。

图 5–1

2. 半封闭式标准轮滑场（跑道加盖式），如图 5–2 所示。

图 5–2

3. 室内标准轮滑场（轮滑馆），如图 5–3 所示。

图 5–3

4. 高原（海拔 1000 米以上）标准轮滑场

标准轮滑场必须符合速度轮滑竞赛规则中关于“场地赛跑道”要求的标准。从上述四种标准场地有利于创造优异运动成绩角度看，高原标准轮滑场无可置疑地占据最大优势，其次为室内标准轮滑场，再次为半封闭式标准轮滑场，露天标准轮滑场则仅仅可以提供最基本的比赛条件。当然，如果在高原环境中修建室内的标准轮滑场，则会成为最佳标准轮滑场。因为在高原环境中，运动员所受空气阻力小于平原。另外，室内标准场地的空间条件恒定，这都有利于运动员创造优异的运动成绩。

二、速度轮滑公路赛跑道

速度轮滑公路赛跑道同样要符合竞赛规则中关于“公路赛跑道”的要求标准。公路赛跑道有两种：

1. 封闭环式公路跑道

主要是用于规则规定的不同距离的比赛项目，运动员在跑道长度最短不少于 400 米、最长不长于 600 米的封闭环形路面上进行比赛，有利于观众欣赏运动员竞赛时的风采，还有利于营造你追我赶激烈竞争的气氛（图 5–4）。

图 5–4　海宁速度轮滑世界锦标赛公路赛场地（封闭环式公路跑道）

2. 开放式公路跑道

最好选择风光秀美的滨海公路或滨湖公路，公路跑道的任何赛段的坡度不得超过5°。同时，整个赛道的坡度段不得超过25%，还要求公路的路面必须平坦而光滑，没有沙土、凹陷和裂缝，路面的不平坦部分不得超过其宽度（不得少于8米）的5%，并且要求比赛承办方，须在跑道外侧容易出现危险的地方采取保护措施。在开放式公路跑道上主要是进行马拉松赛（图5–5）。

图5–5　2009年海宁速度轮滑世界锦标赛马拉松赛场地（开放式公路跑道）

第二节　速度轮滑运动员的器材与服饰

一、速度轮滑运动员的器材

速度轮滑运动员的器材有三种，即竞速轮滑鞋、头盔和护具（护腕、护肘、护膝），如图5–6所示。

竞速轮滑鞋　　头盔　　护具

图5–6

1. 竞速轮滑鞋

竞速轮滑鞋经历了数次更新换代，终于达到如今的质量和规格标准。当代优秀速度轮滑运动员所使用的竞速轮滑鞋，是踩脚型“克拉”纤维轮滑鞋。运动员穿着量身定制的轮滑鞋，舒适感较强，犹如穿袜子。高级竞速轮滑鞋多以四轮为主，鞋的底座较长，而且能形成较大的矩形覆盖面，使运动员在高速滑跑中保持身体的稳定性。这种轮滑鞋特别轻，主要是由超细“克拉”纤维、碳素纤维、玻璃钢胶和钛铝合金材料等加工而成（图 5–7）。

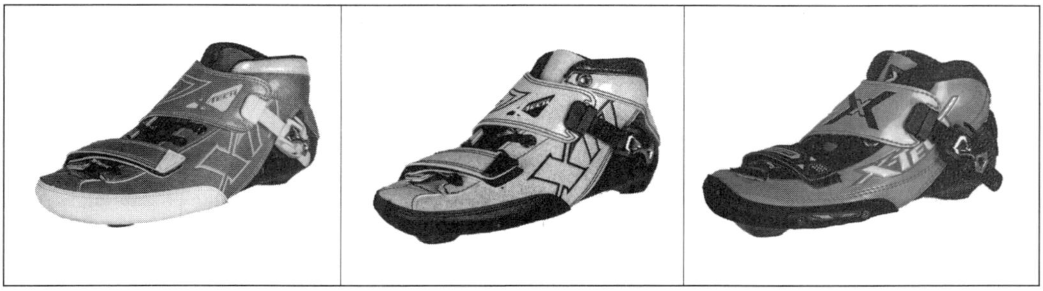

图 5–7

竞速轮滑鞋是与运动员的双脚紧密接触的运动器材，因此选择合适的竞速轮滑鞋将为运动员提供强有力的支持。优秀运动员可使用两双竞速轮滑鞋，一双是训练用鞋，另一双是竞赛用鞋。

选择训练用竞速轮滑鞋应注意以下三点：

第一，选择训练鞋时，可挑选偏重的轮滑鞋。长时间穿着偏重的竞速轮滑鞋，有负重训练的效果，能提高腿部专项肌肉群的力量。

第二，轮滑鞋的鞋面和内衬，最好选择真皮材料。真皮材料的透气性好，利于脚部的散热，在炎热的夏季训练更需要透气性好的轮滑鞋。

第三，轮滑鞋的脚形较明显，穿着时脚感好，尤其是脚的后外跟骨处要与鞋跟的内部贴合。可用以下方法检查：穿上鞋系紧鞋带后，做双腿蹲曲姿势，膝盖前弓，小腿前倾并靠近鞋舌部位时，如果脚跟骨处没有明显的挤压感即证明此鞋较为适合。条件允许的情况下，试滑则是更直接有效的检查方法。如运动员选择了与自己脚形不适合的轮滑鞋，长期地训练会导致足部的跟骨骨质增生或有其他问题。因此，选一双适合自己脚形的轮滑鞋十分重要。

2. 轮架

轮架由钛铝合金和特种铝合金型材等材料制成，其特点是既轻又硬，并且有一定的弹性（图 5–8）。

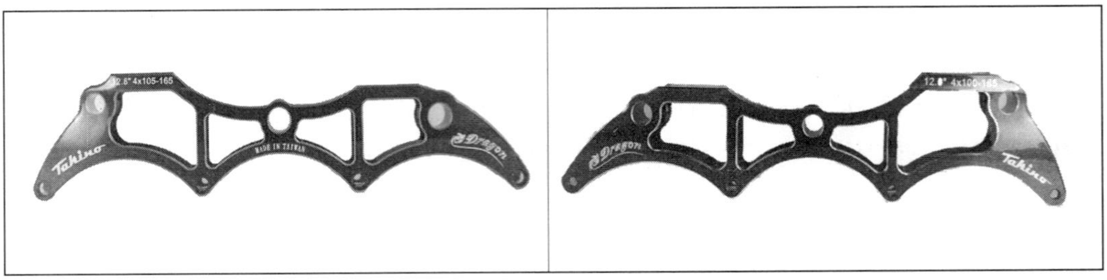

图 5-8

安装轮架时应注意：

轮架应合理地安装在轮滑鞋底部，运动员可根据自身的滑行特点或比赛场地调试轮架的位置。场地比赛的弯道比重较大，为了更有效地滑跑弯道，运动员通常将左脚的轮架固定于鞋的正中线外（左）侧，右脚的轮架固定于鞋的正中线内（右）侧。而公路比赛的直道比例远远大于弯道，运动员一般会把左脚的轮架也固定在鞋的正中线内右侧，右脚则与场地赛时的位置相同。运动员以此来加强直道滑行的蹬地效果。

3. 轮子

轮子是竞速轮滑鞋最重要的组成部分，它是运动员与跑道路面接触的支撑点，是使运动员向前滑动的部件。速度轮滑运动员使用的轮子直径以 mm 来表示（目前运动员们均使用 100 或 110mm 直径的轮子），而轮子的软硬度则以 A 来表示。目前，轮子的材质仍然以 PU 树脂为主，但在轮子的结构架、轮子 PU 不同硬度（A）的使用比例和添加剂种类等细节上有相当大的改进。

运动员为创造优异运动成绩，应根据天气情况、比赛跑道和比赛距离选择适宜硬度（A）的轮子，如场地轮（图 5-9①）、公路轮（图 5-9②）、地板轮（图 5-9③）和防水轮。

① ② ③

图 5-9

挑选合格的轮子需要注意以下四点：

第一，轮子的外形较扁而尖有一个圆的负荷面，滚动时阻力较小。

第二，轮子的扁面必须绝对呈水平状，如果扁面不平整，滚动起来会有一定摆动，这不但会加大阻力，而且会破坏同组轮子向前滚动的直线性，影响滑跑速度。

第三，轮子两个扁面中的轴承槽必是同心状态，不然当轮子不是平轮刃滑动时会增加摩擦阻力，影响滑跑速度。检查是否为同心的简单方法是：用拇指和食指捏住轮子的两个轴承槽，然后用另一个手掌给轮子加力，使之转动起来，这时如果手感很顺畅，那么轮子的两个轴承槽是同心的；如有波动感，则不是同心的。

第四，轮子的硬度只是反映运动员在滑跑中使用力量的大小，但同时也与所使用的合成材料的弹性有关。两个软硬度（A）相同的轮子的性能会因为弹性的不同而有很大的差异，弹性好的轮子不仅滑跑的距离会更远，而且能减小震动，其抓地性也强。检查轮子弹性的简易方法是，将一个轮子用拇指和食指捏住后，向地面扔下，这时轮子会反弹腾空，再落向地面再反弹起来，如果两次反弹的高度相差不大，则是弹性好的轮子。

4. 轴承

轴承是由外圈、内圈、护圈、滚珠和封闭薄片五部分组成（图 5–10），其质量好坏取决于构成轴承的材料质量，尤其是滚珠滚动面的质量，轴承的间隙（轴向和径向的间隙），润滑材料的种类、性能和用量，护圈的性能和质量，密封的性能、种类、结构及作用，摩擦系数和精细的工艺水平。如果是按照 ABEC—Norm 的标准加工而成的轴承，其精密度极高，因此，陶瓷轴承的旋转次数可达到 2 万次以上 / 分钟。速度轮滑运动员使用的陶瓷轴承滚动面加工得越光滑，滚珠的旋转性能就越好，越会产生更快的速度。

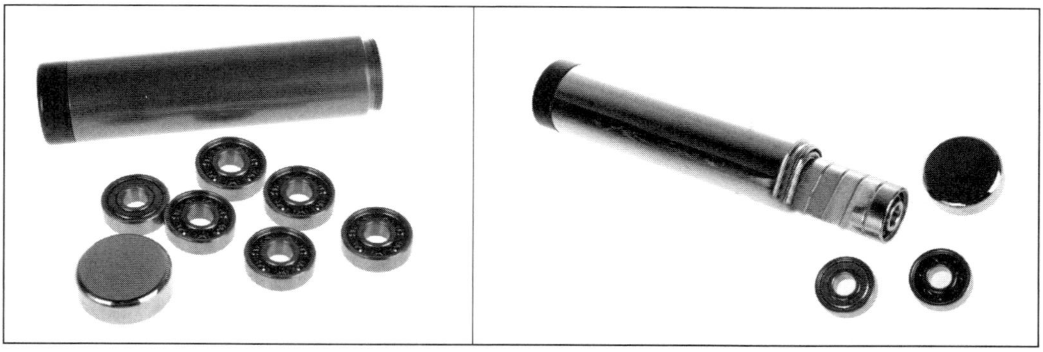

图 5–10

在轴承中护圈是紧紧包住滚珠的部件，不同材质的护圈其性能有很大的差异。目前，价格最高、质量最好的是用合成酰胺材料加工成的护圈。这种护圈在变形之后能够重新恢复到原来的样子。仅次于合成酰胺护圈的是钢制护圈，其特点是坚固而且摩擦系数最小。

轮滑鞋的核心部分是由 12 ~ 16 个滚珠轴承构成的。优秀运动员普遍使用的是陶瓷轴承，其最大特点是耐磨耐高温，而且重量轻，运转精密度最高，有利于运动员提高滑跑速度。陶瓷轴承是用新的曲径式密封装置作为封闭垫圈（薄片），能有效地防止脏东西进入。经验表明，速度轮滑运动员使用只有一个扁面是密封的轴承会更容易清洗。

为了使轴承的旋转及抗压、抗高温的性能达到最佳状态，使用润滑油是必须的。美国产的“安耐驰金属抗磨剂”和轮滑界研制的专门供速度轮滑运动员使用的润滑油脂有很好的滑动性能，并能防止杂物进入轴承。在马拉松赛中运动员使用润滑油脂来润滑轴承，能防止轴承过度磨损。轴承最怕干磨，摩擦产生热量会造成滚珠滚动面和滚珠滑轨的损坏，导致难以达到最佳旋转次数的后果。另外，轴承最怕沾水，一旦沾水很快就会生锈，会严重影响旋转性能。使用“除锈润滑喷剂”是解决这个问题最有效的方法。

速度轮滑运动员参加场地赛和公路赛的规定项目时，主要是使用高级润滑油使轴承达到最佳润滑状态。为了创造优异的运动成绩，一定要换上经过 100 公里以上磨合期的新轴承，这样的轴承内部不平整的部分以及滚动面都会被磨得很光滑，润滑剂也已得到最佳的分布，无疑会省力而滑得快。

5. 头盔

头盔是速度轮滑运动员最重要的保护装备，“只要穿上轮滑鞋，就要戴上头盔”，在任何场合、任何时候都不能忘记这个自我保护的要求。速度轮滑运动员使用的头盔有两种（图 5–11）：一种是自行车运动员使用的头盔，其最大特点是外壳坚硬，透气孔架外型顺畅透气性好，做工精细，款式合头形，而且呈流线型；另一种是带尾翼的流线型头盔，多见于场地赛个人计时赛中，它有助于运动员在高速滑跑中使自己的整体姿势呈现更好的流线型，减少空气阻力的影响。

自行车、轮滑头盔

流线型头盔

图 5–11

6. **护具（护腕、护肘、护膝）**

速度轮滑运动员使用的护具有护腕、护肘和护膝三种（图 5-12）。好的护具都是好材质，做工精细且耐用，并配有带软垫的坚固的塑料外壳。穿戴优质护具会感到很合体（护肘、护膝）舒适。但是，优秀速度轮滑运动员在参赛时，都只穿戴软体款式的护腕，以便发生意外时起保护手掌，尤其是保护手指的作用。

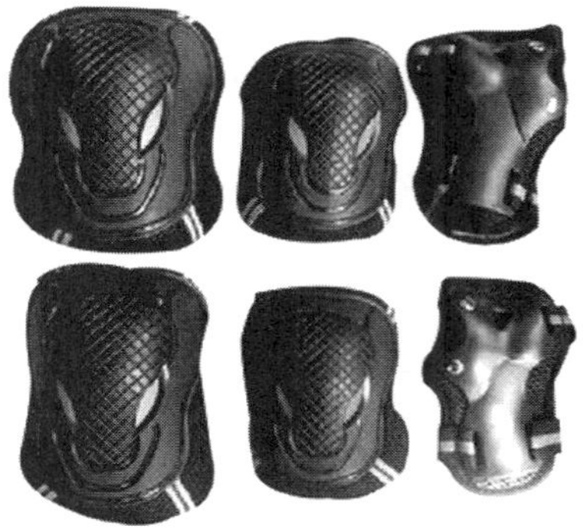

护膝　护肘　护腕

全套六件护具

手套式护手

图 5-12

需要提醒的是，学轮滑没有不摔倒的人。当你成为专攻速度轮滑的新手时，特别建议你在成长过程中让头盔和护具总是伴随着你，使你在受到保护的前提下，通过刻苦的磨炼一步一步地登上最高领奖台。如果忽视了穿戴头盔和护具的必要性，在青少年时就受了伤，可能成为你难以实现梦想的终身遗憾。千万别忘了“安全第一”。

二、速度轮滑器材的保养

为延长竞速轮滑鞋的使用寿命和保持其最佳性能，速度轮滑运动员要像爱护眼睛一样保养与维护轮滑鞋（鞋靴、轮架、轮子、轴承及其他零配件），运动员需做到以下几点：

第一，速度轮滑运动员使用的竞速轮滑鞋都是高质量的碳素纤维材料和真皮革等材料制成的，因此，鞋靴与脚形相吻合的鞋是不易变形的，每次穿用后一定要在通风处使其干燥，并经常清理保持清洁。

第二，轮滑鞋的轮架与固定鞋靴的螺丝要经常检查其直线性与牢固程度，切不可粗心大意。

第三，轮滑鞋的轮子随着使用时间和滑跑距离的增加，会逐渐地磨损，不同位置的轮子（前后）和轮子的不同轮刃（外、正、内）受磨损的程度都不尽相同，所以要经常检查轮子的状况，并酌情及时调换轮子的位置和轮刃，以延长其使用寿命和有利于发挥技术水平。

第四，速度轮滑运动员需要特别注意保养和维护轴承。建议运动员在日常的训练中，尽量使用工业用“钢体微轴承”，其重量较大并耐用。但是，在重点训练课和测验中，要像参加比赛一样换上重量轻及旋转性能好的陶瓷轴承。无论是哪种轴承，使用一段时间后，都会出现旋转性能下降的现象，这与进入轴承的灰尘等脏物的增多和润滑油的消耗有直接关系。所以，要不时地根据具体情况对轴承进行清理和加添新润滑油。

最简易的清理轴承的方法和程序如下：

1. 准备好所需用的工具和用品。选择一个干净的环境，准备一个台面并用报纸多铺几层、一个六角扳手、一个抽手、两个较大口径的透明塑料瓶子、煤油或汽油、一罐防锈除锈喷剂、润滑油或润滑油脂和一个小吸管等。

2. 将轮子从轮架上取下后，先用干布擦去轴承外表的灰尘和油灰。

3. 用小抽手插入轴承孔，把轴承从轮子上抽出，两个轴承之间的套管也同时拿出来。这时再用干布擦干净轴承和套管上的脏东西。

4. 将轴承放入透明的塑料瓶中，然后加入煤油或汽油，盖好瓶盖后，将瓶子横卧于两手之间（一手握瓶颈，另一手握瓶底），开始有节奏地晃动瓶子。一会儿干净的汽油或煤油会变得污浊起来，说明经过晃动，轴承中的脏物已溶于油料中。

5. 停止晃动后，打开瓶盖，用一个食指挡在瓶口将污油倒向另一空瓶。再向盛轴承的瓶中注入新的干净的油料，再次按上述（4）的方法进行清理。如此反复清理 2～3 次就可看到清理轴承的油料基本上不脏了即可结束清理程序。

6. 将清理后的轴承从瓶中倒在铺好的报纸上，稍晾片刻后，用“防锈除锈喷剂”喷一下，然后用报纸将轴承盖好待一会儿。

7. 用小吸管沾点儿润滑油滴在轴承的滚珠之间，然后用拇指和食指捏住轴承心，用另一手掌压住轴承来回滚动，以使润滑油均匀到位。当你用“刀掌”向轴承加力后，轴承润无声地高速旋转就是对你爱护清理它的回报。

8. 最后，按卸下时的程序再反向地将轴承组装还原。

三、速度轮滑运动员的服饰

速度轮滑运动员服饰主要有两种，即连体速滑服装和运动眼镜。

1. 连体速度轮滑长、短服装

速度轮滑运动员的训练、比赛服分为两种：长款连体服，适用于气温较低的季节；短款连体服，全年适用（图 5-13）。

短袖轮滑服

长袖轮滑夹克

短袖连体服

长袖连体服

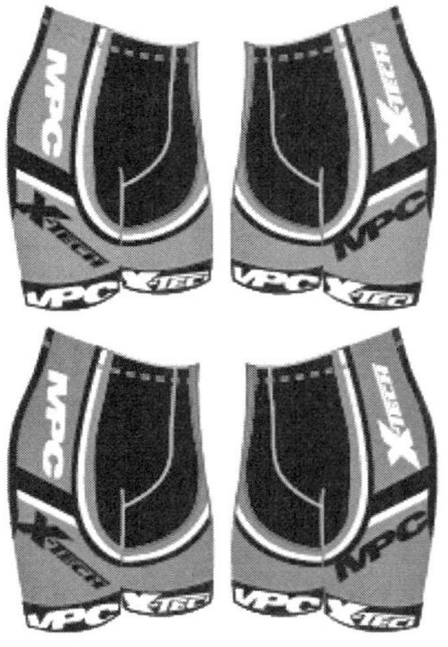

轮滑短裤

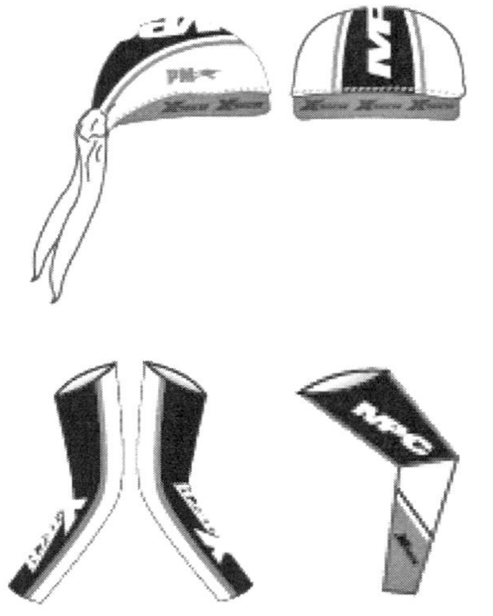

轮滑头巾、轮滑护臂及护腿

图 5–13

品质好的服装都选用优质尼龙面料，属高弹力纤维结构，穿着有型，体贴舒适，胸前采用透气拉链，具有极好的速干、排汗功能。优质比赛服的表面光滑发亮，有利于减少由于空气黏滞性带来的不利影响。

2. **运动眼镜**

速度轮滑运动员佩戴适合自己脸型的运动眼镜是很必要的，它有利于保护眼睛（图 5–14）。

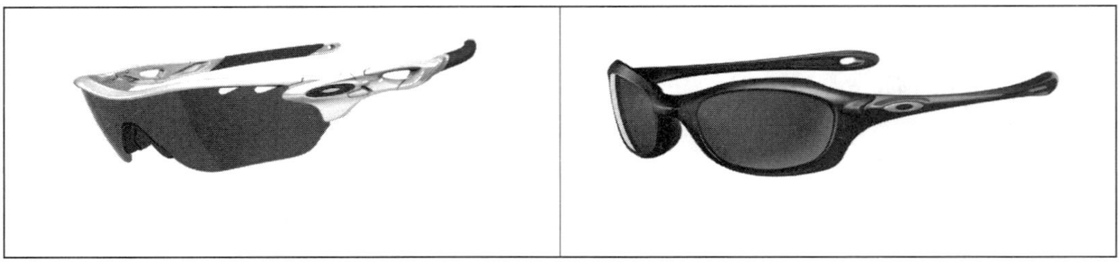

图 5–14

编后语

速度轮滑是轮滑运动的基础项目，改革开放以来它的普及与发展为全民健身运动注入了无穷的动力，近几年又涌现出很多优秀速度轮滑运动员，在“冲出亚洲，走向世界”和为祖国争光的征途中，不断地创造出可喜的战绩，我们深信我国速度轮滑运动的发展前景会更加美好。为了增强我国速度轮滑运动大发展的正能量，我们编写了此书，由于各方面条件所限，只能如此表达对这项运动的回报和热爱。

我们非常愿意与界内同好进行关于速度轮滑运动各方面问题的研讨，共同努力把我国速度轮滑界的学术研究不断推向新高度，使理论研究与实践战绩相匹配，为实现我们速度轮滑界的中国梦而努力奋斗。

2014年11月